JN176866

おもしろサイエンス

匠の技の科学

動作編

京都工芸繊維大学
伝統みらい教育研究センター［編］

B&Tブックス
日刊工業新聞社

はじめに

モノづくりの匠にはコツがあり、その動きには合理性があるといわれています。コツは体の中に浸み込んでおり、匠にとっては当たり前のことです。それゆえに説明ができず、他の人に理解してもらう説明が難しいのです。これが「暗黙知」であり、「親方の背中を見て」で表される修行方法の基になっています。しかし、何らかの方法で動きのデータを取り、匠に説明して「そうだ、これがコツだ！」というお墨付きをもらえれば、そのデータを基に他の人やお弟子さんに説明することができます。これが「形式知」です。

京都工芸繊維大学伝統みらい教育研究センターでは匠たちの体の動きを数値化し、データとして集めています。その動きを本書では「疲れない動作」「素早い動作」「人間にしかできない動作」「美しさを感じる動作」「現代工業での匠の動作」に分けてみました。データを取得した分野は伝統的なモノづくりだけでなく、芸能、おもてなし、介護などの分野へと拡がっています。匠、ベテランさん、初心者など熟練度合いによって、いかに体の使い方が異なるかがお分かりいただけるでしょう。

ここで基本に戻ってみましょう。人の体を使う行為においては疲れない方がいいですね。疲れると仮にその日は上手くいったとしても、次の日にも同じようにはできないかもしれません。つまり、「疲れないように配慮した動き」こそが、ベテランである匠の動きではないかと考えています。ならば、疲労を遠ざけるために匠たちの動作には何か共通点があるのでしょうか？　まだはっきりとはわかりませんが、想定しているのは「間」です。作業の途中に上手く休んでいるのではないかという考えに基づいています。本書のデータから匠たちの「間」を一緒に探してみましょう。

本書の発行に当たりましては、執筆者の皆様をはじめ研究やデータ採取にご協力いただきました方々に厚く御礼を申し上げます。さらに、類いなき忍耐力で上梓まで導いてくださった日刊工業新聞社出版局書籍編集部の森山郁也様、企画段階から多大なるご助力をいただいた大阪産業大学の後藤彰彦教授、見事な調整力と腕力で数多の原稿を揃えた帝塚山大学の風呂井玲子さんに心から感謝を申し上げます。皆様のご尽力のお陰で本書が発刊されました。

今後も伝統を中心とした研究活動を続け、そして人の輪を広げていきたいと考えております。伝統産業工学の発展には、一つの学問分野にとどまらない学際的なアプローチが不可欠であると実感しています。より多くの研究者の参画によって、大きくこの分野が進歩し、そして「日本のものづくりと文化」に貢献できることと信じております。

京都工芸繊維大学伝統みらい教育研究センター
センター長　濱田泰以

目次

第2章 素早い動作

第3章 人間にしかできない動作

第4章 美しさを感じる動作

第5章 現代工業での匠の動作

執筆者

濱田　泰以　京都工芸繊維大学伝統みらい教育研究センター・センター長（⑦、⑨、⑩、㉜、㊱、第1章・第2章コラム）

浅田　昌久　浅田製瓦工場三代目／京都工芸繊維大学伝統みらい教育研究センター・特任教授（⑦）

飯　　聡　京都調理専門学校・日本料理教授／ホスピタリティー産業振興センター・主任／京都工芸繊維大学伝統みらい教育研究センター・特任教授（⑬）

池坊　専好　華道池坊・次期家元（㉑）

池元　茂　BODY GARAGE IKEMOTO・代表／京都工芸繊維大学大学院工芸科学研究科博士後期課程（㉙、㉚）

今村　雅紀　京都工芸繊維大学大学院工芸科学研究科博士後期課程（㉛）

内田　敏一　㈱UCHIDA・代表取締役社長（㉝）

太田　智子　㈱中央ビジネスグループ・代表取締役（③）

大西　巧　㈲大與・代表取締役（⑱）

岡　岩太郎　㈱岡墨光堂・代表取締役（⑰）

小澤　修作　小澤産業㈱・取締役会長（㉛）

来田　宣幸　京都工芸繊維大学基盤科学系・准教授（㉔）

鬼頭　秀仁　京都工芸繊維大学大学院工芸科学研究科博士後期課程（㉗）

久米　雅　京都文教短期大学食物栄養学科・講師（⑤）

後藤　彰彦　大阪産業大学デザイン工学部情報システム学科・教授（第3章コラム）

佐藤　ひろゆき　㈲京壁　井筒屋佐藤・代表／京都工芸繊維大学伝統みらい教育研究センター・特任教授（①）

柴田　勘十郎　御弓師／京都工芸繊維大学伝統みらい教育研究センター・特任教授（第2章コラム）

下出　祐太郎　京都産業大学文化学部京都文化学科・教授／下出蒔絵司所三代目（⑧）

杉本　卓也　㈱ＫＯＹＯ熱錬・専務取締役（㉘）

須田　真通　㈱大興製作所・代表取締役社長（㉞）

須田　充訓　㈱須田商店・代表取締役（㉟）

高井　由香　大阪産業大学デザイン工学部・専任講師（⑮、⑯）

武田　知也　㈱テイスト・代表取締役（㉒、㉓）

辻　賢一　金網つじ・代表／京都工芸繊維大学伝統みらい教育研究センター・特任教授（②）

豊岡　麻由子　藤井製桶所（⑭）

中川　ひろみ　聖泉大学看護学部・准教授（④、⑳）

中谷　隼人　大阪市立大学大学院工学研究科・講師（⑫）

名波　則路　日本大学理工学部機械工学科・助手（㉝）

仁科　雅晴　㈱仁科旗金具製作所・代表取締役（⑥）

風呂井　玲子　京都工芸繊維大学大学院工芸科学研究科博士後期課程／帝塚山大学文学部・非常勤講師（⑲）

森　充範　㈱タンゴ技研製造部製造1課・課長（㉖）

横田　香世　京都府文化芸術振興課・専門幹（⑪）

吉川　貴志　新居浜工業高等専門学校機械工学科・教授（㉕）

芳田　哲也　京都工芸繊維大学基盤科学系・教授（⑤）

第1章

疲れない動作

1 壁塗りは疲れない動作が決め手

プロのプロたる所以は何かと聞かれたとき、一般的に左官職人からは「きれいに早く塗ることだ」という答えが返ってくると思います。しかしながら本音を言うと、左官職人の一番の関心事は、いかに疲れずに1日の作業ができるかということです。

いくら早く塗れても、作業の翌日に筋肉痛を起こしていてはプロとはいえないのです。それを克服するには、一に習練、二に習練、とにもかくにも壁を数多く塗ることだと言われ続けてきたのですが、上手な左官職人の動きを見ていると、実に無駄のない動きをしていることに気が付きます。

毎日壁を塗っていると、時間の経過と共に自然と楽な姿勢で塗るようになっていきます。いわゆる「慣れる」ということです。試行錯誤を繰り返しているうちに、身体がより楽な姿勢や動作を覚えていくのです。誰も教えてはくれませんし、誰に聞こうとも思いません。そんなことは考えず、毎日仕事をしていれば勝手に上手になっていくものと思って日々の作業を行っているのです。

以前のように仕事の量が多くて、若い職人でも壁を毎日塗れる環境であれば、多少の失敗や不自然な動きがあっても時間が解決してくれましたが、現在では無駄な遠回りや身体への過度の負担は時間と経費の浪費であるという考えが大勢を占めています。左官業界全体が若年労働者に少しでも早く一人前の職人になってもらいたいとの思いから、より早い技術の習得を目指すようになりました。

そこで考えられたのが左官職人の動作を科学的に解析・考察していこうという試みです。近年、スポーツの世界では各種の動きをビデオカメラで撮影し、それをパソコンに取り込んで動作を分析するモーションキャプチャーの技法が多く取られており、そのスポーツの発展にかなりの効果を上げています。左官の壁塗り動作も同じ手法で解析し、そこに潜む「勘どころ」を探ろうというものです。

そこで2名の左官職人の塗り動作を両名の身体の各所に付けた赤外線マーカーをビデオカメラで撮影し解析したところ、興味深い事実が判明しました。結論からいうと、腰と膝の動きに決定的な違いがあったのです。

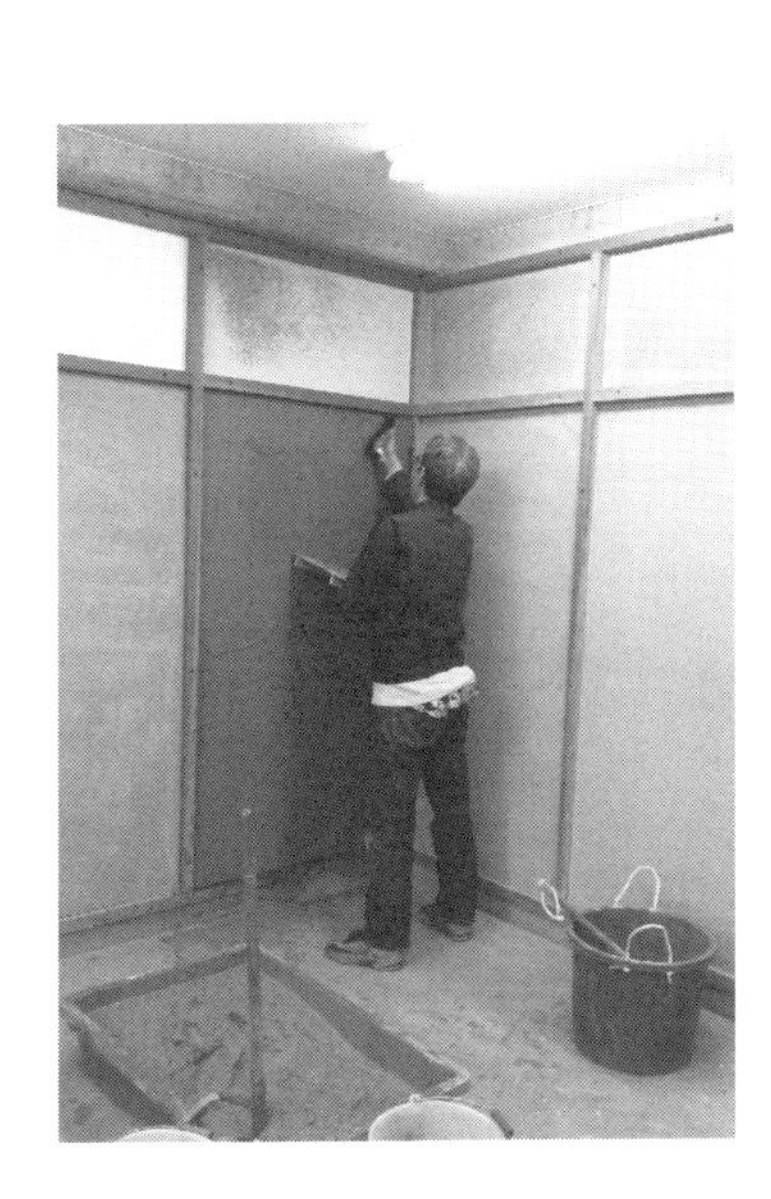

スポーツ全般にもいえるのですが、左右へは腰の水平移動がスムーズであることが肝要で、上下へは膝の屈伸がカギを握っています。後ろから見ていると、ちょうど日本舞踊を踊っているような優雅な動きに見えるのです。これをパソコンに取り込んだ科学的なデータを使って解析してみると、熟練者と非熟練者の違いは、まず一番に身体の傾きにあるとわかりました。両肩を結んだ線が地面と平行に近いかどうかという点です。壁を塗っている時に、その壁を真正面から見ているのかどうかというのが問題です。

熟練者はそのために両足を肩幅より広く開いて、重心を右足、左足と動かすことにより腰を水平に移動させていました。絶えず顔が塗っている壁の前に来るように動かします。つまり、開いた足の両膝の内側に肩が収まっています。しかも地面に対して水平に近い状態に肩を制御していました。また、肘や手首が一定の形に固定され腰の動きで制御されています。そして動き始めの瞬間に力が入り、いったん動き始めると一定の速度を保ちながら、壁塗りの道具である鏝をスムーズに動かし、鏝そのものをほとんど注視せずに作業を進めていきます。膝の屈伸を見ると、最初に大きく曲げ、徐々に緩やかになり、最後はほんの少し曲げを残して終了していました。つまり、膝が伸びきった、いわゆる「突っ張った」体勢にはなっていなかったのです。

一方、非熟練者は足幅以上に肩を外へせり出し、頭を傾けて塗っていました。その結果、腰や脇腹に負担がかかり、一見して「窮屈な姿勢」で壁を塗っていたのです。筋電図を測定すると、脇腹（腹斜筋）と臀部（中殿筋）が活発に働いていました。この姿勢を何度も取ると腰に負担が掛かり、疲労が蓄積します。現に左官職人は腰痛を患っている者が多く、職業病ともいえるものです。また、身体全体に力が入り過ぎ、膝の屈伸がスムーズに行えず加速と減速を繰り返し、最後は膝がほぼ伸びきった状態で塗り終わっていました。これでは膝で上半身の制御ができず、肘から先の手の部分で壁を塗る、いわゆる「手塗り」の状態になってしまいます。その結果、肩や手首に掛かる負担が増大し、1日の仕事終わりにはかなりの疲労感を持つだろうと思いました。実際、実験終了後の感想で、非熟練者は腕の疲労感を訴えていました。

このように動作解析をすると、左官職人の壁塗り動作も一般のスポーツと同じ個所が肝要だとわかりました。もちろん左官職人には各々個性があって一律にこれだという姿勢や動きがあるわけではなく、基本的なことさえ理解していれば、かなりの自由度があります。

以上をまとめると、できるだけ地面に対して垂直に立ち、両足を肩幅以上に開き、腰を水平に動かし、上半身を屈曲させず、膝の屈伸で上下の動きを制御すれば、上半身、とりわけ腕にかかる負担は軽減されるということがわかりました。

このように動作解析は千年にわたって受け継がれてきた塗り壁の技術を、勘と経験だけがものをいう職人だけの特殊な技術ではなく、誰にでも習得できる汎用の技術であることを解き明かし、「数をこなせ」、「慣れろ」、「身体で覚えろ」と言われ続けていた職人の世界に原因と結果という科学の世界を持ち込むものでした。確かに繰り返しの習練は必要であり、より高みを目指すには反復練習は欠かせませんが、失敗は成功の基も二度三度までで、いかに少ない時間でその技術を自分のものにできるかが、今後の職人の世界において重要な課題となるのではないでしょうか。

壁塗り作業の動作解析

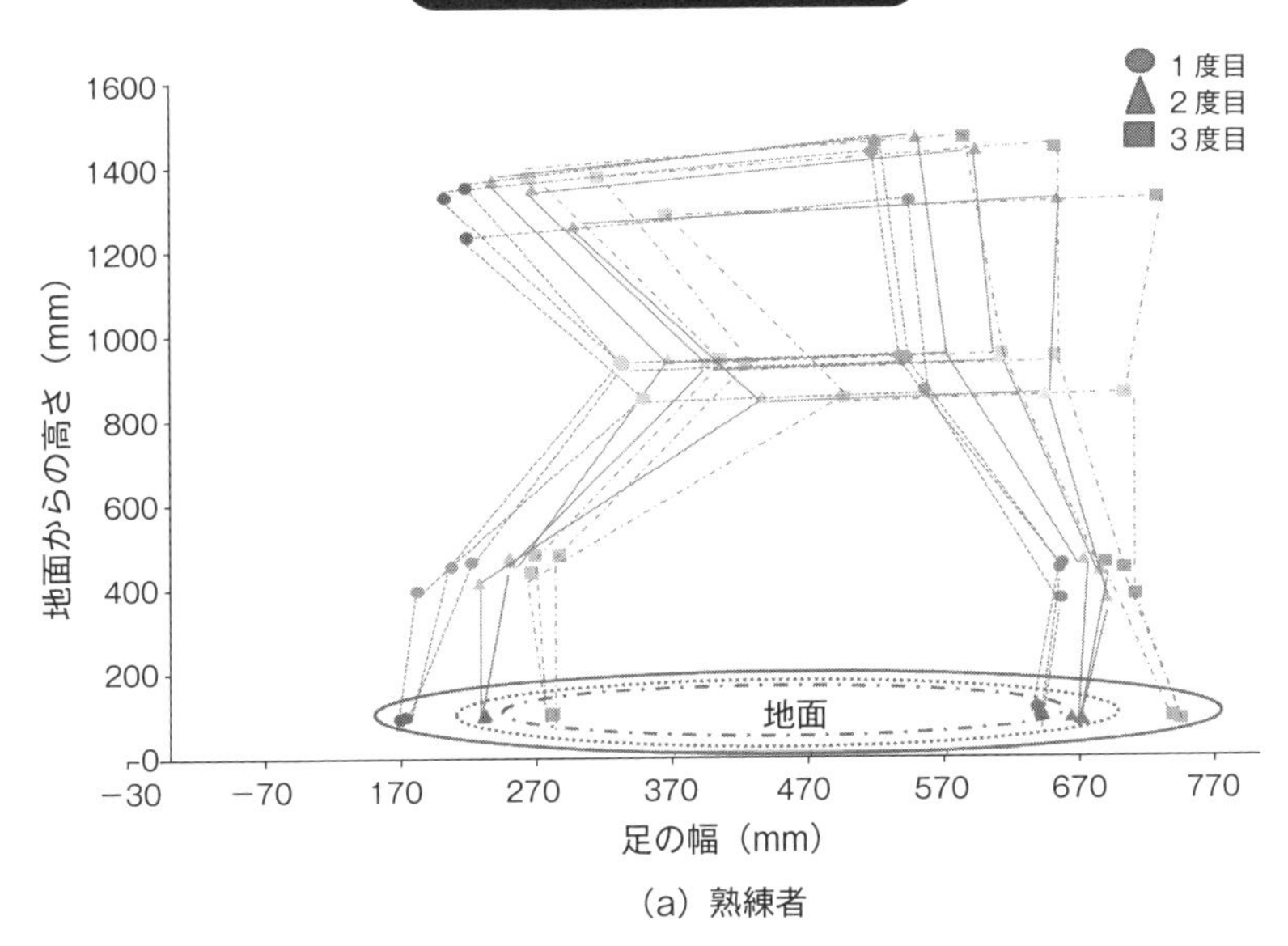

（a）熟練者

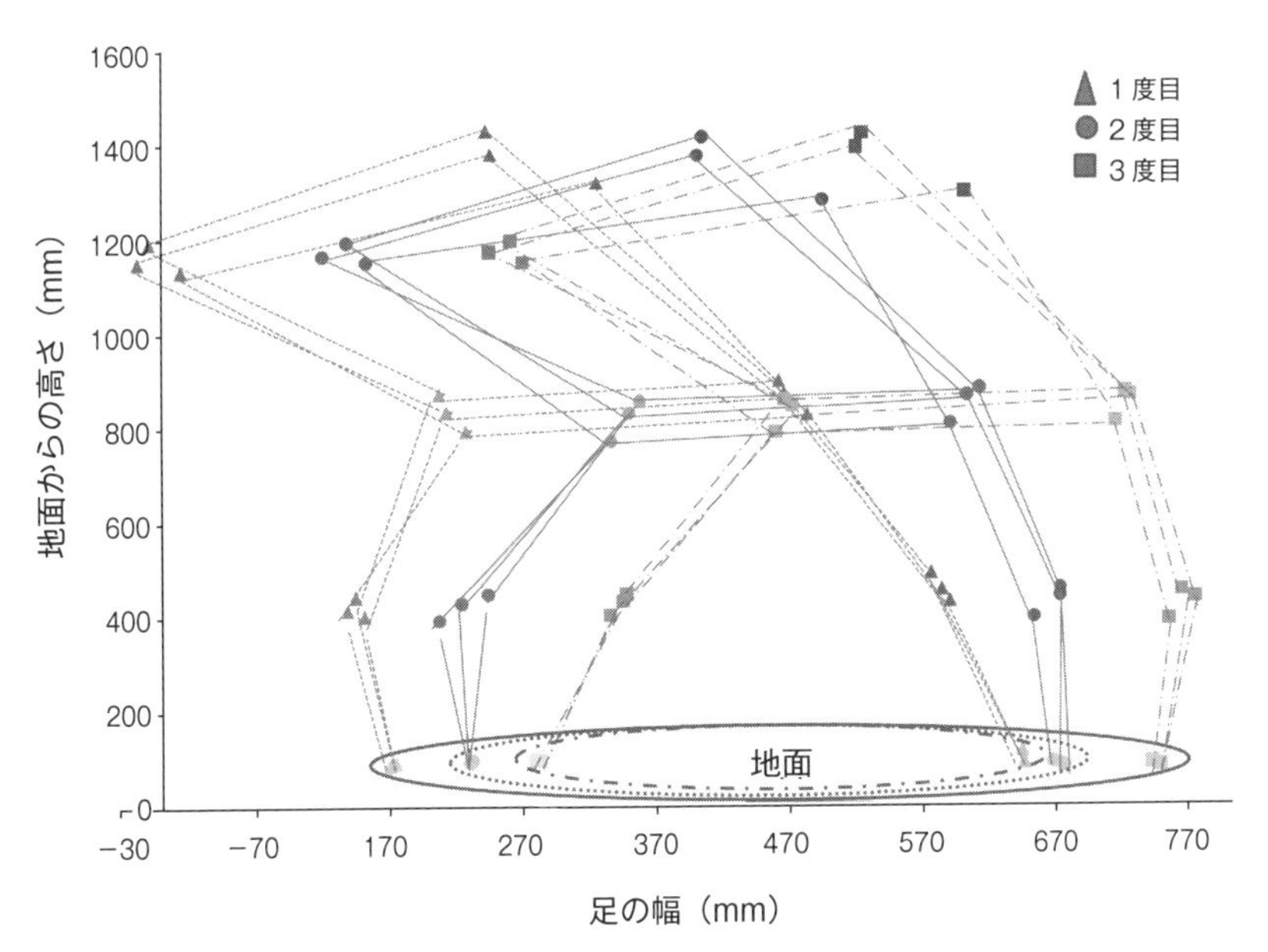

（b）非熟練者

2 手編みで金網を連続作製

金網はかつて、全て手作業で製作されていました。しかしながら明治以降、徐々に機械化が進んだことにより手編み金網の需要が減少し、それとともに職人の数も減少しました。それでも手編み金網の技術は途絶えることなく現代にも受け継がれています。その理由として、立体的な金網は手編みでしか製作できないことが挙げられます。平面的な金網は機械で製作可能ですが、機械では2分（1分が約3㎜）から1分刻みに1寸までの決まった大きさの編み目しか製作できません。しかしながら手編みの場合、自由に網目の大きさを調節することが可能です。手編みの代表的な例としては「亀甲編み」が挙げられます。

職人が金網を作製する際、決められた時間で決められた数の金網を作製する必要があります。同じ品質の製品を作製し続けるために再現性の高い手指制御が要求されます。

そこで、金網を連続で休憩をはさむことなく製作する際、連続作業に及ぼす経験年数の影響について検討しました。被験者は熟練者1名、非熟練者1名、未経験者1名の計3名としました。職歴44年の63歳の男性を熟練者、職歴8年の29歳の男性を非熟練者、26歳の男性を未経験者としました。

金網の一つである豆腐すくいを写真に示します。豆腐すくいの作製は右上の1を起点とします。それぞれ数字の直下から右斜め下にねじり進めます。ここでは、作業時間が長い8列目に着目します。

各被験者に豆腐すくいを連続して5本作製していただきました。被験者にはできる限り日常に近い状況で作業ができるように通常の作業場と同様の作業環境を実験室に再現し集中できるように努めました。被験者の動作計測は、光学式リアルタイムモーションキャプチャの三次元計測装置であるMAC 3D SYSTEM（Motion Analysis社製）を用いてサンプリングレート100fpsにて実施しました。

仕上がった豆腐すくいの形状を比較するために、亀

豆腐すくい

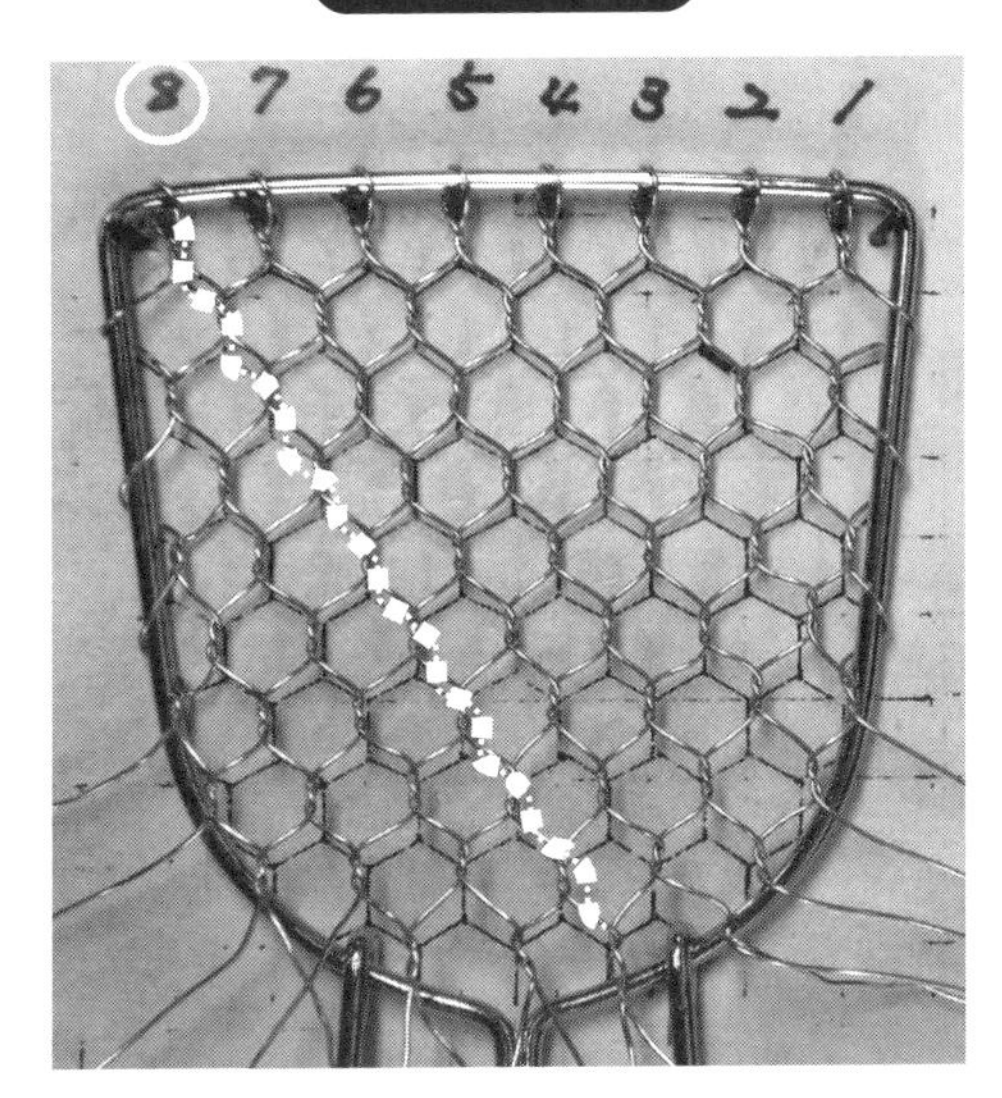

豆腐救いの作製の実験風景

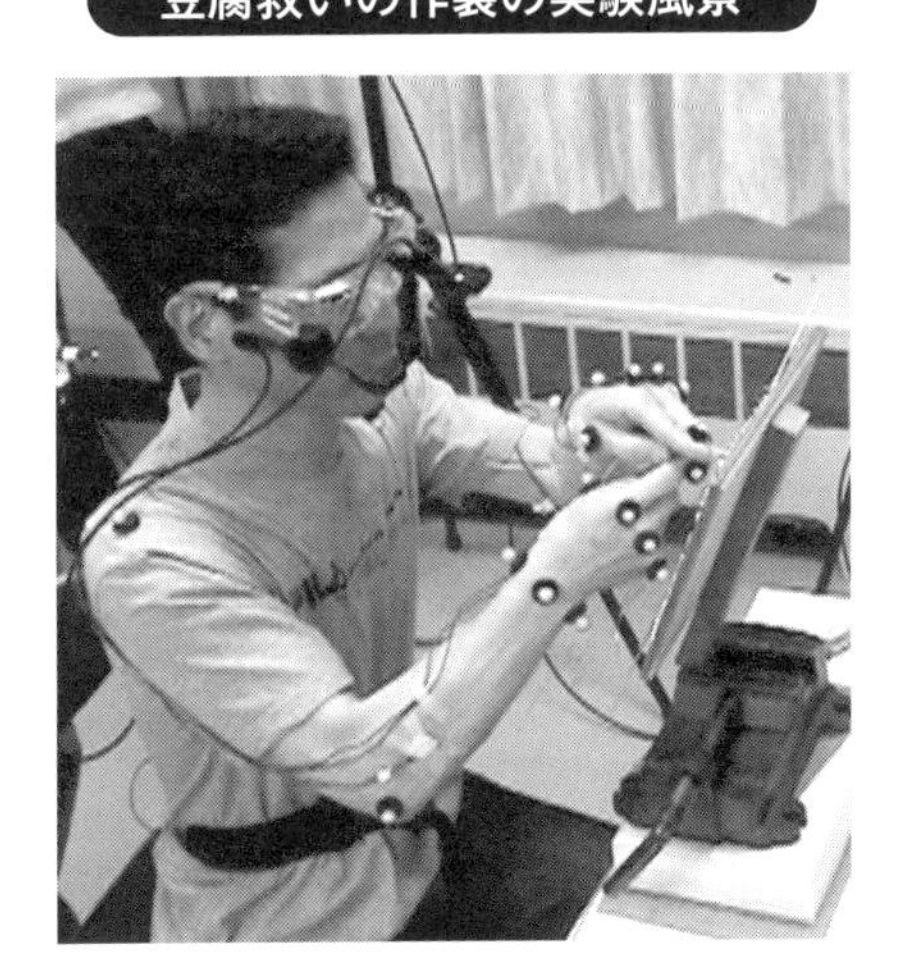

亀甲模様の頂点番号

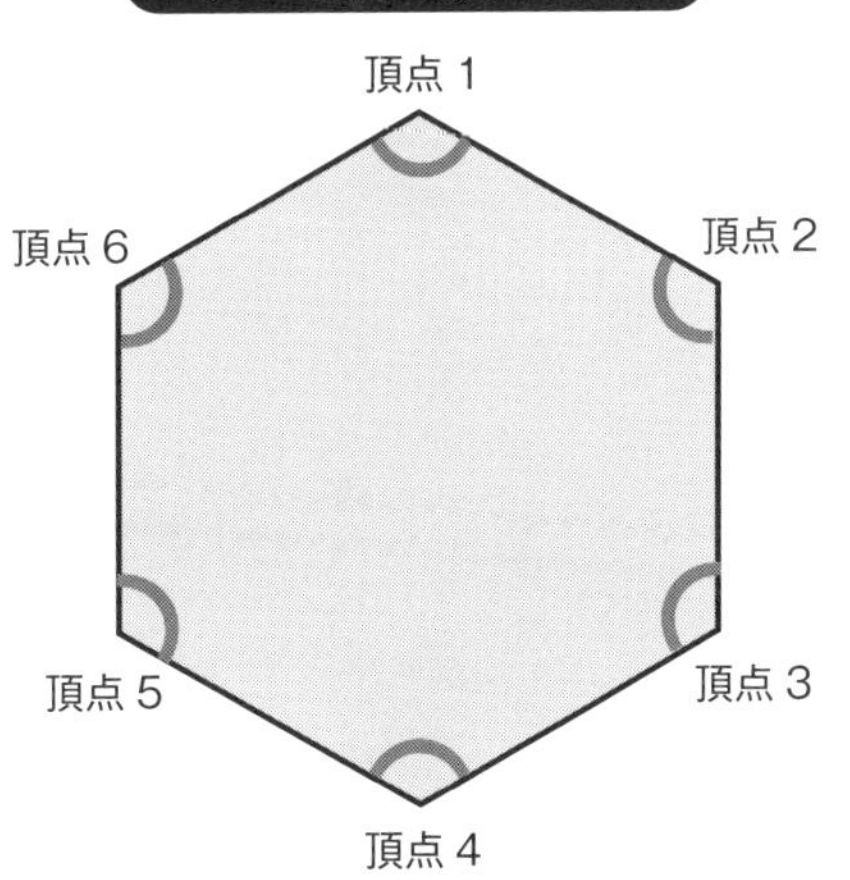

甲模様の内角を測定しました。亀甲模様を正面から見た時の一番上にある頂点を1としました。そして、頂点1から時計回りに数字を振り分けました。

デジタルカメラで撮影した豆腐すくいの亀甲模様の表面を拡大して、6つの頂点の内角を測定しました。ここでは、1試行目および5試行目の7～8列目の間にある亀甲模様に着目し形状を比較しました。

1試行目の8列目を作製している際の右肘の角度は、熟練者は55～70度の間、非熟練者は50～70度の間で、未経験者の場合では50～75度の間でそれぞれ変化していることが明らかとなりました。また、熟練者の作業時間は最も短く、次いで非熟練者、未経験者と作業時間が増えていることが明らかとなりました。

1試行目から5試行目までの8列目を作製している際の右肘の角度は、熟練者は大きな変化が見られません。しかしながら、非熟練者は試行回数が増加するにつれて小さくなっていることがわかりました。豆腐すくいを作製する作業台が固定されているため、右肘の屈曲角度が小さくなっているということは、非熟練者は4試行目、5試行目と徐々に金網に対して距離が近くなっていると考えられます。

各被験者の1試行目と5試行目の頂点の平均角度は、熟練者と未経験者には有意な差が認められました。また、未経験者は1試行目と5試行目で有意な相関が認められていることから、一定の品質が保たれていないということが考えられます。この原因としては、右肘の角度が試行回数を増すごとに減少しており、徐々に作業台に近づいていくことが大きな原因として考えられます。一方、熟練者、非熟練者ともに試行回数の増加による大きな差は見られませんでした。しかしながら、熟練者の豆腐すくいにおいて、2次元の写真ではとらえることのできない3次元的なふくらみを観察することができました。

以上のことから、熟練者は試行回数が増加しても右肘の屈曲角度に大きな変化が見られず、姿勢が安定しています。一方、非熟練者および未経験者は試行回数が増加するにつれて右肘の屈曲角度が小さくなるため、疲労により姿勢が不安定になっていると考えられます。

1試行目8列目を作製している際の右肘の角度変化

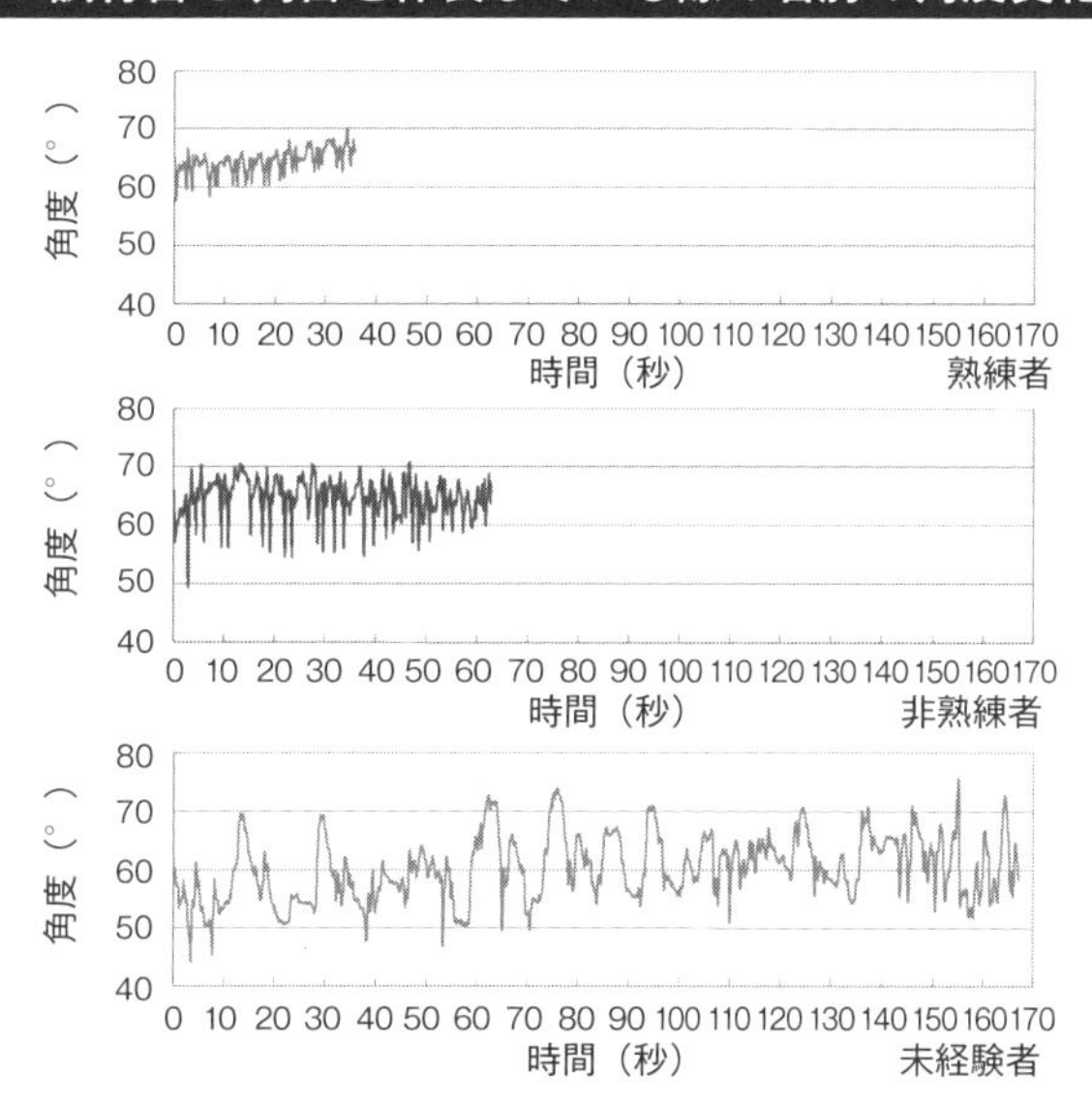

1試行目から5試行目までの8列目を作製している際の右肘の角度平均値の推移

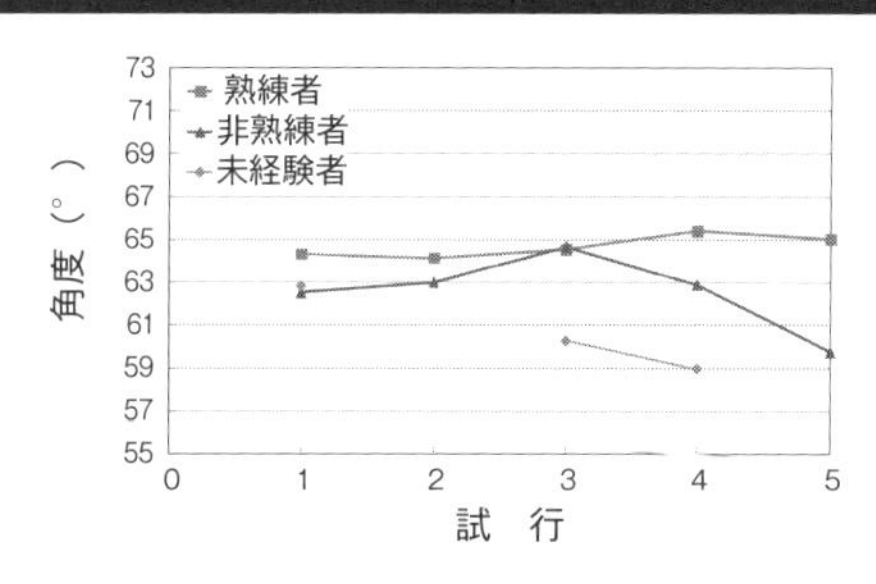

各被験者における1試行目と5試行目の頂点角度

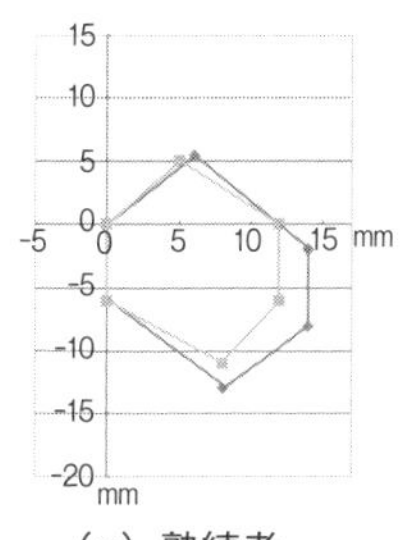

（a）熟練者

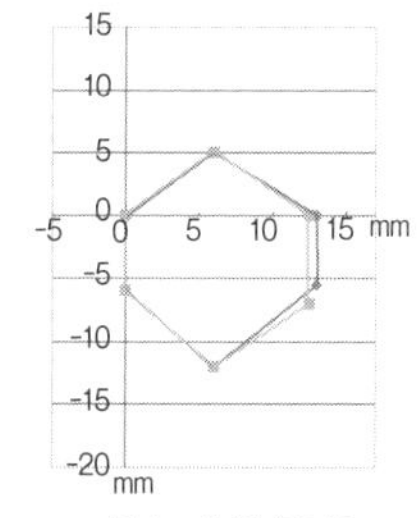

（b）非熟練者

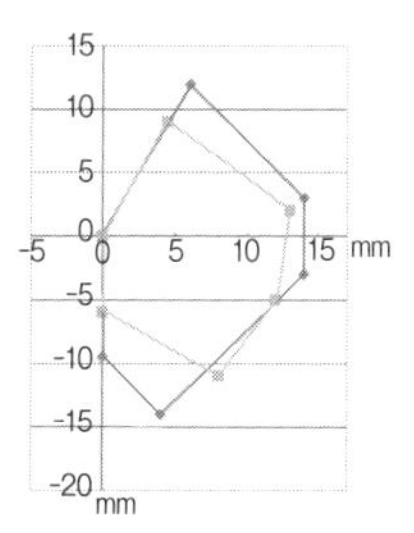

（c）未経験者

3 お年寄りに安心してもらう介護とは自分が疲れないこと

介護の世界でベテランの域に達する介護者、ヘルパーさんが自らの腰痛により現場を離れざるを得ない事実は多く見受けられます。これは介護される者にとっても不幸なことです。介護する側も介護を受ける側も楽しく日々を送ることを目的とするシステムは「高品位介護」と呼ばれており、多くの実践報告がなされ、この考えを取り入れようとする施設も増えてきています。ここでは高品位介護の例を示しながら、お年寄りが安心して受けられ、また介護者が腰痛を引き起こさない介護について触れることにします。

まず、熟練者と非熟練者の動作を3次元の動作解析装置により数値化し、比較を行ないます。身体の関節部に付けたマーカーで人の動きを測定し、その動きをわかりやすくデジタル解析した画像を「スティックピクチャー」といいます。ビデオ映像を元にこの方法を使うと、曲げた膝の角度や腰の高さなどを数値データに置き換えることができるのです。一例としてベッドからポータブルトイレの移乗について示します。

ベッドから要介護者を立たせる時の熟練者と非熟練者の姿勢をスティックピクチャーで表すと、熟練者の場合、要介護者が介護者の方に傾いています。これに対して非熟練者の場合は、要介護者が通常のように座っていて介護者が迎えに行っている様子がわかります。

要介護者が前傾することで自らの重心を介護者にあずけていることになります。前傾姿勢をとることによって重心が双方で一つになり、後につながる介護の工程が楽に行えるようになります。介護者の前傾姿勢によって要介護者に安心感が生まれてくると考えられます。

ベッドから要介護者を立たせる時の熟練者と非熟練者の姿勢のスティックピクチャー

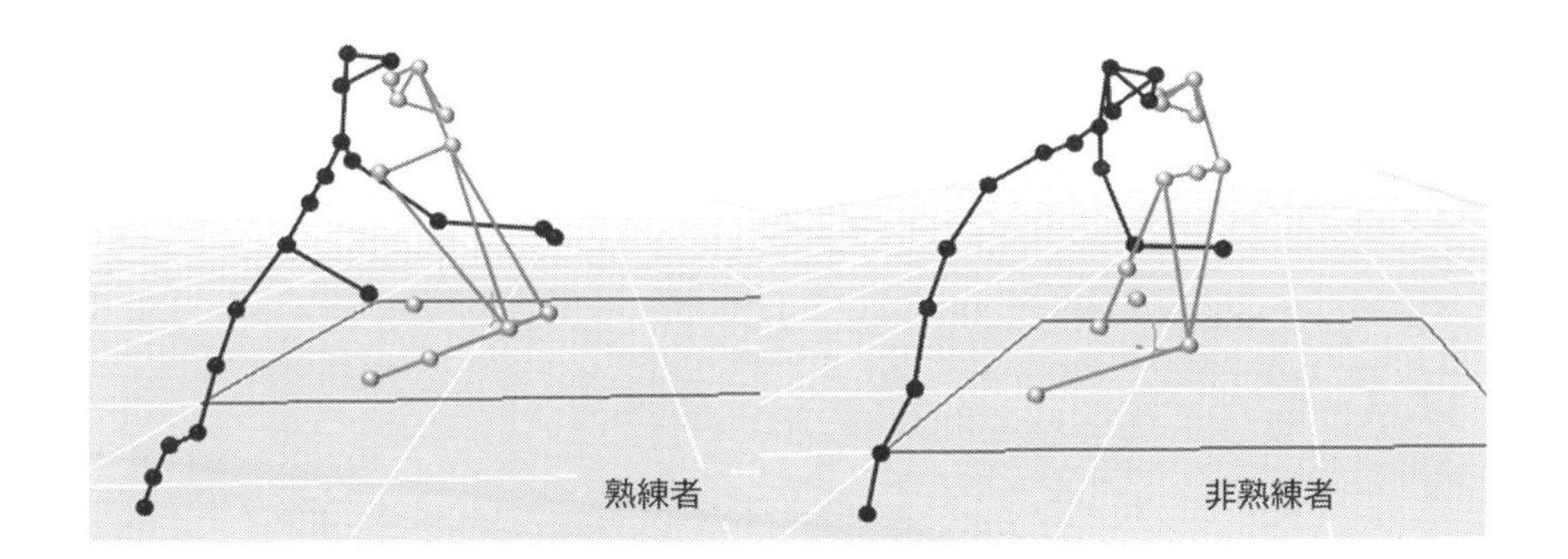

介護者と要介護者の距離

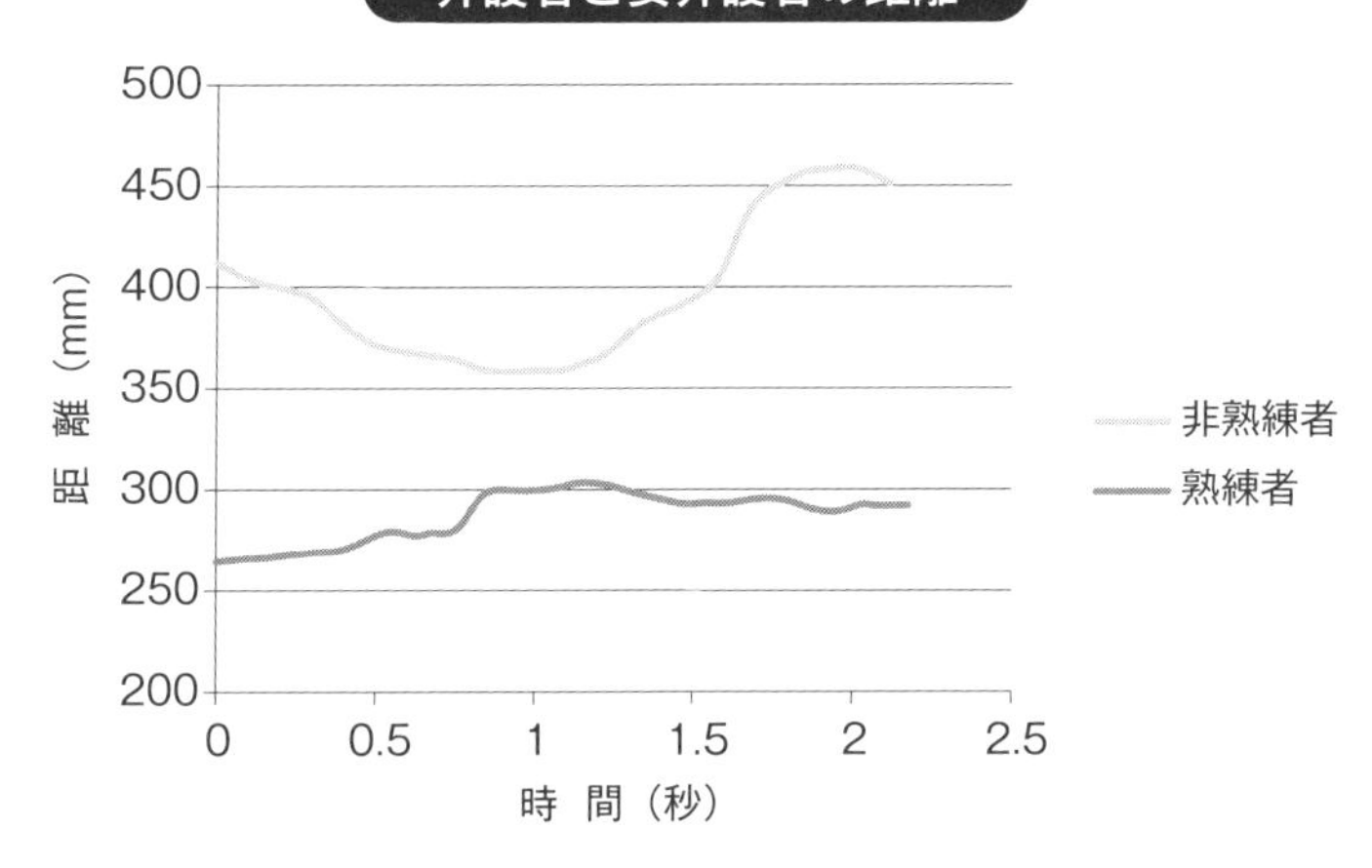

要介護者をベッドから立たせる時の姿勢

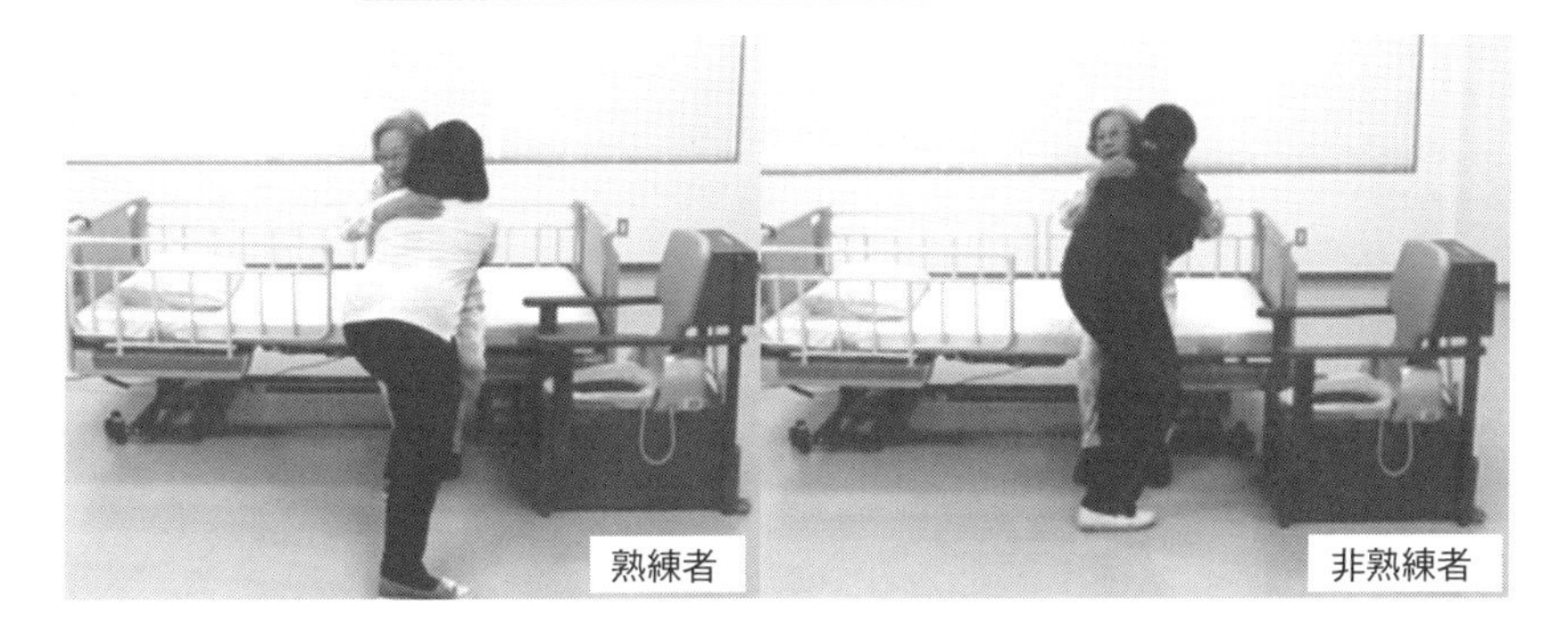

スティックピクチャーから両者の距離を読み取ると、熟練者の場合は250~300㎜で、この工程ではほぼ一定でした。これに対して非熟練者では350㎜以上であり、かつ工程中に両者の距離が大きく変化しています。これは、動きの途中で介護者と要介護者が離れたり近づいたりしているということを示しています。これでは要介護者は自らの体を預けてしまうことに不安を感じると考えられます。すなわち、熟練者のデータは要介護者に安心をもたらしていることを示しています。

要介護者に安心感を与える動きで、かつ介護者の腰に負担がかからない姿勢、つまり疲れない姿勢はどういうものかを検討します。要介護者をベッドから立たせる時、介護者は腰を落とし膝を曲げることで下肢筋群を利用しています。こうすることで腰を酷使することがなく介助できます。

要介護者を支え方向転換する際の姿勢は、熟練した介護者と比熟練者とでは大きな違いがあります。熟練した介護者の場合は、両足を広く開き、両膝を曲げ、要介護者の上体を引き寄せています。一方、非熟練者の場合は、両足をあまり開いておらず、また両膝を曲げず、要介護者をまっすぐに立たせています。

ポータブルトイレに要介護者を座らせる時、熟練者の場合は、膝を大きく曲げ、腰の位置を低く落としています。さらに安定した姿勢で要介護者を引き寄せています。これに対して非熟練者の場合は、腰の位置が高く、腰を大きく曲げています。この姿勢のままでは介護者は腰痛を引き起こす可能性があります。

腰の位置はマーカーの数値から求めることができます。非熟練者の場合は腰の位置が高いことがわかります。熟練者は、腰の高さは動きに伴って変化しています。つまり、要介護者を座らせると同時に腰の位置は下げ、要介護者と同じ高さに保っていました。そして腰の位置は全体的に非熟練者より低いです。腰を深く曲げて、重心を低くし、自らの腰に負担を与えないことを熟練者は実践していました。さらに、要介護者を受け止めて安心感も与えています。

これらの条件が重なり合い、高品位介護が実現できているといえます。

要介護者を支えて方向変換する際の姿勢

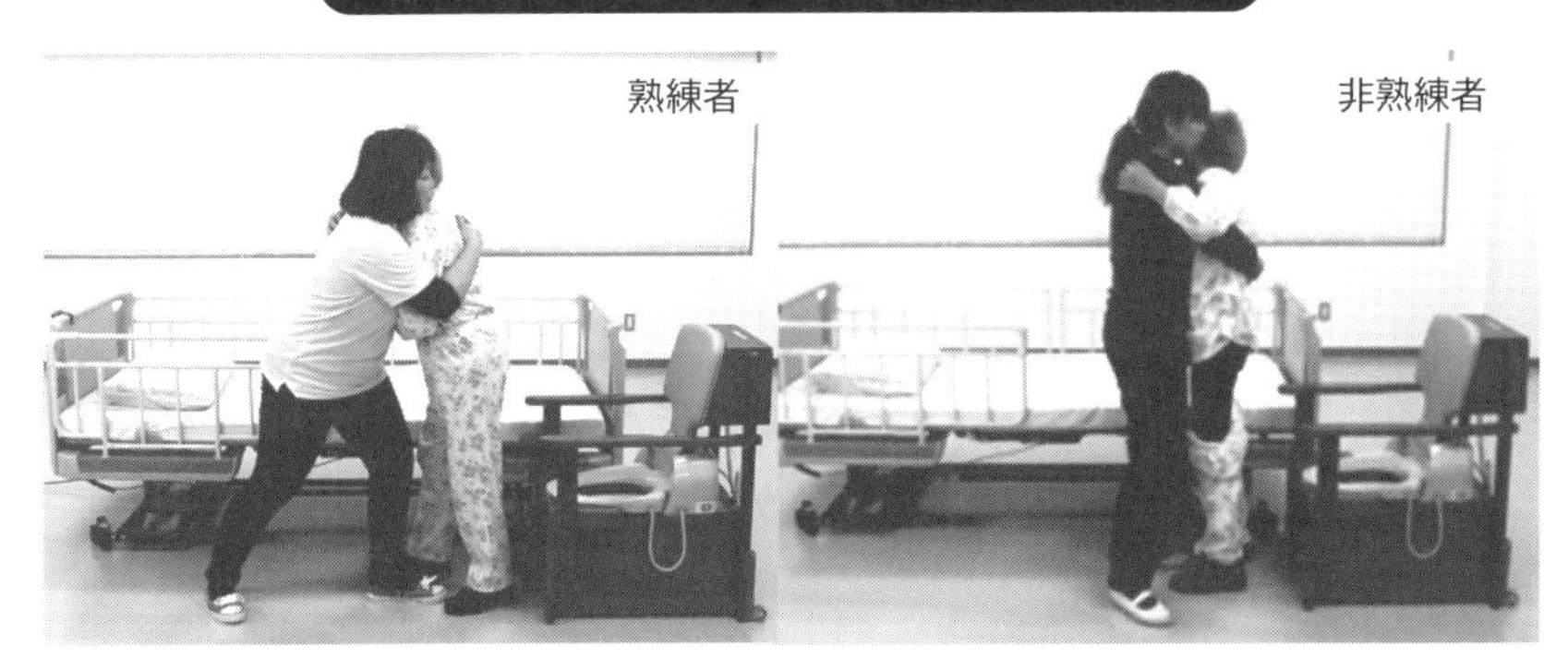

ポータブルトイレに要介護者を座らせる時の姿勢

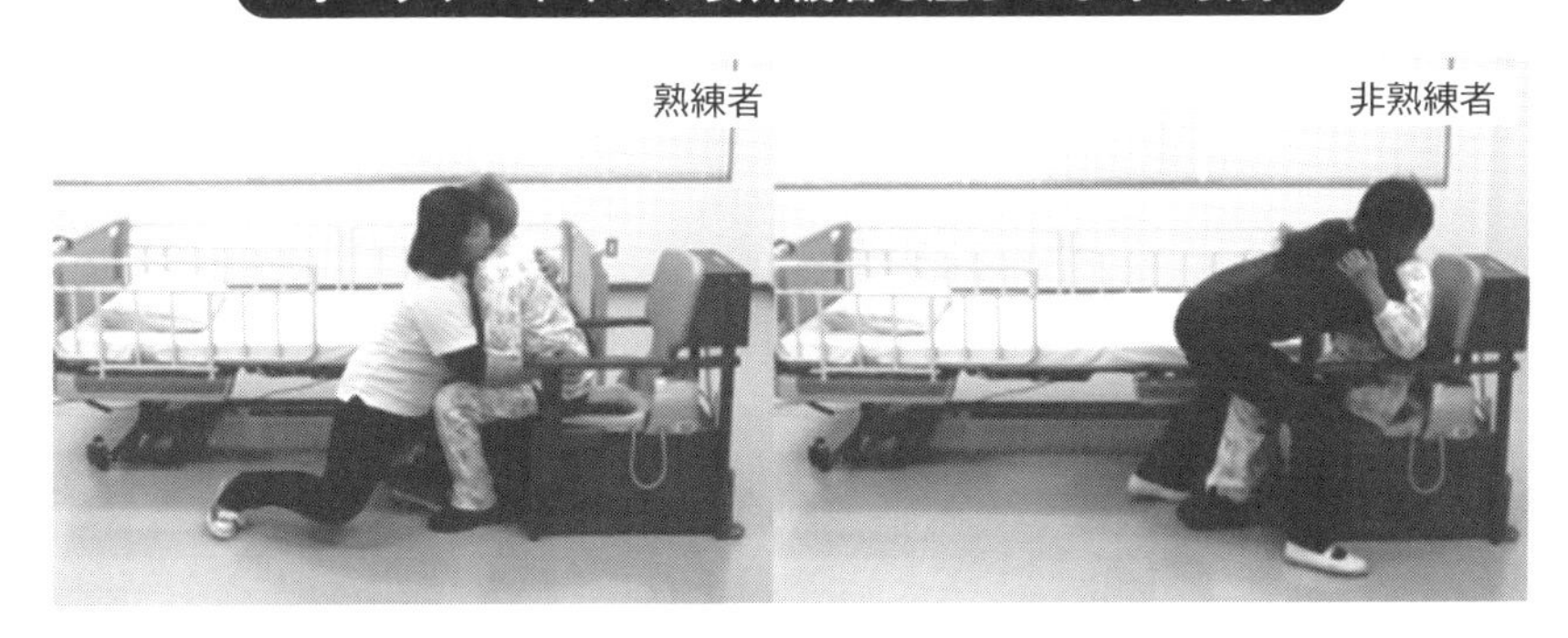

ポータブルトイレに要介護者を座らせる時の腰の高さの変化

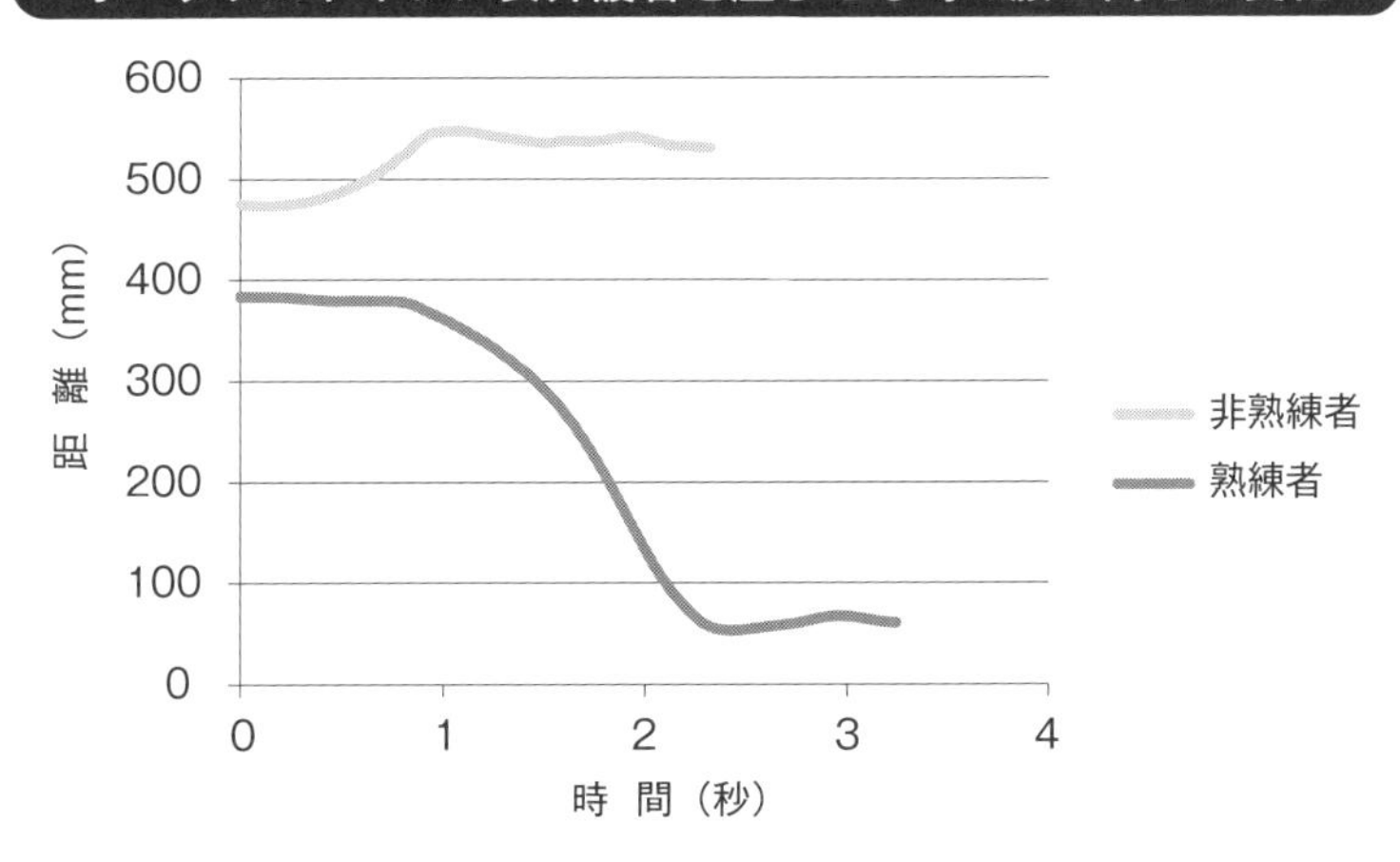

4 介助者の腰痛を防ぐ上手な体位変換技術

体位変換とは、自力で体位を変えられない人に代わって身体の向きや姿勢を変えて保持することです。体位変換がうまく行われなかった結果、肺合併症や褥瘡が起こることがあります。高齢化率が26％と進む我が国においては、圧力や剪断力（皮膚に加わる外力によって任意の断面方向に働く応力）により生じる褥瘡を予防するうえで、体位を変えて体圧を管理することは医療安全上、重要です。

その一方で、体位変換による介助者の腰痛は職業性疾病の6割を占め、年々増加しています。また、車いす移乗介助において、患者を抱きかかえる動作が腰痛を発生させる原因であることが明らかとなっています。

これらを予防するために看護学基礎教育では、ボディメカニクスを考慮した体位変換の技術演習を実施しています。しかし、動作解析による体位変換技術についての教材は見当たりませんでした。このため、看護教育において学生は写真や動画、教員および看護師の動作を観察し、技術を習得しています。そこで、看護における体位変換技術の「暗黙知」を形式知化することを目的に、看護学生を対象に車いす移乗の動作解析を行い、模擬患者に与える体圧への影響について考えます。

被験者の看護学生は基礎看護学臨地実習と看護基礎科目の単位を修得した看護学生1名としました。模擬患者は、自力で体位変換できないB－2ランクの人に設定しました。

この実験では、ビデオカメラによる三次元動作解析を行いました。看護学生へのマーカーは、16部位（主に関節部位）、計26カ所に貼付しました。体圧につい

体位変換の三次元動作解析実験

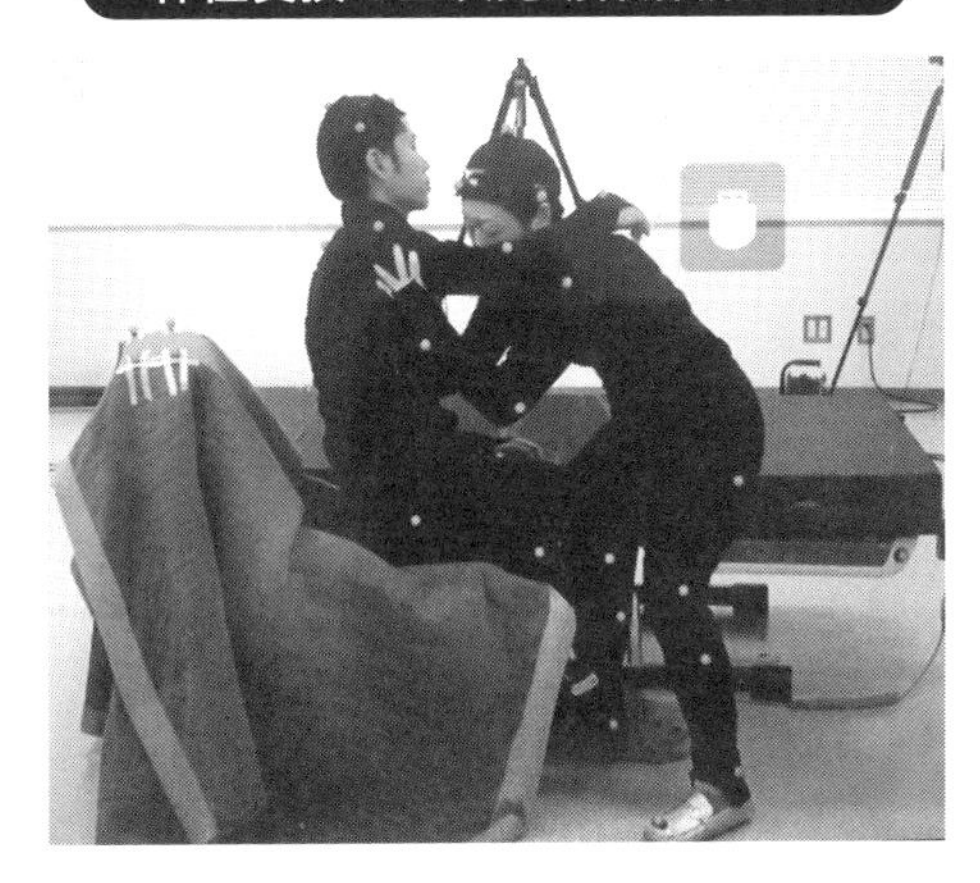

対象者の属性

		3看護学生（N=1）	看護師（N=1）	模擬患者（N=1）
年齢（歳）		21	47	24
性別	男	1		1
	女		1	
伸張（cm）		176.0	155.0	169.0
体重（kg）		74	50	57.0
Body mass index		23.9	20.8	20.0

ベッドから車いす移乗における看護学生と熟練看護師の動作時間の比較

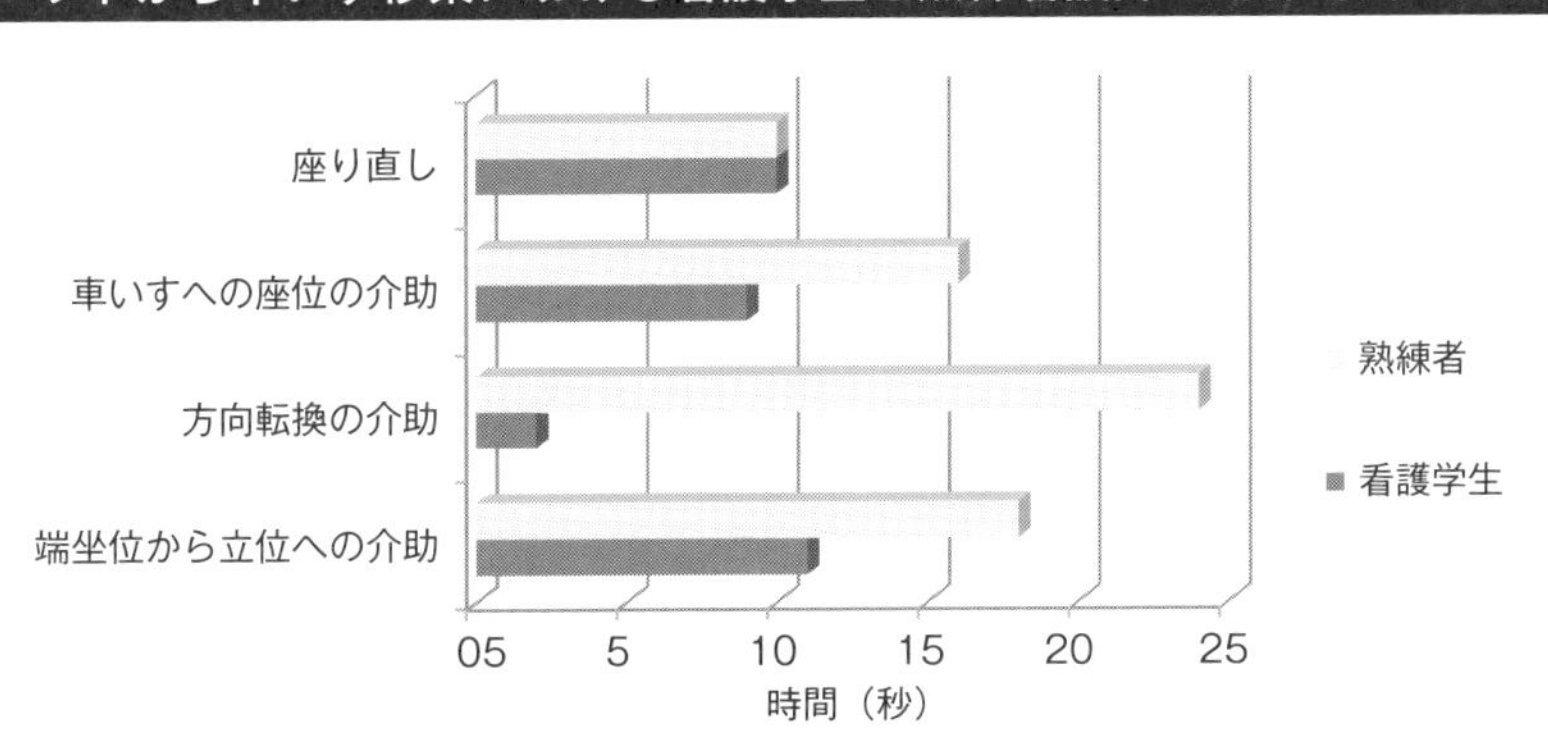

ては、看護師歴27年目の看護師と看護学生を比較しました。体圧測定は、712個のセンサーをシートに配列し、個々のセンサーが人体とマットレスの間の5㎝から10㎝角当たりの圧力を検出しました。ベッドの周囲にはカメラ5台と体圧測定画面が見えるようカメラを設置しました。模擬ベッドには厚さ9㎝のウレタンファームマットレスを用いて体圧シートを敷きました。車いす移乗時のベッドは模擬患者が安全に足を接地できる高さとし、模擬患者の足側に自走式車いすを設置しました。

ベッドから車いすへの動作の分類は「ベッド端に座った状態から立位への介助」、「方向転換の介助」、「車いすへの座位の介助」、「座り直し」の4局面としました。看護学生と看護師の動作の比較では、看護師のほうが移乗に時間を要し、「方向転換の介助」に最も時間を要していました。一方、看護学生は、「方向転換の介助」に最も時間を要していませんでした。

看護学生の車いす移乗介助方法と動作の角度については、立ち上がる前に腰部と膝関節を屈曲させ、立ち上がりでは体幹を伸展位に保っていました。膝関節については、座位途中から座位終了にかけて最も屈曲していませんでした。実験前後の腰痛はありませんでした。

移動を車いす移乗直後と座り直した後の2局面に分類し、体圧と座面の接触面積を測定しました。車いす移乗直後の平均体圧と最大体圧は看護師の方が看護学生よりも低く、接触面積は看護師の方が広い結果となりました。座り直した後の平均体圧と最大体圧は、看護学生の方が看護師よりも低く、接触面積は看護学生の方が広い結果となりました。

この実験結果から、看護学生は車いすから移乗する際に、体幹を前傾させて模擬患者の腰部を持ち上げ、座位途中に最も腰部を曲げ、立ち上がり時に体幹を伸ばし保っていました。このことから、椎間板への負担を軽減させていると考えられます。

看護学生による車いすの移乗は看護師よりも座面の接触面積が狭く、体圧が高いことが明らかとなりました。これは、方向転換と座位の介助動作の時間が速く、模擬患者をどこに着席させるかの確認に注意が向けられていなかったことが推測されます。

看護学生の車いす移乗介助方法と動作の角度

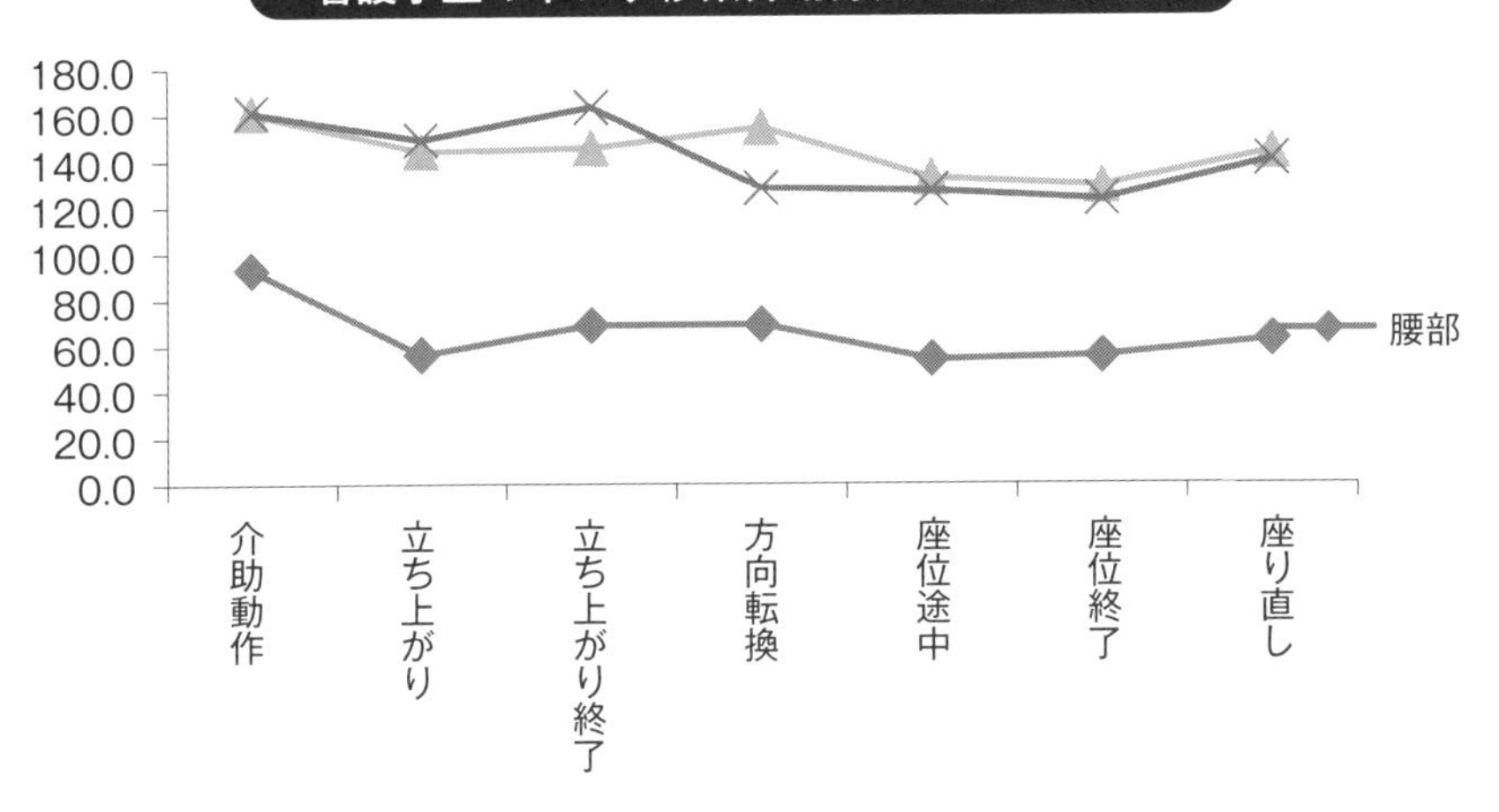

看護学生と看護師の座面の体圧分布と接触面積の比較

	車いす移乗直後の座面			座り直しの座面		
看護学生	接触面積（cm²）	最大体圧（mmHg）	平均体圧（mmHg）	接触面積（cm²）	最大体圧（mmHg）	平均体圧（mmHg）
	990	95.5	29.0	2850	63.9	12.2
看護師	接触面積（cm²）	最大体圧（mmHg）	平均体圧（mmHg）	接触面積（cm²）	最大体圧（mmHg）	平均体圧（mmHg）
	1300	92.8	27.6	2370	70.5	14.6

5 あれだけの迫力の相撲の立合いで、なぜけがをしないの？

日本の国技である相撲は他の競技に比べてルールが単純で、場所や服装の制約が少なく気軽に行なえるため、大衆スポーツとして明治以降盛んに行われてきました。

このような子どもの頃から親しんだ相撲でも、プロや学生相撲の力士になると激しく体をぶつけ合うため大きな衝突が繰り返されています。しかし、相撲選手が試合中に脳震盪で倒れたり骨折する場面はあまり見られません。おそらく、そうした状況に耐えるために上体の捻りや頭部の移動によって衝撃を和らげているものと思われます。

相撲には、頭や手で相手にぶつかる突き押し型（以下、突き型）と、まわしを取りに手を差し入れる四つ型（以下、四つ型）があります。このような2つのタイプの選手が、相撲の勝敗を左右する重要な場面である「立合い」の時に体がどのように反応して衝撃を和らげているか3次元動作解析から見てみました。

被験者としてご協力いただいたのは西日本学生相撲連盟に所属する大学相撲選手2名で、身長と体重が同じような体型で、突き型を得意とする選手1名と四つ型を得意とする選手1名です。3次元動作解析とは、体の様々な部分に赤外線に反射する直径1cm程度のマーカーを貼り付け、赤外線の反射光を特別のビデオカメラで撮影し、コンピューターで体の動きを3次元で解析するものです。

ビデオ映像で立合いを側面から見ると、突き型同士の立合いでは相手に衝突するまではやや上向きの前方向（写真中矢印）に体が移動していますが、衝突後には写真中矢印のように上体が起き上がって矢印の角度が垂直に近づいていています。

立合い時における突き型同士のビデオ映像

立合い時における四つ型（左）対突き型（右）のビデオ映像

四つ型と突き型の立合いをビデオ映像で側面から見ると、四つ型は衝突後の上体の起き上がりが大きく、矢印の角度が突き型よりもさらに垂直に大きく近づいています。

このように四つ型や突き型のタイプの違いに関係なく相撲選手の立会いは衝突後に上体が起き上がる（上方向に移動する）ことにより衝撃を和らげていることがビデオ映像からわかりました。

ビデオ映像では立会いの動作を側面しか見ることができませんが、3次元動作解析では各関節に貼付けたマーカーを線で結んで「棒人間（スティックピクチャー）」を作り出すことができるので、コンピューター上で立ち会いの動作をいろいろな方向から見ることができます。

突き型同士の立合いをスティックピクチャーとして真上から見ると、お互いに衝突までは真直ぐに相手に向かって上体が移動していますが、衝突後はそれぞれ矢印の方向へ左右に頭部（額）が移動しています。頭は球状なので正面衝突の方向へ額が向かったとしても、衝突点が少しでも頭部の中央から外れていると、額は右または左へ移動します。額には筋肉や脂肪などの弾力のある組織はないので、立会いの衝突後に額が右または左へ移動することは首の怪我や脳震盪などの予防に結びついていると思われます。

四つ型と突き型の立会いをスティックピクチャーとして真上から見ると、四つ型は立ち会いの最初の時点から上体は相手に向けず、矢印の方向へ移動しています。また衝突時には四つ型の肩に相手（突き型）の頭が当たり、衝突後には四つ型の体が矢印のように後ろ方向へ移動しています。つまり、四つ型では相手の力を肩で受け止め、上体を捻ることにより衝撃を和らげていることがわかりました。

相撲選手において立会い時に衝撃を和らげる技は、正面衝突を避け、衝突後には上体を上方向に移動させてお互いの力を分散させ、または上体を捻って相手の力を受け止めていました。このような技術はトレーニング（運動鍛錬）の積み重ねにより獲得できるもので、まさに相撲選手のみがもつ「匠の技」といえるでしょう。

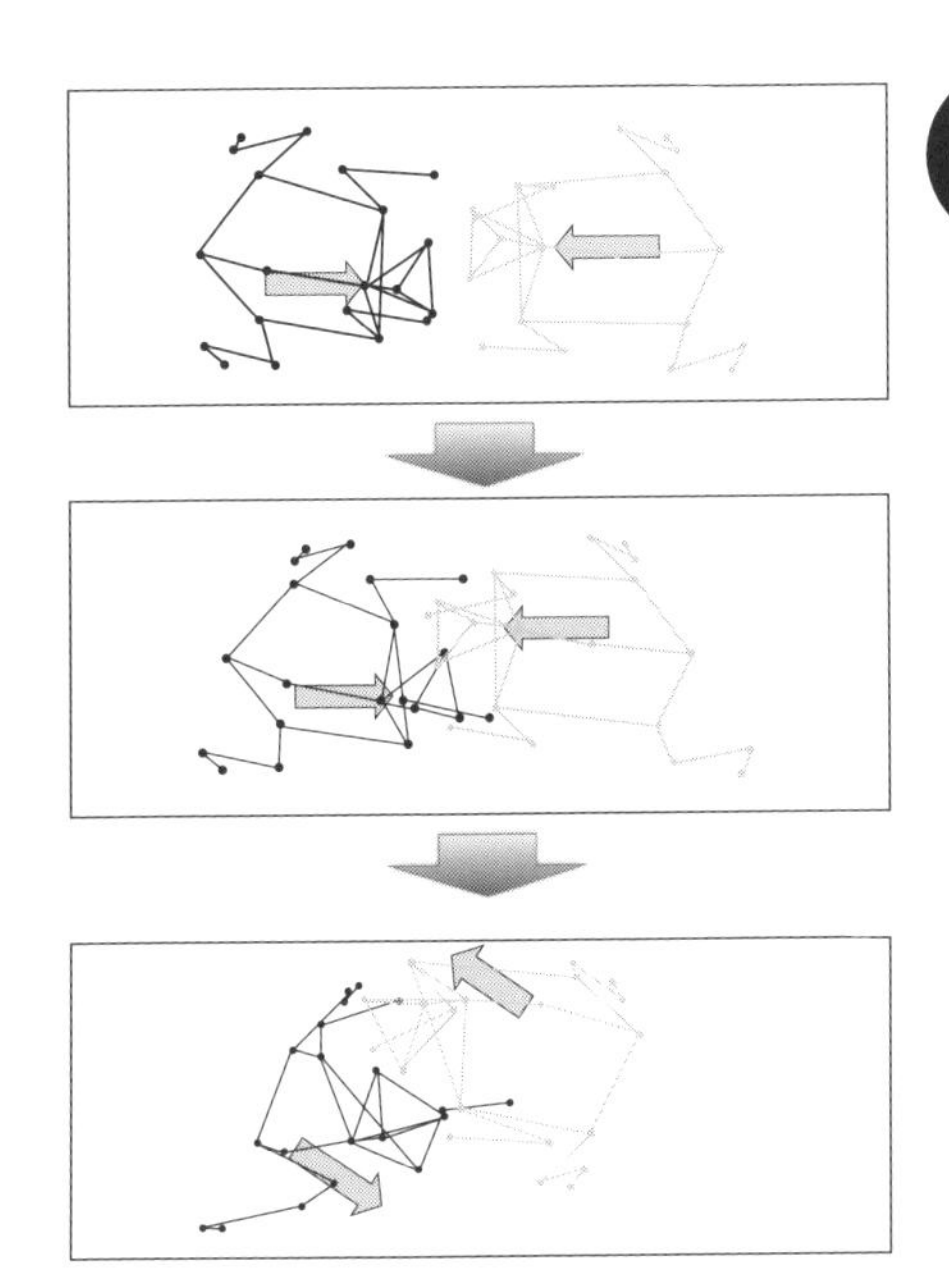

立合い時における突き型同士の真上から見たスティックピクチャー

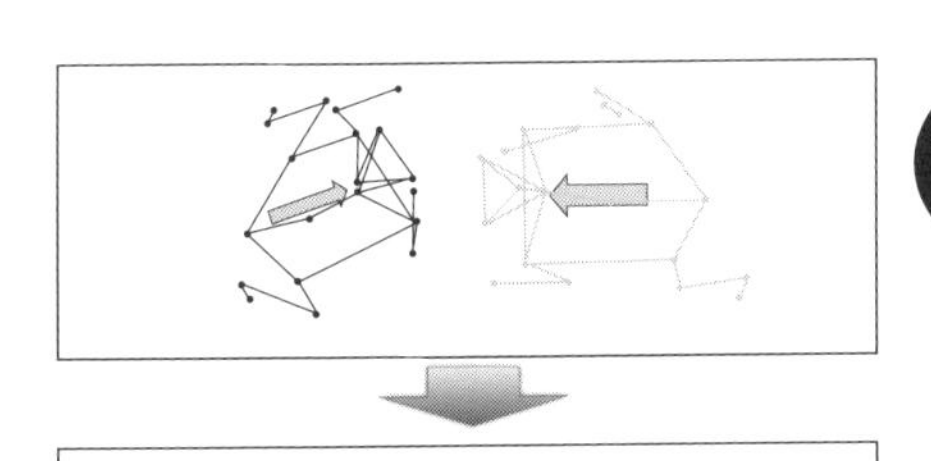

立合い時における四つ型（左）対突き型（右）の真上から見たスティックピクチャー

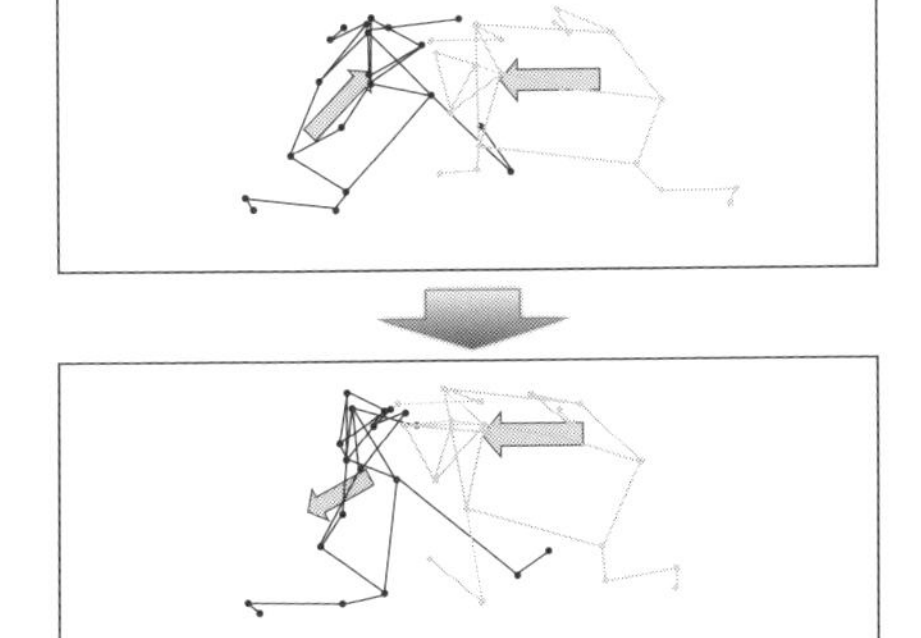

Column

良い製品を作り続けるには「間」が必要

伝統産業のモノづくりの匠の方々と交流するにつれて、不思議なことに気がつきました。それは皆さんお元気でいらっしゃるということです。主に手作業で行うモノづくりが日々ありますので、それによって疲れないのかなあ？ という疑問です。答はどうも「コツを知っているから」に落ち着くようです。

でもですね。コツを身につければ疲れないというのは理解できますが、やはり腑に落ちないのです。匠たちはみな元気すぎるからです。

そこで考えられるのは、作業の途中に休んでいるのではないかということです。休み休み作業をしているのではないか？

何か力が加わって変形したものが元に戻ろうとする現象を「緩和」と呼びます。力を加えた作業において、体が元の状態に戻る緩和もあるかもしれません。体が元の状態から次の作業がスタートするなら、ひょっとして疲れは感じることはないかもしれません。

そこで、京金網の辻賢一さんの動作を解析し、休んでいる時間、体の緩和を待っている時間、これらを総称する「間」を計測してみました。作業時において一定速度で動いている時、すなわち加速度値がゼロ付近の時、間があり、休んでいると考えてみます。ここで、針金をねじっている作業を主作業とし、主作業に移る前の動作を副作業と呼ぶことにします。主作業中に加速度がゼロに近い部分が生じていました。さらに、副作業中にもそういう部分が認められました。主作業中の間(＝休憩)は考えにくいですが、主作業に入る前にそういう部分が現れるのかもしれません。

大事な作業の前に休んでおくことが、良い製品を作り続けるためのコツかもしれません。

第2章

素早い動作

6 旗頭の打刻は単純ゆえに難しい

旗棒の先端に三方正面という形状の金具が取り付けられています。この金具を旗頭（はたがしら）と呼びます。

旗頭には学校や社寺、企業などの団体を象徴する紋やマークなどが彫金されています。旗頭における彫金は、打刻を主とした金属工芸（以降、金工）の技法の中の一つです。打刻とは、金属の性質の一つである展性（金属が延び広がる性質）を利用した加工法です。絵柄を彫金する地金に、その絵柄の形に合った鏨（たがね）を使い、金鎚などで打ち込むことにより絵柄が浮き出します。次に魚々子（ななこ）や石目（いしめ）と呼ばれる鏨で、その絵柄の周囲に地紋を打ち込みます。すると、背景との差がはっきりするだけでなく絵柄がさらに浮き立ちます。そしてさらに、この地紋を打たれることにより地金は加工硬化を起こします。

行進や掲揚などに用いる際、軽量であることが求められる旗頭にとって、これは装飾だけでなく部位の強化にもなる機能向上加工でもあります。

これら旗頭の打刻と呼ばれる技術は、前述の通り、地金に対して片手に鏨を持ち添え、それをもう一方の手の金鎚で打刻するというとても単純な加工法です。しかし単純な作業だけに、微妙な技術差がはっきりとわかってしまう難しい作業でもあります。

この作業を行う職人は技術の熟達のため日々ひたすら作業を繰り返しています。この熟練者の地道な日々の反復は、初心者が同じ作業を行った時と観察比較すると次のような差がありました。

当然のことながら、熟練者の作業は速く、初心者の作業は遅いわけですが、この時間差が発生する原因の多くは、鏨を持つ手の1回の打刻ごとに起こる位置決め動作の時間差にありました。初心者は一度の打刻ご

旗頭の打刻作業

完成した旗頭

初心者と熟練者との打刻の差

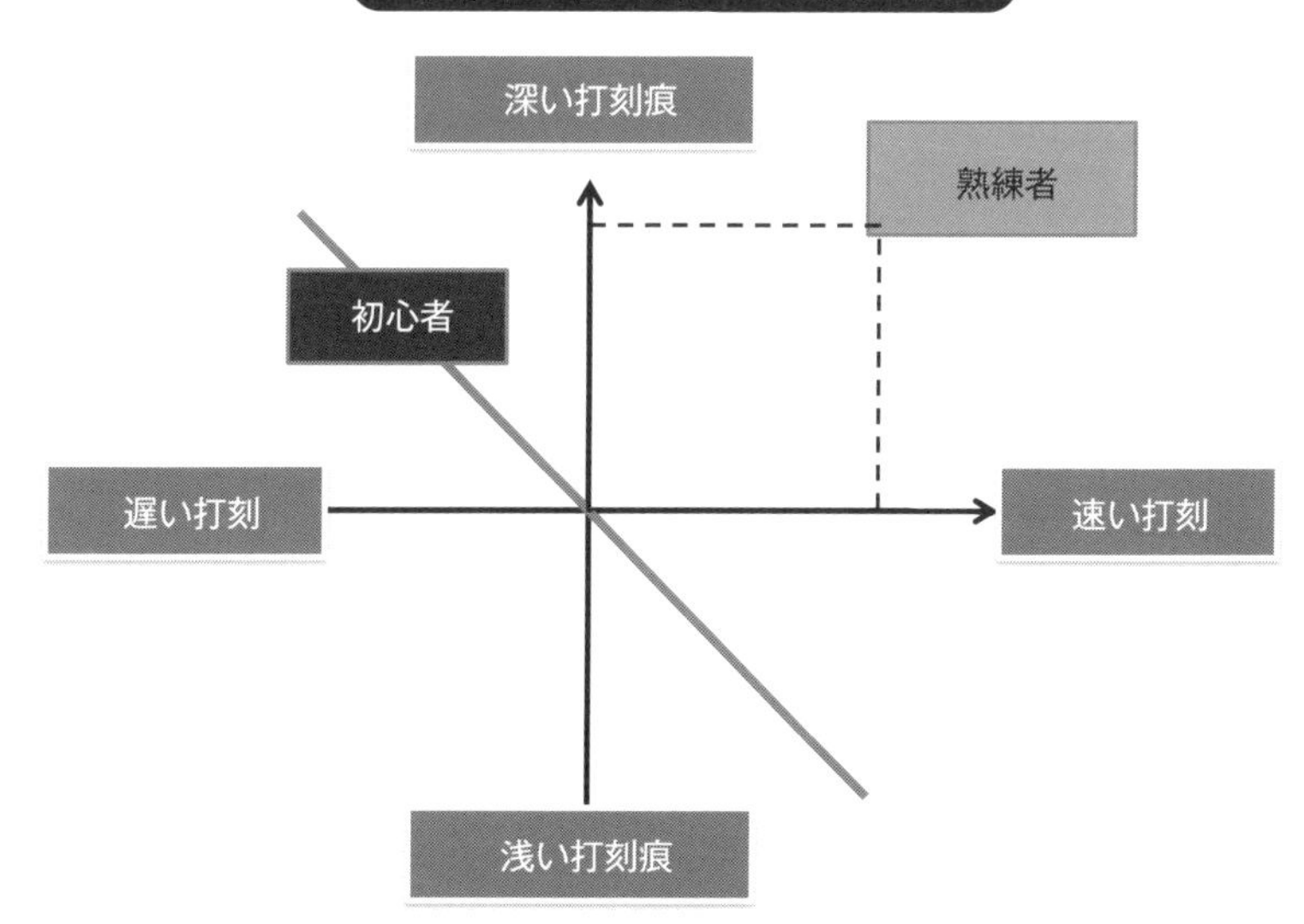

とに腕を動かして位置決めをしているのに対し、熟練者は鏨を持つ手の速い位置決め動作のために腕を動かさず手首の掌屈・背屈を最大限に利用していました。よって打刻が終わるまでに、鏨の位置替え動作のために腕が動く時間を最小限に留めることができます。その結果、熟練者の打刻は1打目の位置が決まると、以降の打刻を手首の可動範囲の限界まで連続的に行えていました。

また一方の金鎚の持つ手を比較すると、職人である熟練者の打刻は速くて、打刻痕がしっかりと地金に刻まれています。それに比べて初心者が熟練者の素早い動作を真似て速く打刻しようとすると、金鎚が上げ下ろしされる1ストロークが小さくなり、打刻痕が浅く、はっきりとした印影が見えにくくなってしまいました。

また、熟練者のしっかりと刻まれた打刻痕を意識して金鎚の1ストロークを大きくすると、打刻痕はしっかりと地金に刻まれるのですが、打刻が遅くなる傾向があります。これについても、熟練者と初心者とで体の使い方に差がありました。非熟練者は肩を支点に、上肢全体で打刻を行っていることが多く見受けられました。一方、熟練者は上肢全体を動かさず、手首の尺屈・橈屈を使い、スナップを意識した金鎚の動かし方をしていました。

この金鎚さばきの差が、金鎚先端の上下ストロークの距離の差だけでなく、金鎚を振る最大速度や最大加速度の差を生んでいます。その結果、熟練者は単位時間当たりにより多くのエネルギーを素材に与えているということが示唆されます。しかも、無意識ながらに不要な体の動作を抑えていることが、長時間にわたる作業での疲労を軽減させていると考えられます。

これらのことより熟練者自身の中には、打刻点に対する位置調整と、金鎚の地金に対する適切な力加減とが素早く行える「暗黙知」が存在しているものと推察されます。特にこの高い位置調整能力に関しては、鏨を持つ手、金鎚を持つ手ともに、打刻痕を隙間なく刻むために適切な手運びを必要とされるこの作業において、それを支える目運びにも特徴が表れました。

視線動作を比較すると、熟練者は打刻作業を通じて打刻痕周辺を集中的に注視していたのに比べ、初心者は広範囲に視線が大きく動き、鏨から目が離れていることが多い傾向にありました。その結果、位置合わせの所用時間が増えたり、美しさを損なう打刻位置のズレが生じたりした原因であると考えられます。

これらのことから熟練者の打刻は、適切な目運びと両手運びによってなし得る美しく素早いモノづくりと日々の労働時間に耐えうる体力のコントロールを両立させた高等技能であると考えられます。

熟練者の注視点

初心者の注視点

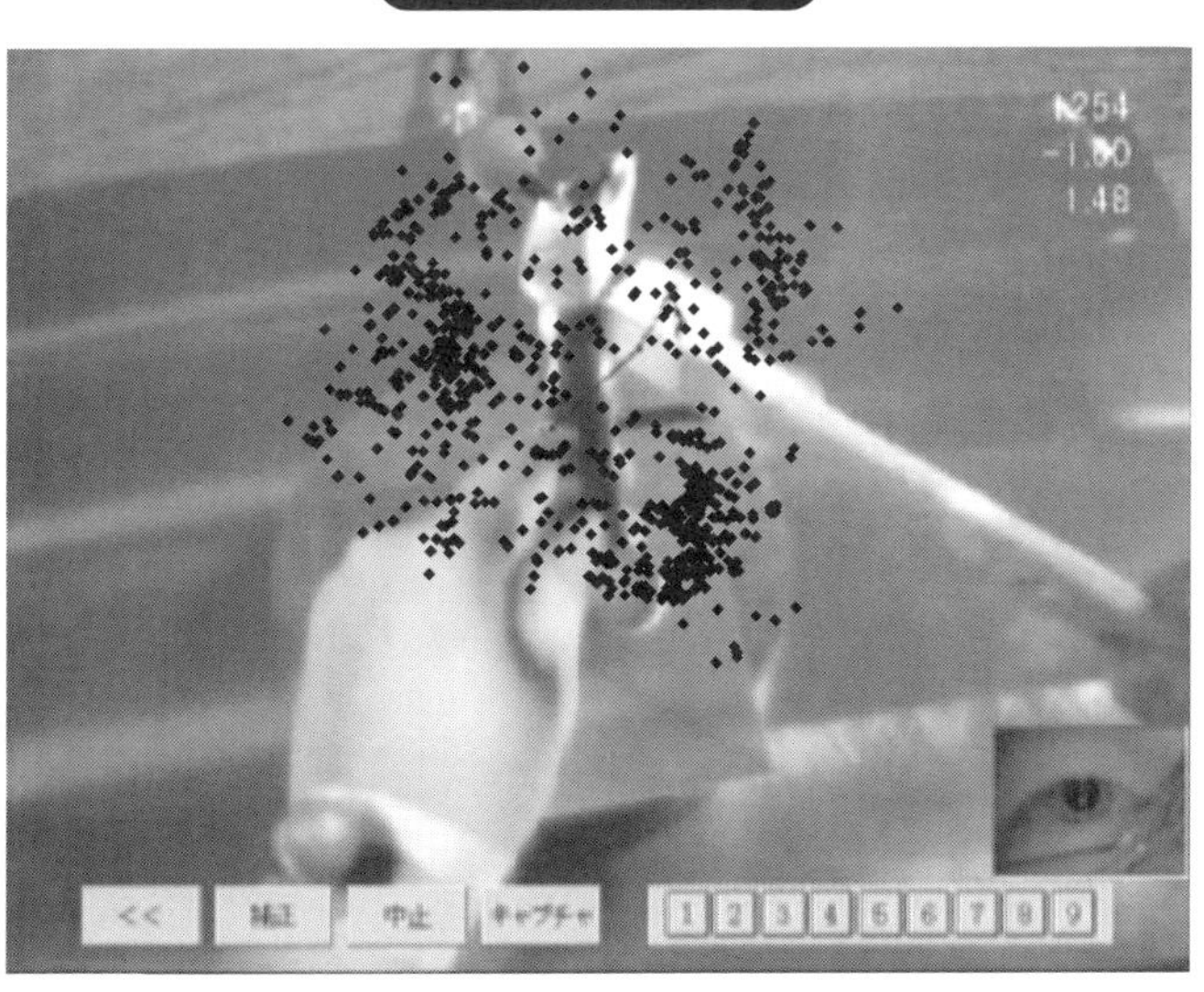

7 京瓦の防水性は磨き工程がカギを握る

京瓦は表面に燻しが乗っており、何ともいえない上品な雰囲気を醸し出しています。そのことが京都の町並みやお寺に落ち着きを生み出しています。

丸瓦作りの工程は、土の部、丸の部、そして窯の部と大きく3つに分けることができます。土の部では、土を運び、水分を調整して、足で踏んで水分を均一にし、さらに練る。そして「荒土」と呼ばれる土の材料が出来上がります。次に丸の部では、丸め、水撫で、成形、たまぐち付け、磨き、白地作りと6つの工程に分けることができます。そして窯の部は、窯の中に瓦を積み1100℃で焼成します。

瓦には、雨などの水から建物を守るという役目があります。防水性です。それは、水を弾く、または濡れてもすぐに乾くなどという現象で推定できます。その防水性の優劣が、丸の部における磨きの工程のやり方によって大きく変わります。初めの土の材料ではなく、最後の焼成でもなく、途中の磨きの工程が瓦の防水性という機能のキーを握っているのです。ここでは、磨き工程の動作を丸瓦を例にして説明します。

丸瓦の磨きの工程は左頁の図に示すように10段階に分けることができます。この中で、「磨く」とある工程は、金属のヘラで瓦表面を撫でることです。この段階では土はまだ乾いてはおらず、水分を含んでいます。⑥から⑧の表面を磨く工程について検討するため、サブ工程⑥の右半分を磨く、⑧の上下方向に磨く動作の際のヘラを持っている手の右橈骨茎状突起に装着したマーカーの動きを次頁の図に示します。図中の矢印はヘラを動かす方向であり、右半分を磨く際にはヘラを右端から動かしています。左半分を磨く時にはヘラを左端から中央部へと動かしていました。軌跡長はそ

丸瓦

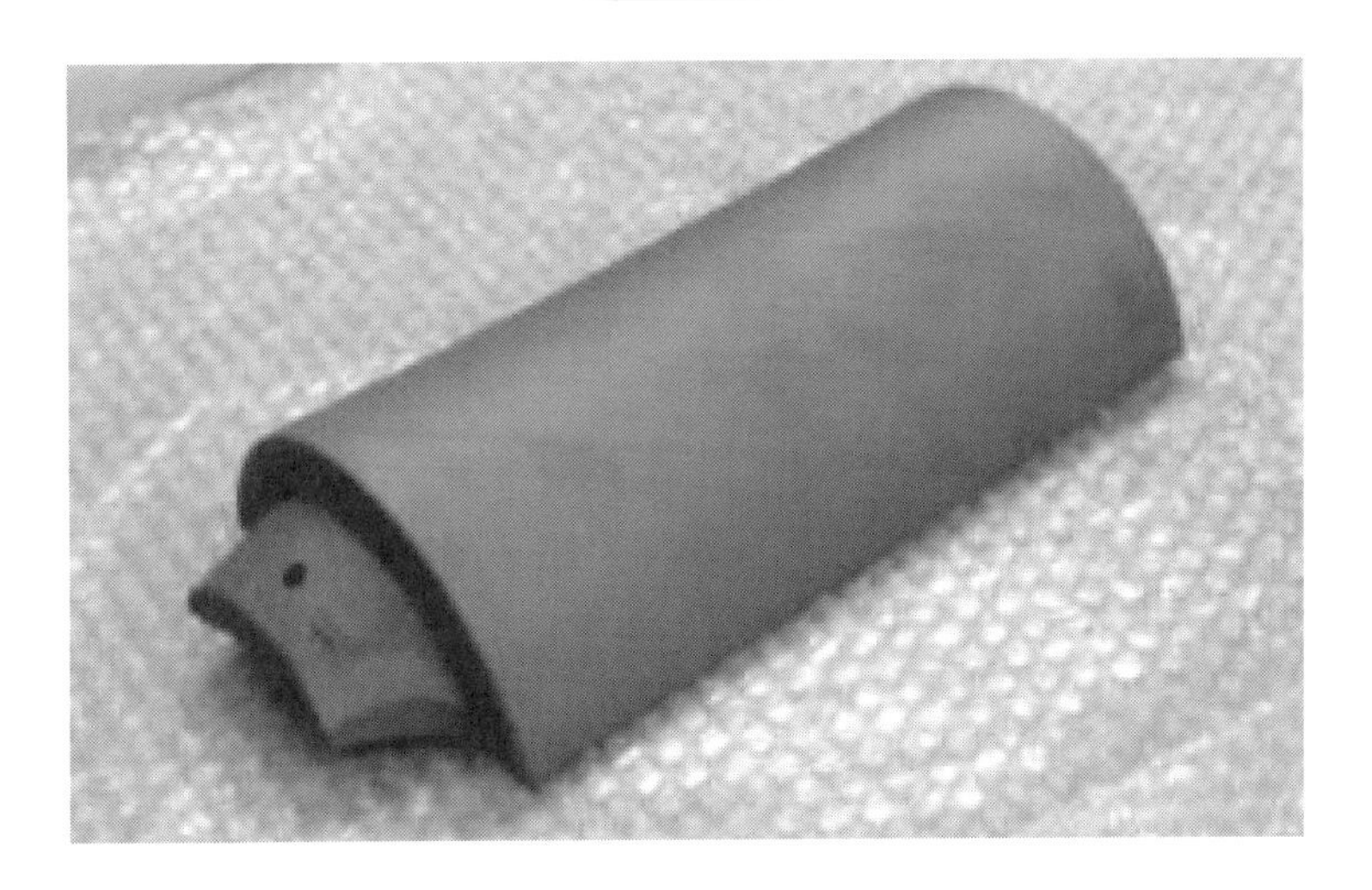

磨き工程 10工程

 処理部位

① 裏をたたく

② 裏を磨く

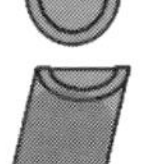

③ 表面をたたく

④ 角を抑える

⑤ 端を磨く

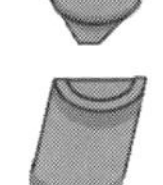

⑥ 表面の右半分を磨く

⑦ 表面の左半分を磨く

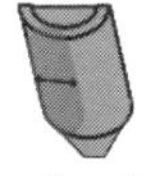

⑧ 表面を長手方向に磨く

⑨ たまぐち周りを整える

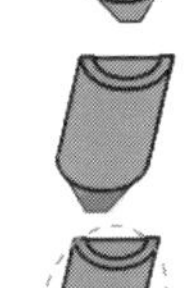

⑩ 表面のチェック

軌跡図「長手方向」の軌跡

回数　18回
軌跡長　453cm

軌跡図「右半分」の軌跡

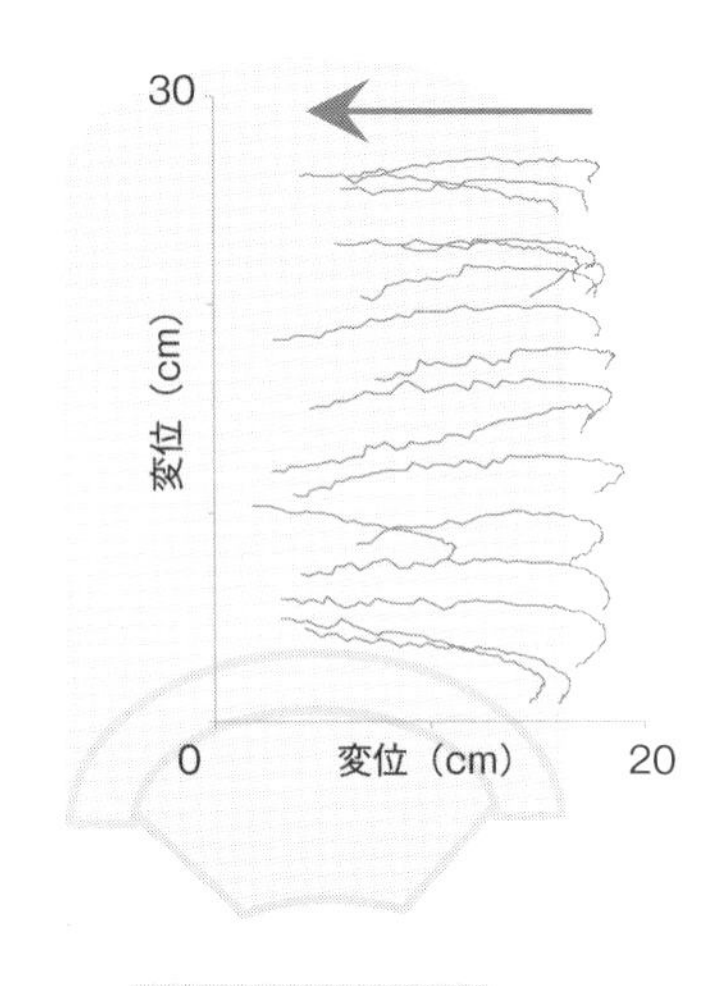

回数　18回
軌跡長　297cm

れぞれ右半分では297㎝、左半分では309㎝、上下方向では453㎝でした。長手方向への磨きの軌跡は他の磨きにおけるそれらよりも長い傾向にありました。磨きの回数はそれぞれ18回、19回、18回であり、それぞれ類似した回数の磨きがなされています。これらのことより「磨き」工程において、単一方向でなく、縦横方向に同程度の回数の磨き動作を行うことで磨きのムラを少なくしていると考えられます。

次に平瓦の磨きの動作の結果を左頁の上の図に示します。図中の矢印は磨いていく方向、その間の線が手の動きです。丸で開始し、三角で終わります。開始の間隔が狭いですが、中盤になると広くなり、後半では再び狭くなっています。つまり、前半と後半は微調整を行い、中盤では広範囲で磨くことを目的としています。

左頁の下の図に、1回の磨き、上の図中で丸印から三角印までの手の動きの速度を示します。速度は磨き始めで急激に上昇し、ピークに達して減少し、再び上昇しています。リズミカルな動きを想像することができます。磨きの終わりの速度上昇は、瓦の上に微細な材料を残さないよう最後に払うことによって起きたと考えられます。

左右橈骨茎状突起の軌跡

第１局面（1～5回目）

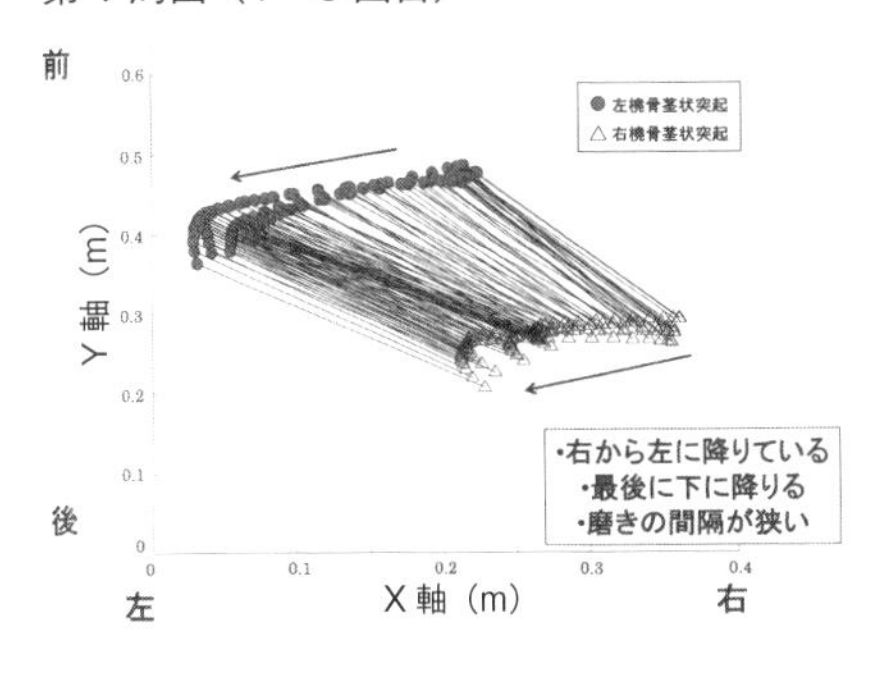

第２局面（6～10回目）

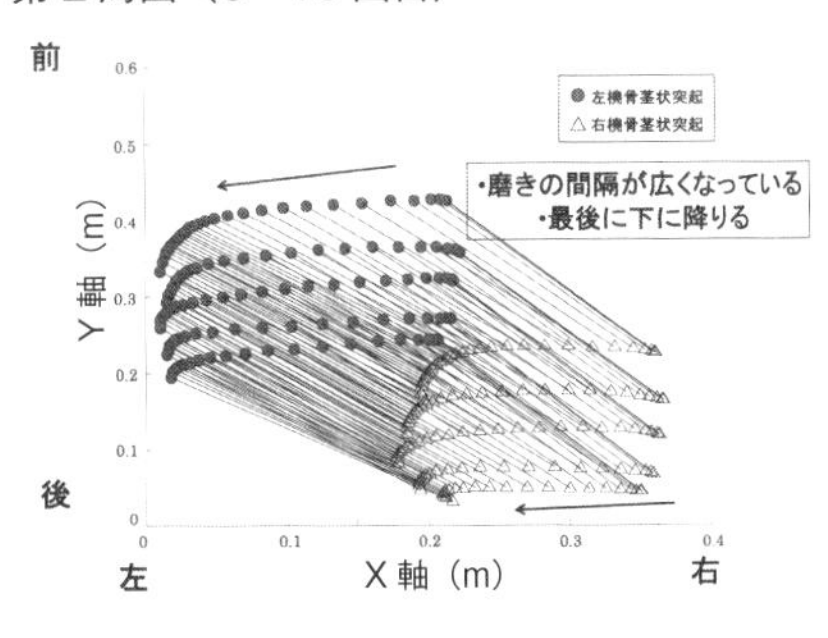

第３局面（11～13回目）

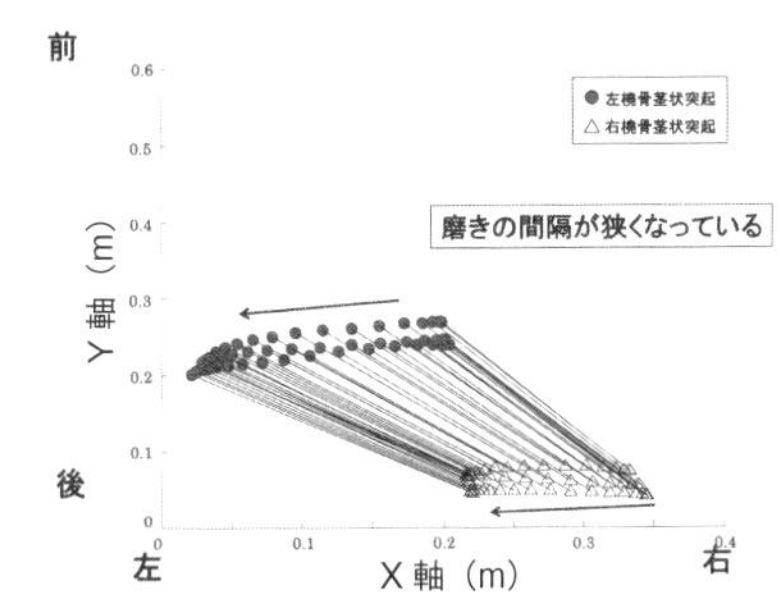

右橈骨茎状突起の合成速度

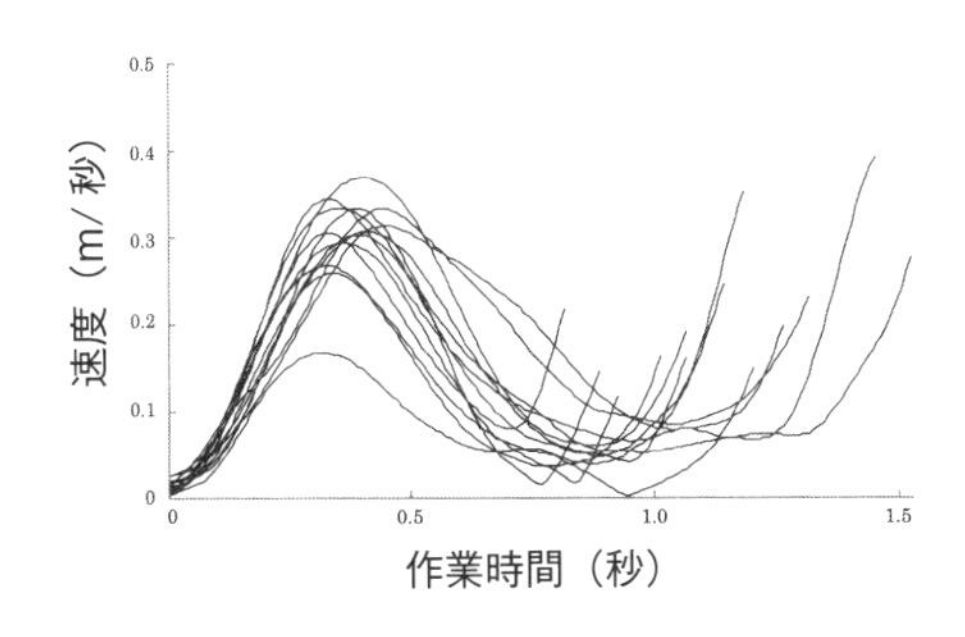

8 刷毛の通し方の差で漆塗りの作業効率は上がる

漆は古くから家具や食器の天然樹脂塗料として使われてきました。漆は消費者に高級感と高品質を感じさせます。漆塗りは熟練の高度な技術によるものといわれています。そこで、熟練度が漆塗り技術に与える影響を明らかにするために、熟練者と非熟練者を対象として比較検討しました。刷毛は、普段使用している自分の刷毛を個人の刷毛とし、拝借した刷毛を他人の刷毛として漆塗りを行いました。熟練者と非熟練者の漆塗りの作業工程・作業時間を計測し、その違いについて検討したのです。

漆塗りは今では噴き付け塗装も行われますが、ここでは旧来の人毛使用の刷毛による人の手作業によるものを指します。この手作業による塗る行為、あるいは塗る作業全体の中で刷毛を1回動かす塗る行為は、対象物に対して刷毛を接地させてから離れるまでの1回の行為で、職人の慣用的な語句の使い方では「刷毛を通す」といいます。ここでは、その塗る対象物に対して刷毛を接地させてから離れるまでの1回の行為を「1通し」と呼ぶこととします。したがって10回の行為は「10通し」と呼びます。

また、平面の板を塗るとき、塗る面に対して刷毛の接地面をずらしながら連続して刷毛を通す行為を行った面を「1面」と呼ぶこととします。角度を変えたり持ち替えたりする場合は「次の面」といいます。

資料のビデオ映像撮りは、眼球運動解析装置ＴａｌｋＥｙｅⅡ（竹井機器工業社製）を使用し、ＴａｌｋＥｙｅⅡのＣＣＤカメラからの漆塗りの映像を用いました。ビデオ映像のサンプリング周波数は30Hzとしました。

被験者は京都伝統工芸大学校にて漆塗りの講師をし

漆塗り作業

ている熟練者とし、同校の1年生1名、2年生1名を非熟練者としました。

　使用した道具は刷毛、篦（へら）、材料は本蠟色漆を使用しました。使用する刷毛は、他人の刷毛を被験者全員同

被験者データ

	年齢（歳）	身長（cm）	体重（kg）	経験年数（年）
熟練者	35	152	51.5	19
非熟練者 A	18	154	53.0	0.5
非熟練者 B	30	162	49.0	1.5

※ 被験者は女性とした

一のものとして、個人の刷毛は被験者が日常使っているものとしました。塗る対象としたアクリル板は縦300㎜、横300㎜、厚み5㎜のものを使用しました。漆は粘度を一定に保つために温度と湿度管理に注意しました。

実験方法として、熟練者1名と非熟練者2名に、個人の刷毛で1回、他人の刷毛で1回、計2回漆塗りを行なうことを指示しました。

個人の刷毛の場合、熟練者は細かい通し・一方向通し・往復通しの3種類の通し方が見られました。非熟練者は、熟練者にみられた往復通し・斜め通しが見られず、細かい通し・一方向通しの2種類しか見られませんでした。

他人の刷毛の場合、熟練者は上記の3種類に加えて斜め通しの4種類の通し方が見られました。非熟練者は、他人の刷毛でも個人の刷毛と同様に細かい通し・一方向通しの2種類しか見られませんでした。

熟練者は個人の刷毛では通し方の90％以上を往復通しで行なっているのに対して、非熟練者は主に一方向通しで漆を塗っています。細かい通しにおいては熟練者の回数は少なく、非熟練者は熟練者に比べて細かい通しを多く行っています。熟練者の往復通し1回に要する時間は約1秒であるのに対して、非熟練者が一方向通しに要する時間は約2秒となっていて、非熟練者は熟練者に比べて漆塗りに要する時間が倍以上であることが明らかとなりました。

この実験から、個人の刷毛を使用した際の熟練者と非熟練者の刷毛の通し方の差異を比較した場合、熟練者には3種類の通し方が見られ、非熟練者は2種類でした。また、他人の刷毛を用いた際、熟練者の刷毛の通し方は4種類に増加しましたが、非熟練者は個人の刷毛を用いた場合と変化が見られませんでした。

また、熟練者は約9割が往復通しなのに対して、非熟練者は大方を一方向通しにて行っていました。また、刷毛の通しに要する時間も、1通しにつき非熟練者は熟練者の倍以上となりました。

これらのことから、熟練者は環境の差異に応じて変化に富んだ刷毛の通し方などの対応をすることで作業効率を上げて、高水準な塗りを保っていることがわかりました。

個人の刷毛使用時の通し方模式図

(a) 熟練者

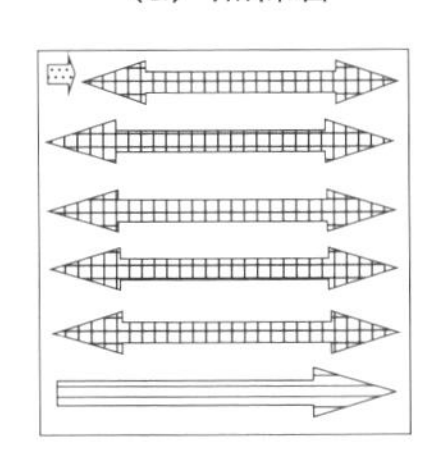

(b) 非熟練者 A

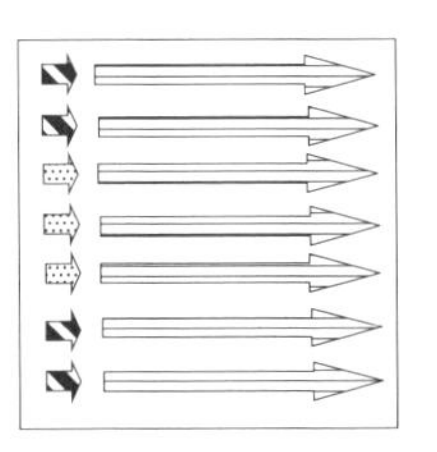

(c) 非熟練者 B

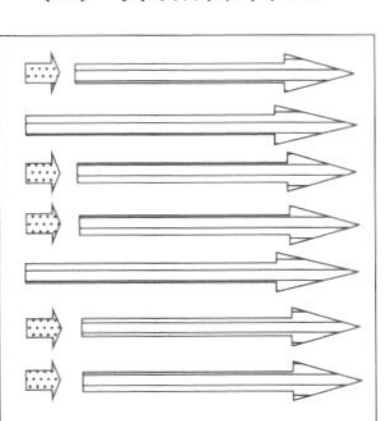

他人の刷毛使用時の通し方模式図

(a) 熟練者

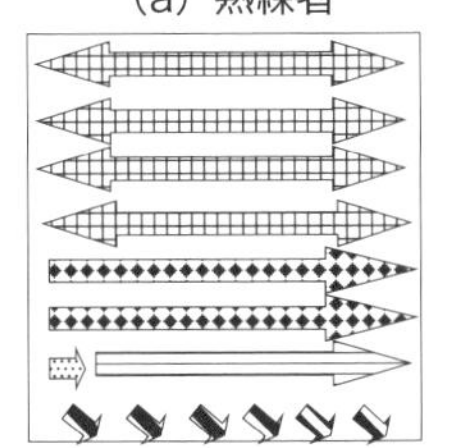

(b) 非熟練者 A

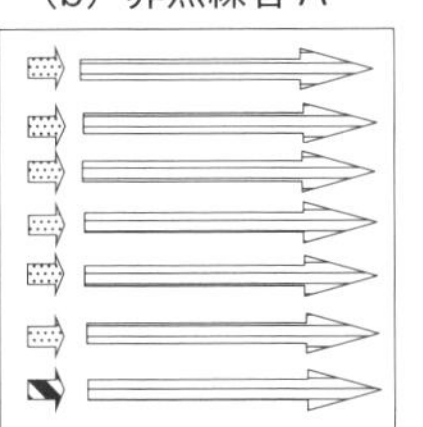

(c) 非熟練者 B

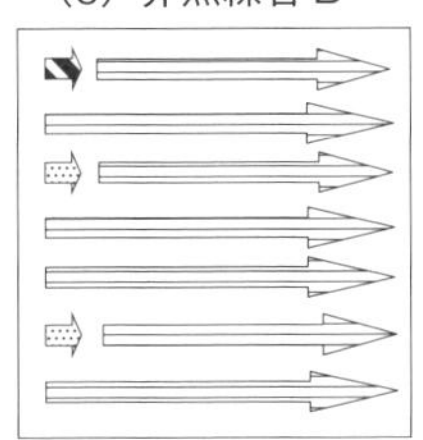

個人の刷毛使用時において、熟練者が 1 通しに要する時間

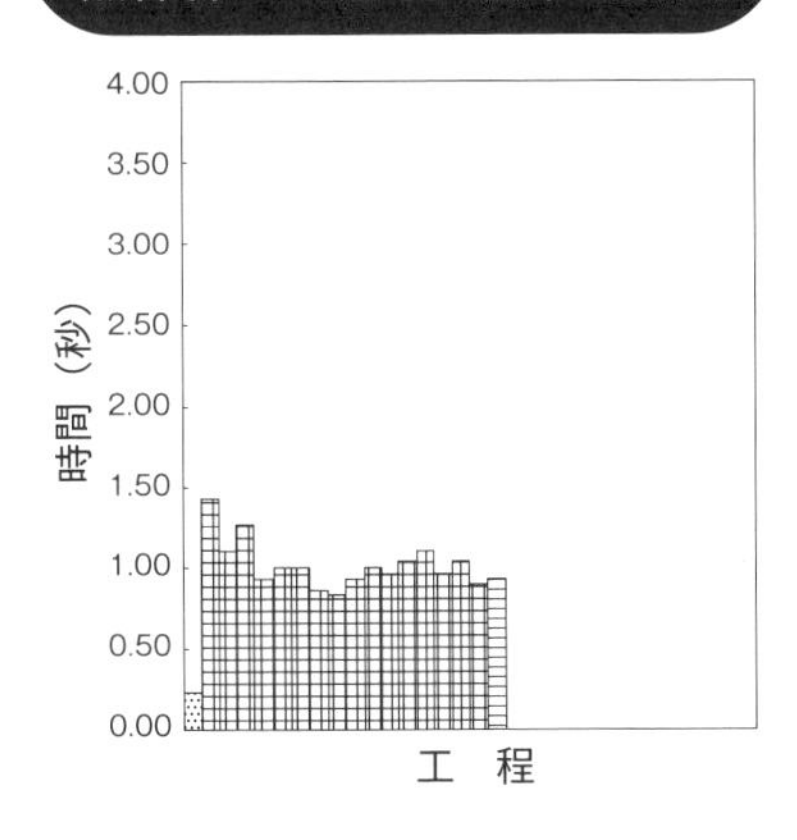

個人の刷毛使用時において非熟練者 B が 1 通しに要する時間

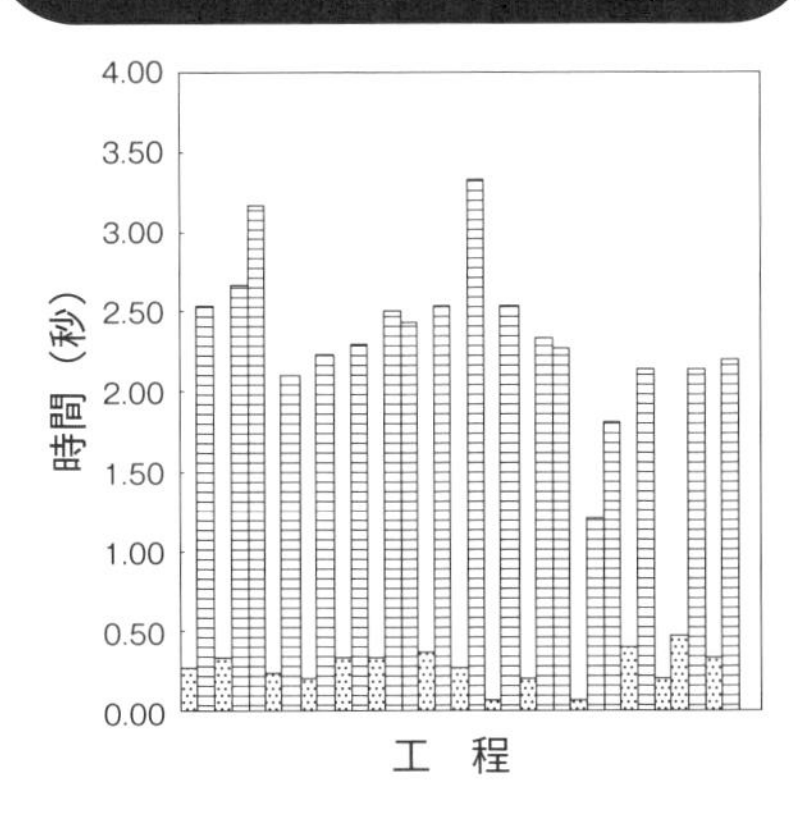

細かい通し　一方向通し　往復通し　斜め通し　同じ場所

9 鼓の音の良し悪しを左右する調べ緒作り

能の伴奏に用いられる鼓には麻製の紐が使われています。これを「調べ緒」といい、鼓の2枚の皮と円柱の胴を固定する役目を果たします。鼓の調律は、この調べ緒の張りを変えることで行われているので、鼓の音の良し悪しはこの調べ緒の出来にかかっているといえるでしょう。

匠によれば、調べ緒の良い条件とは「目に美しくふっくらとして光沢があり、腰があるもの。そして通りが良い（すべりが良い）こと」と言います。調べ緒が硬すぎると皮と胴とを密着できず、柔らかすぎると演奏中に緩みが生じてしまいます。そのために、調べ緒には適度な柔らかさ、しなやかさが求められます。小鼓では右手で皮の面を打つ瞬間に左手で調べ緒を緩め、すぐに握り直すという演奏方法があります。この動作により小鼓の音に余韻を与えます。「緩める」「握る」という動作を瞬時に行うために、調べ緒にはすべりの良さが求められます。

また、鼓の表皮と裏皮には調べ緒を通すための穴が6つあいています。その穴に引っかかることなくスムーズに通ることが必要ですから、太さが均一なことも欠かせない条件です。

調べ緒作りで重要なのは「綯う」工程です。麻の繊維を柔らかくする前工程を施し、適当な幅に裂きます。2本の繊維を両手に挟んで擦り合わせるように紐を作っていきます。それが「綯う」ということです。この綯うスピードが速い。素早い動きです。

3次元動作解析と筋電図計測装置で測定しました。匠は5代目山下慶秀堂の調べ司・山下雄治さんです。構えはやや前かがみで、紐は腰よりやや低い位置で両手で挟みます。

ここで筋活動の結果を見る前に、各筋肉と動きの関係について述べておきます。前腕屈筋群は手首を小指側に曲げ、前腕伸筋群は手首を反らせて親指側に曲げることに関連しています。上腕二頭筋は肘を曲げること、上腕三頭筋は肘を伸ばすこと、大胸筋は腕を内側に引き寄せたり両手で押し合うこと、つまり両手を合わせて拝む動作と関連しています。

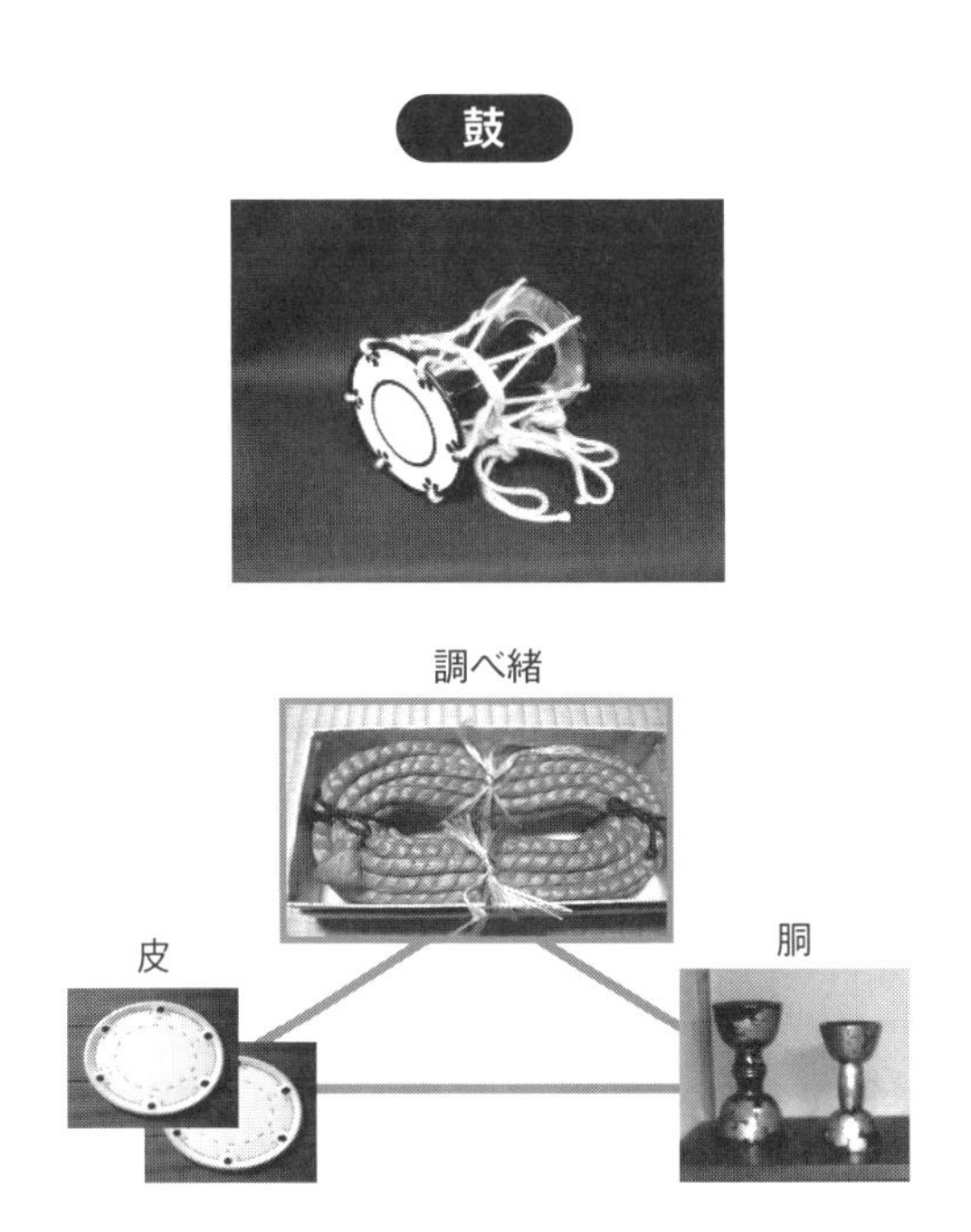

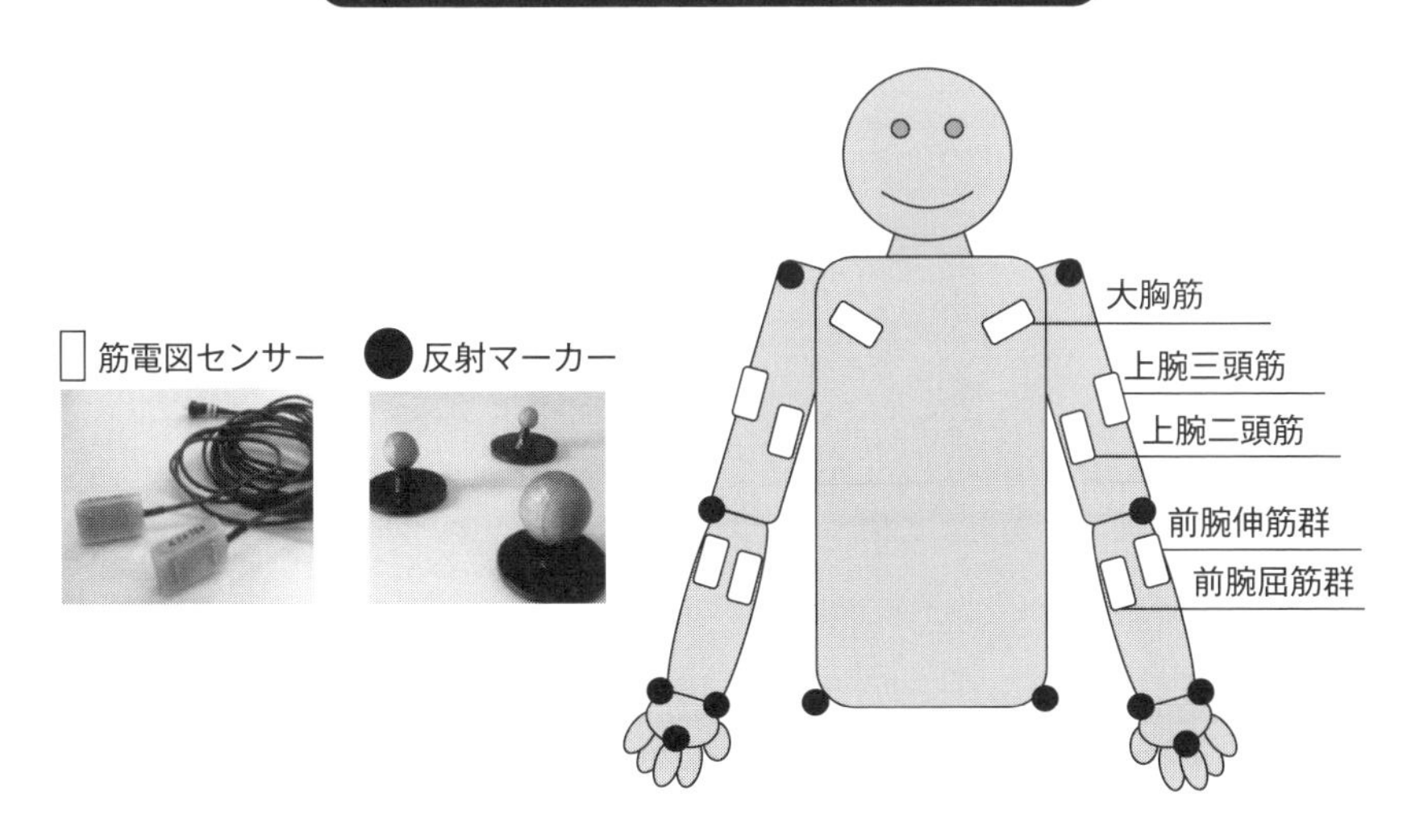

中指に付けたマーカーの動きを見ると、両手で擦り合わせているように思われたのです。しかしながら、右手は大きく動いているものの左手はほとんど動いていないことに気がつきます。「擦り合わせる」という言葉からは両方が動くように思われがちですが、ここでは違うようです。左手の注目すべき点は、前腕の屈筋群と伸筋群が同時に働いている点です。これはお互い動作が拮抗する筋が同時に働いていますから、目で見る動きとしてはあまり変化はありません。これは静的収縮をしていると考えられ、手首をある角度で固定するのに筋力が使われていると予測されます。

調べ緒を綯う

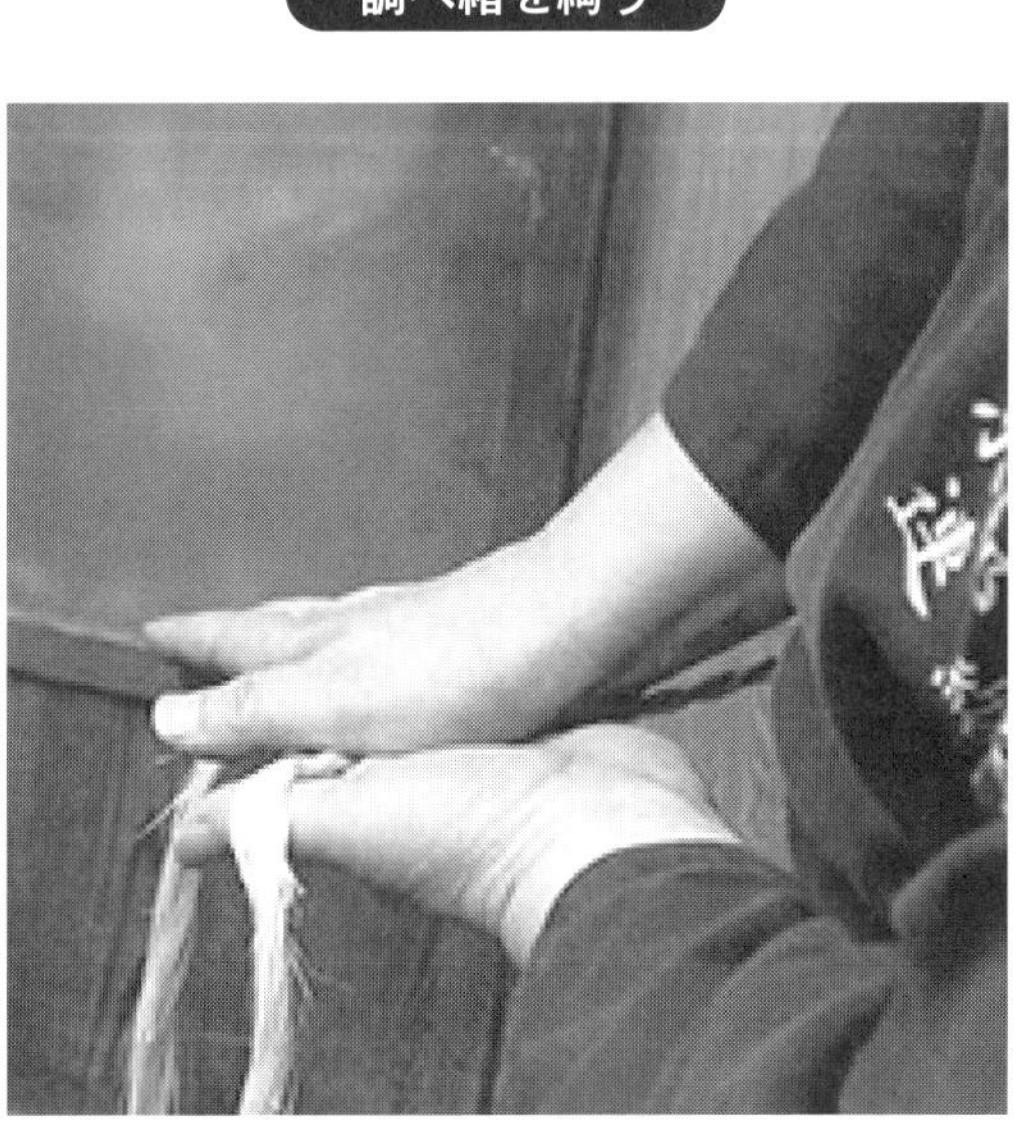

次に右手です。手首を左右に振る前腕の屈筋と伸筋、腕を伸ばす上腕三頭筋が規則的に働いていることがわかります。つまり、手首を小指側に曲げながら腕を伸ばし、また手首を親指側に戻すという動きが行なわれています。この動きで前へ前へと紐を送っていたんですね。

また、綯うときに両側の大胸筋の活動が見られることから、紐を両手で挟みながら行なっていることがわかりました。左手はある程度固定をして、両手で縄を挟みながら右手の前腕と上腕三頭筋をリズムよく使って縄を綯っていることがわかりました。これを早い速度で作っていく。それが匠の技です。

見ているだけなら簡単に見えますので何人かがチャレンジしましたが、匠の山下さん曰く、「それじゃ、音はならん!」でした。

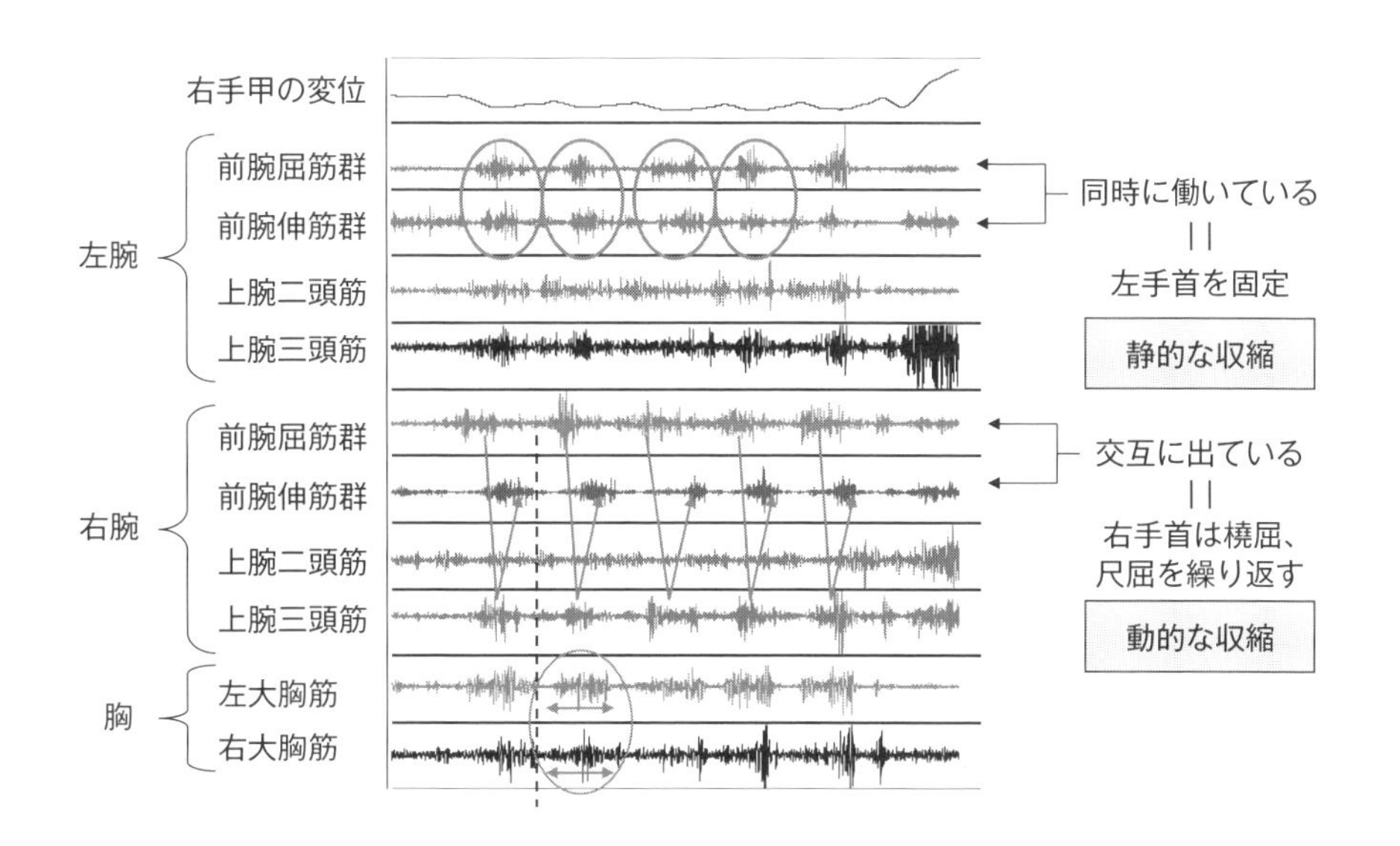

中指に付けたマーカーの動き

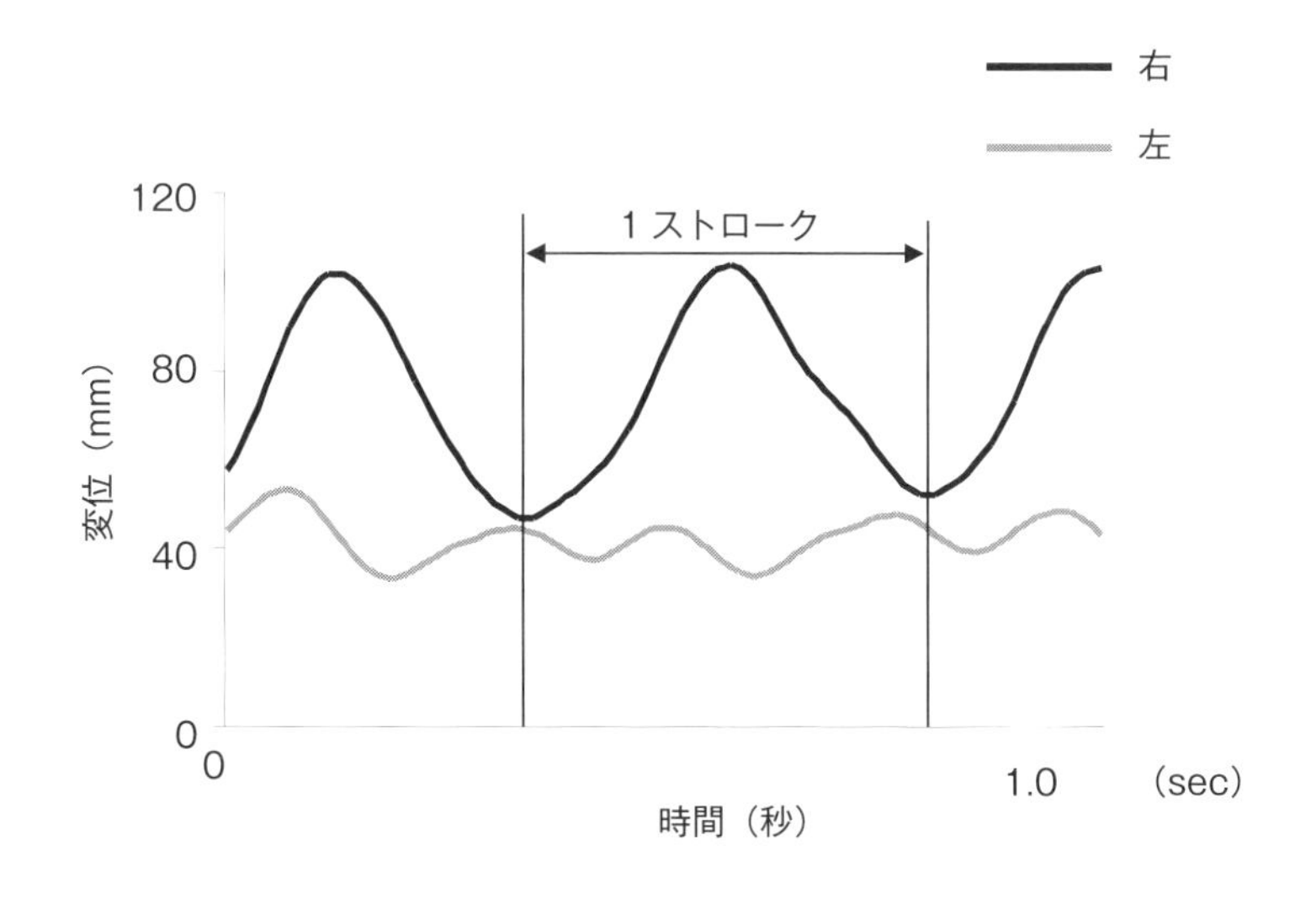

10 京菓子の包餡作業は精密機械並み精度の一瞬の早業

日本のおもてなし、特にお茶をいただく時に欠かせないアイテムは和菓子です。色とりどりのお菓子に春夏秋冬の季節を感じることができ、繊細な手仕事を伺い知ることができます。和菓子の中で最も基本の基本は、生地の中に豆類から作った餡を置き、包んだものでしょう。京都の和菓子「京菓子」においては、餡を包む「包餡作業」は手で行います。ここでは包餡の動作について述べることにします。

対象とした方は経験年数14年の和菓子職人さんです。生地の重さは30gで、餡の塊から20gの餡を取り出してもらって包みます。39個の包餡を行ってもらいました。なんと、20gの餡取りの標準偏差は0・9gとなります。これは、20gを取り出して、その餡の重さが1gも変わらないことを意味しています。これが匠の技なのでしょう。包み上げた菓子の高さは34㎜、直径は51㎜でした。そして餡を包み終わるまでに要する時間は12秒程度です。早業ですね。

餡を包む動作は、3つの工程に分けることができました。

まず、生地の上に餡を載せ、時計回りに回転させながら包み上げていく工程です。左手をくぼませて、生地を時計回りに回しながら餡を押し込んでいきます。この工程中に作業を止めて断面を切り出した写真を左頁に示します。写真中の0がこなしの上に餡を載せた状態です。工程が進むにつれて白い生地がせり上がっていって餡を包み込んでいく様子がよくわかります。

次の工程は「閉じ工程」と呼ばれるもので、反時計回りに菓子を回しながら両手の親指と人差し指で生地を閉じます。そして最終工程は成形工程です。ここでは菓子の上下を反転させて両手の中で時計回りに転が

包餡終了時の形状

包み上げ工程のお菓子の断面写真

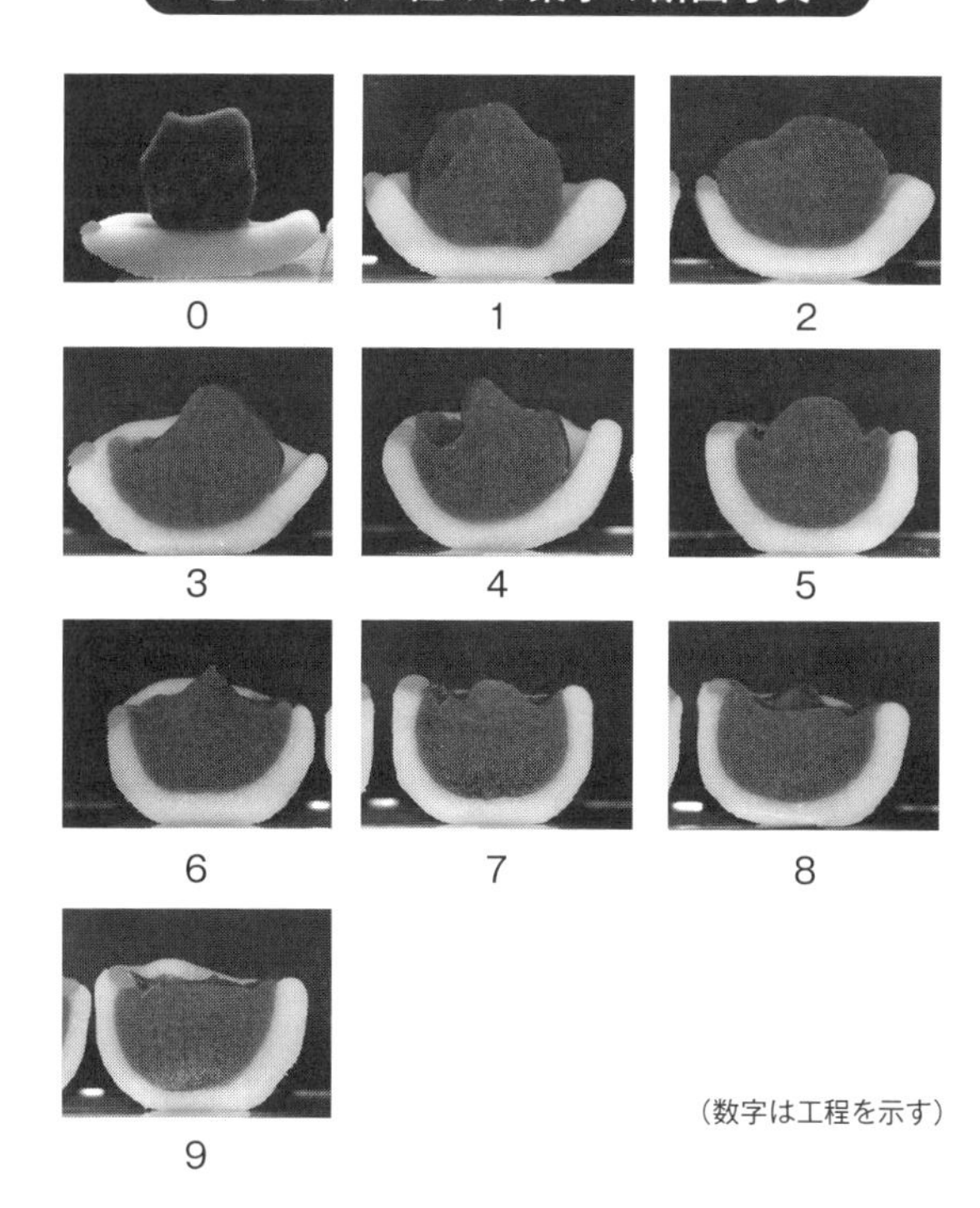

（数字は工程を示す）

包み上げ工程での指の角度

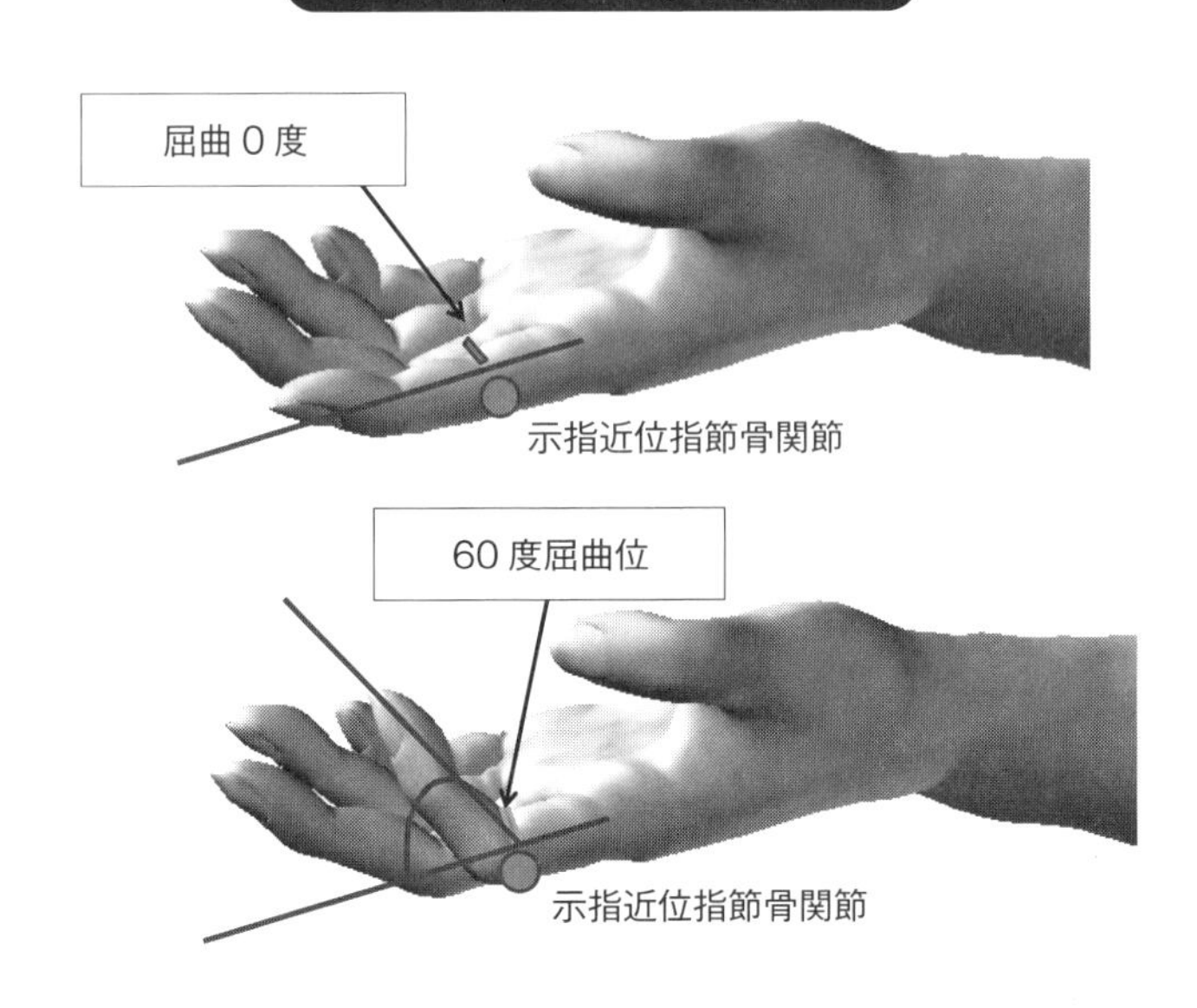

しながら形を整えていきます。

包み上げ工程における指の動きについても調べました。この工程はおおよそ4・5秒かかります。そして指の曲げ伸ばしを9回行っています。指の角度は10度から60度の間で動いています。

この9回の動きの間に、お菓子はどのように形を変えていっているのでしょうか？

生地がせり上がる様子はすでに示しました。今度は上から見た写真を示します。写真中の点は食紅であり、これをマーカーとして回転角度を求めてみると、大きな回転角度と小さな回転角度が繰り返し見られます。大きく、小さく、大きく、小さくとリズミカルな動きであることがわかります。

重さを感じる人間の感性は機械よりも精度が高く、そして早くてリズミカルな動きによって京菓子は出来上がっていくのです。

包み上げ工程の左示指近位指節骨関節の屈曲角度（平均例）

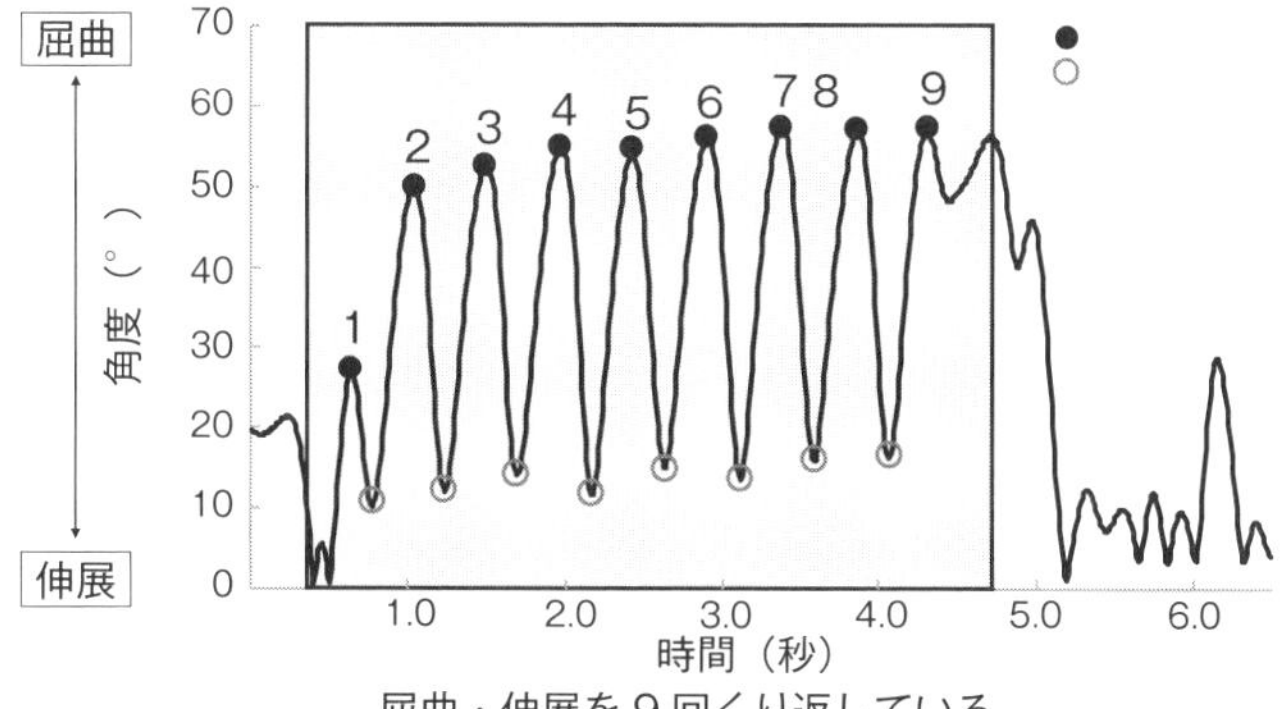

屈曲・伸展を９回くり返している

上から見た包み上げ工程

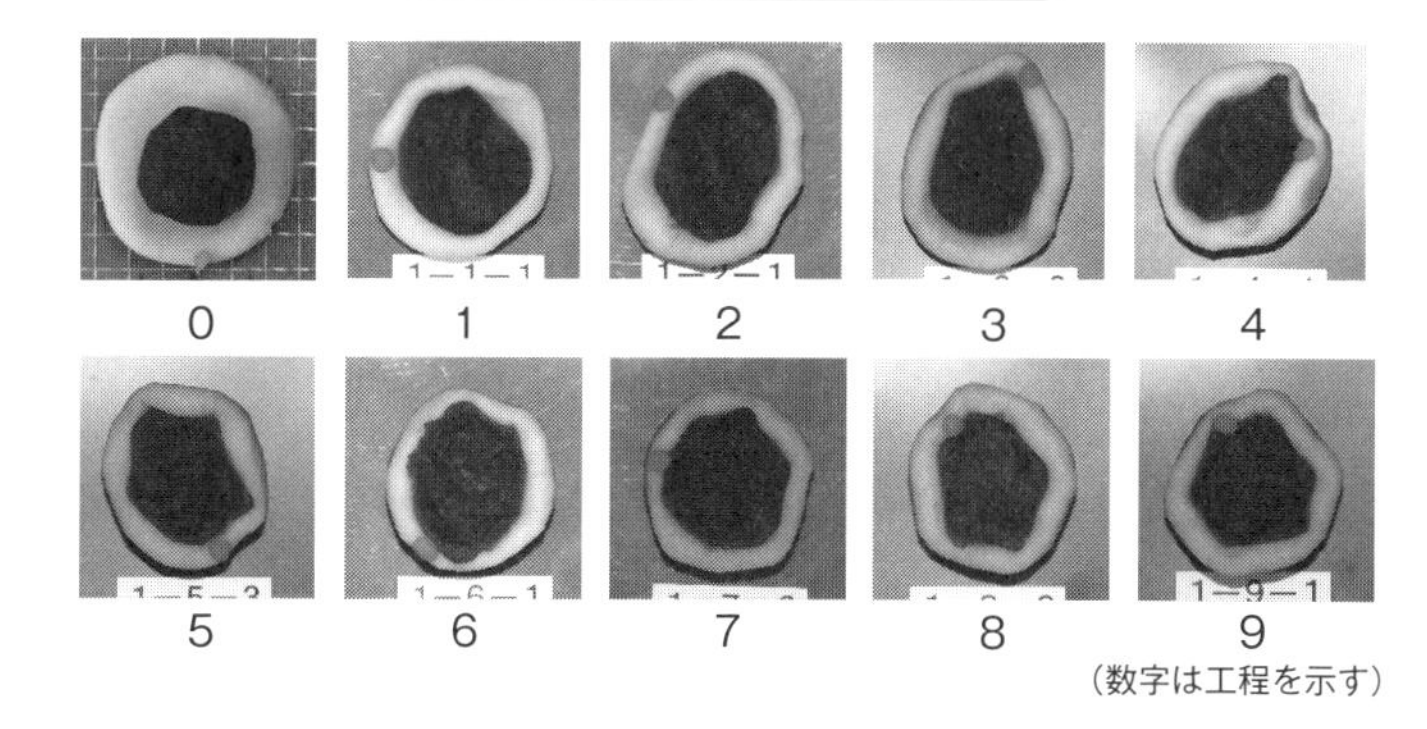

（数字は工程を示す）

お菓子の回転角度と包み上げ工程の関係

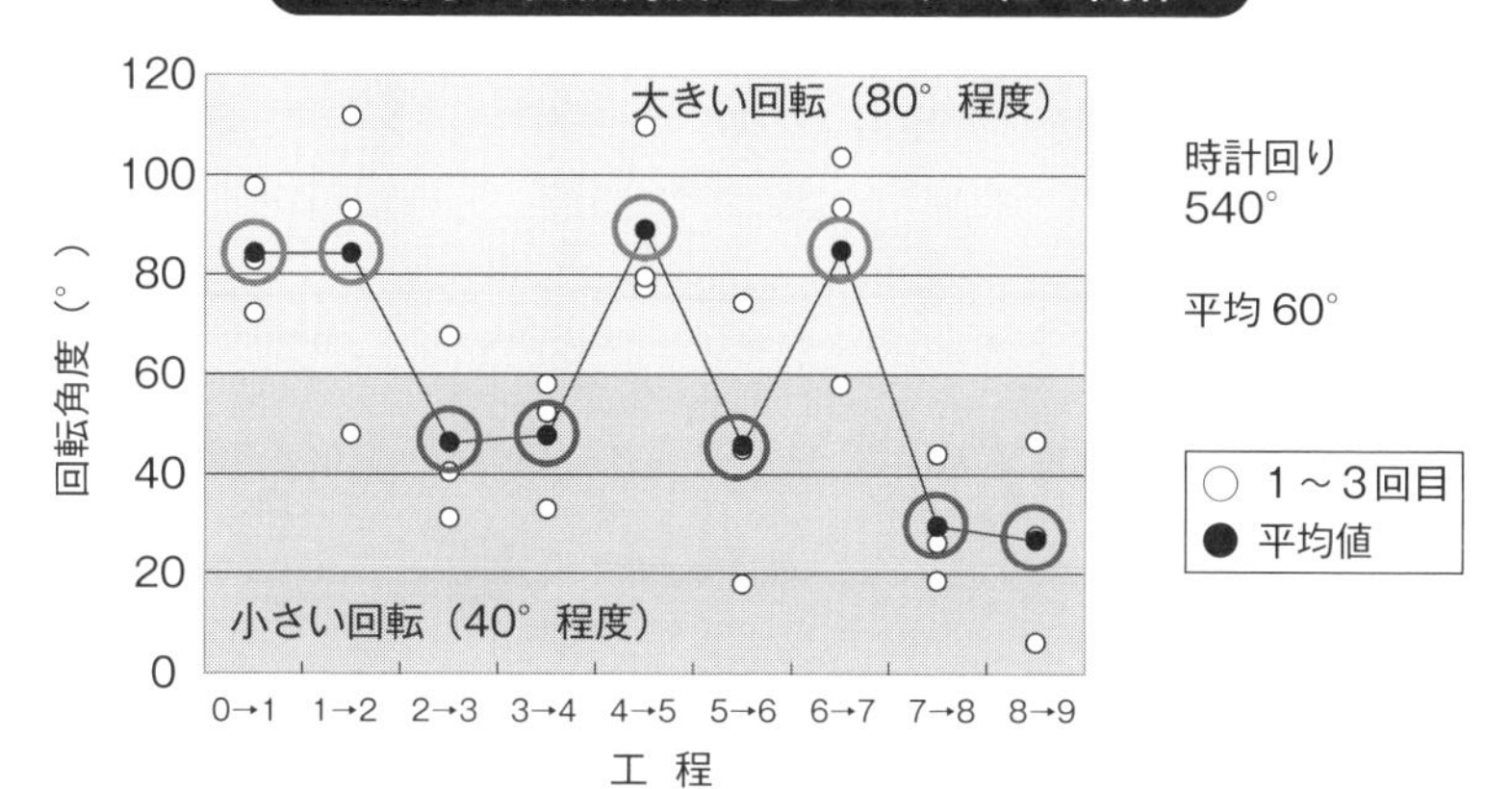

11 パステルで「その瞬間」を速写する

「うわーっ、きれい!」

沈む夕陽を見て思わず声を上げた経験を誰しももっているのではないでしょうか。その感動の瞬間を、その場で絵にしたいと強く願った画家がいました。画家の名は矢崎千代二(1872~1947)。世界を旅しパステル画を描き続けました。

矢崎は東京美術学校(現在の東京芸術大学美術学部)で黒田清輝に学び、1904年(明治37)年にセントルイス万国博覧会の事務局員として渡米したことを契機に、アメリカから中国、ヨーロッパ諸国へと渡りました。当時は多くの日本人画家が渡欧して西洋画を学び、帰国して活躍した時代です。ところが矢崎は日本へは帰らず、ヨーロッパからインド、南洋諸島へと足を延ばし、アジャンタの仏蹟やヒマラヤなどを写生しました。後年には南米や南アフリカへ出かけ、生涯の大半を海外で過ごし、終生描くことに邁進した画家でした。

矢崎は旅で出合う「描きたい瞬間」をその場で描くにはパステルが最も適していると考えていました。パステルとは、クレヨンのような形状をした固形の絵具です。蝋や油脂を用いず、顔料をごくわずかな水溶性の固着剤で練って固めて作られるので、顔料そのままの美しい発色が得られます。また、水彩絵具や油絵具のように乾くのを待たなくても塗り重ねることができ、濡れた色と乾いた色が違うということもありません。パレットも筆も不要で軽くて簡便。そういった特徴から、矢崎はパステルを持って高地にもジャングルにも出かけ、朝でも夜でも描いたのでしょう。

矢崎は自著『パステル畫の描き方』において、例えばヒマラヤを遠望するときには、刻々と変化する対象をとらえるために短時間で描く必要性があると述べています。

「ここから見るヒマラヤは山が大きいから近く見えるけれども二十五マイルの隔たりであるから日の中はかすんでよく見えない。写生は朝晩だけである。その短い間だけ描く、その間でも刻々に色は変化して、最もよい時が最も短いのであるから、この時ばかりはパステルの速写が全能力を発揮して、十二分に効果をあげる。」と述べています。

矢崎千代二「残照・印度ダージリン」

〔1920年（大正9年）頃、星野画廊〕

速写とは、その字の如く「すばやく描くこと」です。対象の形をすばやく捉えて描画することを「クロッキー」（croquis）といい、主に動物や人体など動きのあるものをすばやく捉える訓練としても行われます。短時間で描かなければならないクロッキーは、対象のすべてを描写することは不可能なので、何を捉えるべきかを瞬時に判断し、フォルムや動き、魅力的な印象をすばやく描写し表現していかなければなりません。矢崎は形だけでなく、対象の色もすばやく描き取ろうとしました。それを「色の速写」と名付けています。

では、なぜパステルが色の速写に適しているのでしょうか。パステル画は「色を選び取る描画法」ともいわれます。水彩画や油彩画では、画家が必要な色をパレット上で混ぜてつくり出します。一方、パステル画では多くの色数が絵具製造者によって準備されているので、画家は使う色を選び取るだけで描くことができるのです。そのためには、必要な色をそろえなければなりません。

日本でもパステル画を普及させようとした矢崎は、日本の風景を描くための色がそろったパステルセットを創製することを念願しました。1919年（大正8年）から製造を始めたパステルの工人に緑の色の種類を充実させ、濁色と呼ばれる明度・彩度の低い色も加えた154色のセットを注文しています。時代の変化に伴って現在そのメーカーのパステルは明度・彩度ともに高い色を増やした242色になっています。

では、改めてすばやく描くことにはどのような表現効果があるのでしょうか。一般的に、迷わずに走る線は、生命感を溢れさせているといわれます。写生を重視した矢崎は、「点景はあとから入れれば、豚は豚、羊は羊とよくわかるようにかけるが、その代わり動かないものになる。その場でかけば、鳥か獣かさえわからないが動いている」と、その場で描き上げる意味も自著で述べています。矢崎の描く空や人々が、まさにその瞬間を切り取ったように生き生きと動いていると評されるゆえんでしょう。画家の網膜に映った一瞬のイメージを逃さないために、迷わず描くスピードが必要だといえます。

歴史的にみれば、戸外での制作は印象派と呼ばれる画家たちから始まりました。たとえば、モネ（1840～1926）は自分の目による観察に忠実であろうとしました。制作の間には時間が経過し、対象が変化していきます。それに伴って画家の主観的な印象も変化していきます。それらの印象をとどめるために、モネは同じ光景を何度も描きました。「積みわら」や「ポプラ」、「ルーアン大聖堂」など、同じ対象を異なる光の下でそれぞれ30点以上描いています。印象派のすばやい筆致が制作時間を短縮したことで、連作という真実に迫る一つの方法を取ることができたといえるかもしれません。

矢崎とほぼ同時代の洋画家、高村眞夫（1876～1954）が著した『パステル畫法』には、踊り子を

現在の日本製ソフトパステル（ゴンドラパステル、242色セット）

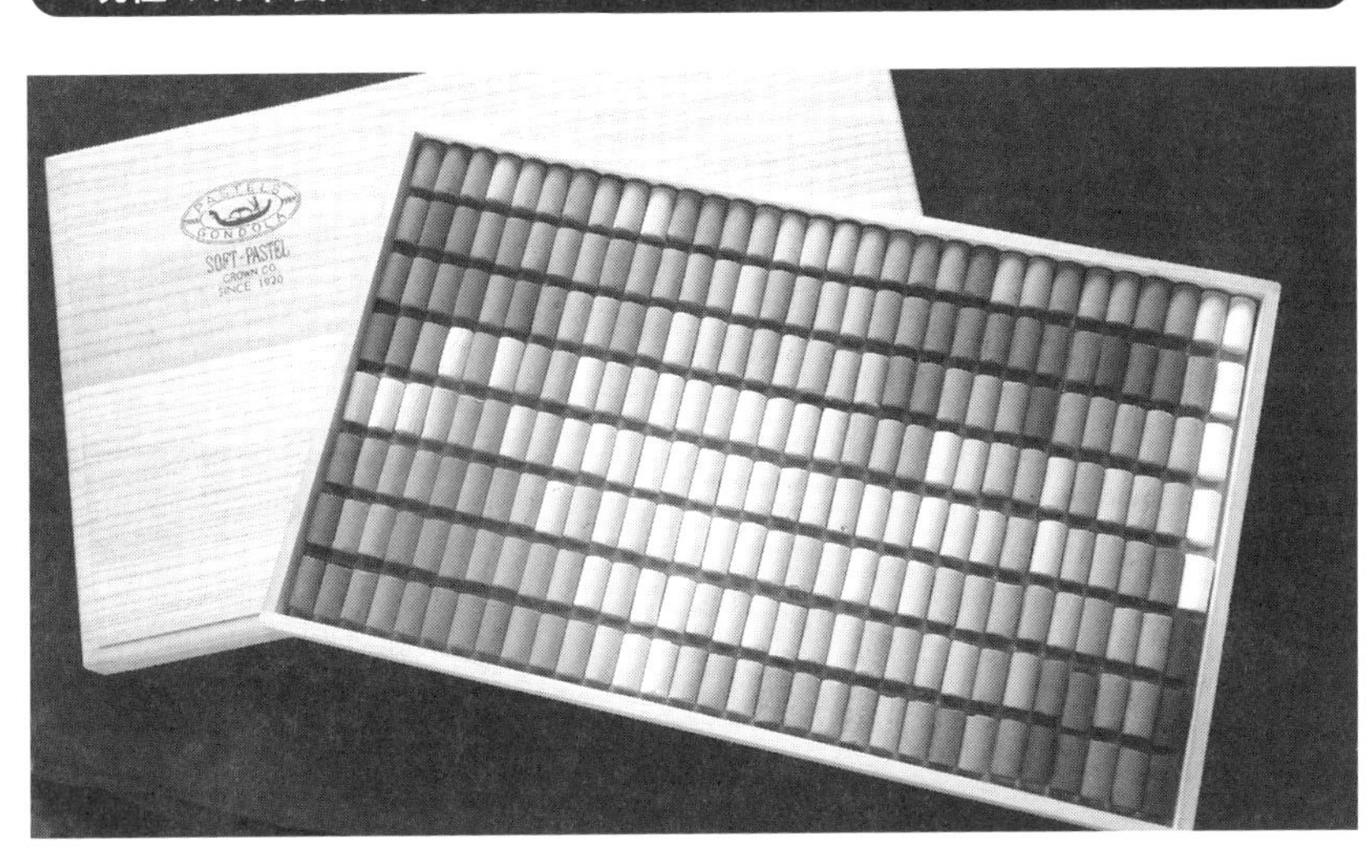

描いて有名なドガ（1834〜1917）が紹介されています。そして、なぜドガがパステルをことごとく愛用したのか、その理由を、「彼の作品が示す如く、彼は凡ての運動即ち人物や動物の瞬間的動作のほんの一節を好んで描いたからである。恐らく彼ほど瞬間的運動を敏活に捕らえ得た人は殆どないと言って可いのである」と述べています。

パステルという絵具を使うことによって、画家たちは捉えた色彩の印象をもすばやく画面に現すことができました。今度、感動の瞬間に遭遇したら、「これだ！」と思うパステルの色を選び取って描いてみませんか。

参考文献

・矢崎千代二：『パステル畫の描き方』、文房堂（1929）
・米村典子：「瞬間の偽装—リアリズムと時間」、京都都大学美学美術史学研究会編『芸術の理論と歴史』、思文閣出版（1990）
・高村眞夫：『正則洋画講義』第12號、日本美術学院（発行年不明）

Column

弓作りのハイライト「弓打ち」は接着剤の固まる前に

京弓の御弓師 21 代目、柴田勘十郎さんは弓作りの匠です。竹と木を組み合わせて接着剤で貼り合わせた弓は、天然素材を用いた接着複合構造物といえましょう。

弓作りのハイライトは「弓打ち」です。２枚の薄く削った竹を用意して、その間に「中内」と呼ばれるいくつかの硬さの異なる木を横に並べて貼り合わせたものを入れて、その３枚を貼り付けていきます。弓の形を作る時には、まだ接着剤が固まっていない間にそれら３つに縄を巻き付けます。そして多数用意した竹のくさびを打ち込んでいきます。たとえば縄で縛られ、くさびがその縄の間に打ち込まれている３層の材料全体を曲げたとします。そして曲がった状態でくさびを叩いて打ち込んだとすると、曲がったままになります。

弓作りとは、弓の形状をそのまま作ることではなく、その反対の形を作ることにあります。我々が目にする弓には弦が張ってあります。弓作りはそれをほどいた時の形状を作るのです。接着剤の効果の時間内に行う素早く、そして精密さが要求される工程です。

第3章

人間にしかできない動作

12 総火造り鋏の形状は叩きだけで作られる

現在日本で主流となっているX字型の洋鋏の一つである裁ち鋏は、1853年（嘉永6年）の黒船来航時に羅紗（らしゃ）布を切る道具として日本に持ち込まれた羅紗鋏がその原型となっているといわれています。メリケン鋏とも呼ばれたこの鋏は、全長が330～360㎜程度、重さにして約1kgもあったため、日本人の手にはなじまないものでした。

吉田弥吉は1892年（明治25年）、当時の刀鍛冶の技法を活かし小型で軽量な日本独自の羅紗鋏を完成させました。メリケン鋏は全体が鋼で作られていたのに対し、この羅紗鋏は地金に鋼をつける着鋼作りです。また、弥吉の裁鋏の作製方法は鉄の棒を熱し鎚で叩くことで成形する鍛造で、「総火造り」と呼ばれています。この総火造りの技術は弥吉を頂点とした最大23の系統に広がりましたが、その系統も徐々に途絶え、現在に至ってはこの技術をもつ匠は千葉県松戸市在住の北島和男さんお1人のみとなっています。

総火造りの工程は大きく分けて、①火造り（材料の切り取り、輪拵（わごしらえ）、鋼付け、穂のべ、首曲げ、ならし）、②荒仕上げ、③焼入れ、④研ぎ・調整・仕上げ、の4つに分類できます。ここでは、初めの工程である火造りについて、裁ち鋏の形状を鎚による叩きのみで作ってしまう匠の技に注目しましょう。

輪拵は、材料である極軟鉄を熱し鎚で叩くことで、4本の指を通す下指（上刃）の輪と、親指（下刃）の輪を成形する工程です。下指の輪は大きいため、極軟鉄を一度二股に割り、これを接合させて輪を作ります。「同じ材料を接合するのは実は難しい」とのことですが、匠はこれをいとも簡単に実現しています。一方、親指の輪は匠が「こっちの方が難しい」と説明するよ

総火造りの裁ち鋏

下指と親指の輪の成形（輪拵）

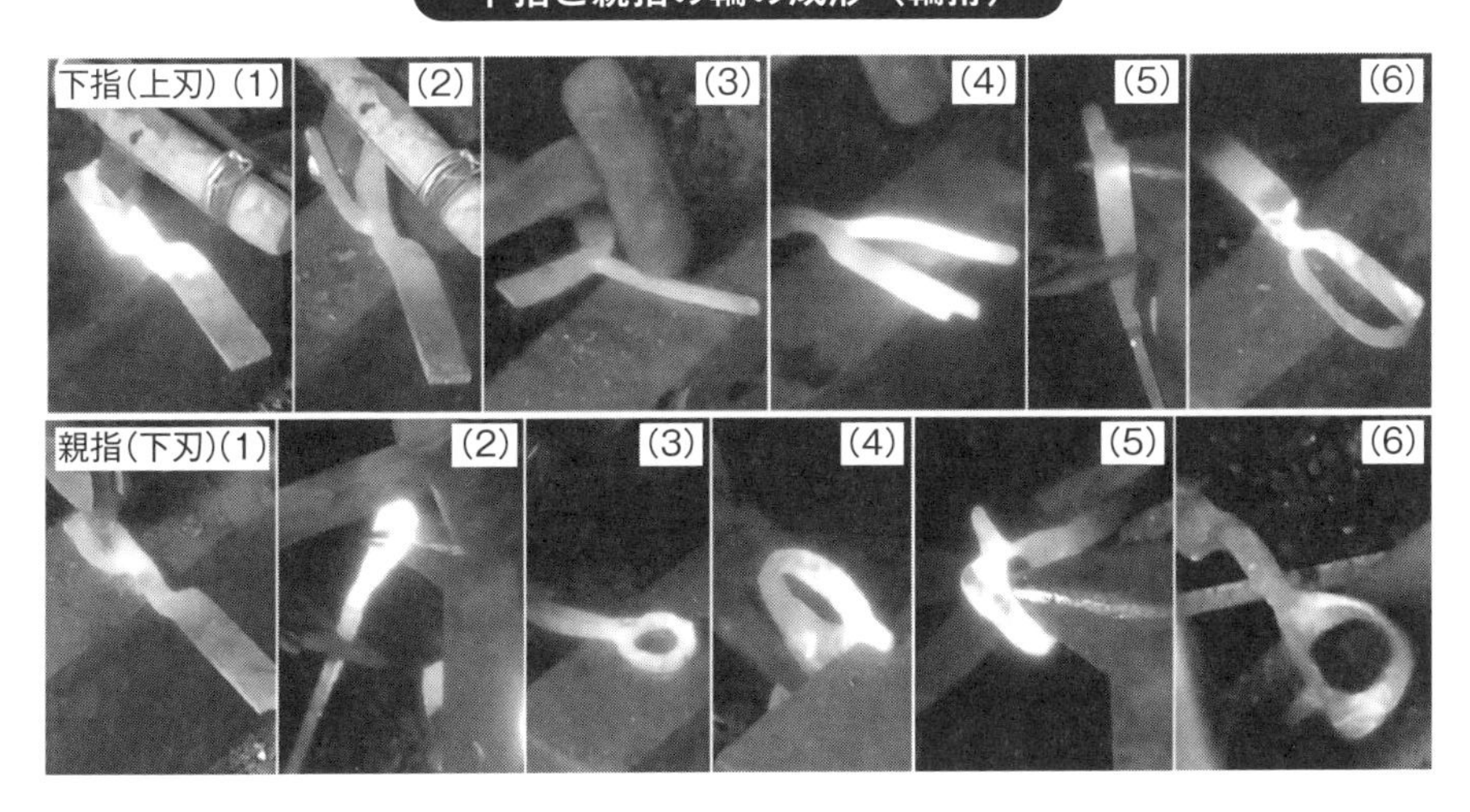

うに、「エボ」と呼ばれる横棒を含む複雑な形状を叩き出す必要があります。匠は叩きの土台を2種類使用し、土台の平面部や角部、さらには曲面部を使い分けています。一見すると鉄を叩くだけで飴細工のように自由自在に成形していますが、この工程は機械では決して真似ができないものです。

輪拵の後は、刃となる部分に鋼を付け、これを叩き延ばすことで鋏の刃の形状にしていきます（穂のべ）。やみくもに叩くだけでは叩いた部分を中心に四方八方に材料が延びてしまい、鋏の刃の形にはなりません。匠は「土台の端で叩くと鉄が逃げる場所があるから、そっちに延びていく」と表現するように、材料を延ばしたい方向によって土台の端や中央など叩く位置を変えています。また、穂のべでは極軟鉄と鋼を重ねたものを鋼側から叩きますが、叩いていくうちに鋼に比べて軟らかい極軟鉄が鋼の上側まで回り込んできます。この状態は「かぶる」と表現され好ましくないものです。匠は鋼付けの前に極軟鉄と鋼の刃と峰となる部分の厚みを叩きで変えておき、各々の延びしろを調整することで、かぶりが発生しない穂のべを実現しています。

穂のべの後、輪の根元を成形する首曲げを経て、ならしの作業に移ります。このならしは、刃の内側表面において刃の幅方向にわずかな凹形状の曲面をつける工程で、この曲面は生地の滑らかな裁断のためには不可欠のものです。ここでは、ならし専用のある程度の曲率がついた叩き土台を用いていますが、最終的に刃の曲面を決めるのは匠の叩きであり、これまでの工程とは異なる繊細な叩きが求められます。

ある1つの鋏を作製してもらった時の火造りの工程で匠が鎚で叩いた回数を数えると、合計３５３８回もの叩きを約75分で施していることがわかりました。首曲げを除き、どの工程も上刃と下刃で叩き回数はほぼ同じでした。匠は、このことは意識していないとのことです。熱した鉄を叩くと表面で冷えた材料の一部が飛散し材料が少しずつ減っていくので、これを避けるために迅速で無駄のない叩きをした結果、ほぼ同じ叩き回数で工程を完了したと考えられます。

このように匠の叩きは工程ごとに全く性質が異なるものであり、匠自身の経験と勘のみが頼りであるため、人間にしかできない技だといえます。鋏の匠の動きについては、ここで注目した火造りの叩きだけでなく、焼入れや研ぎの工程にも優れた切れ味を生み出す動きがたくさん秘められており、まだまだ興味が尽きません。

穂のべとならし

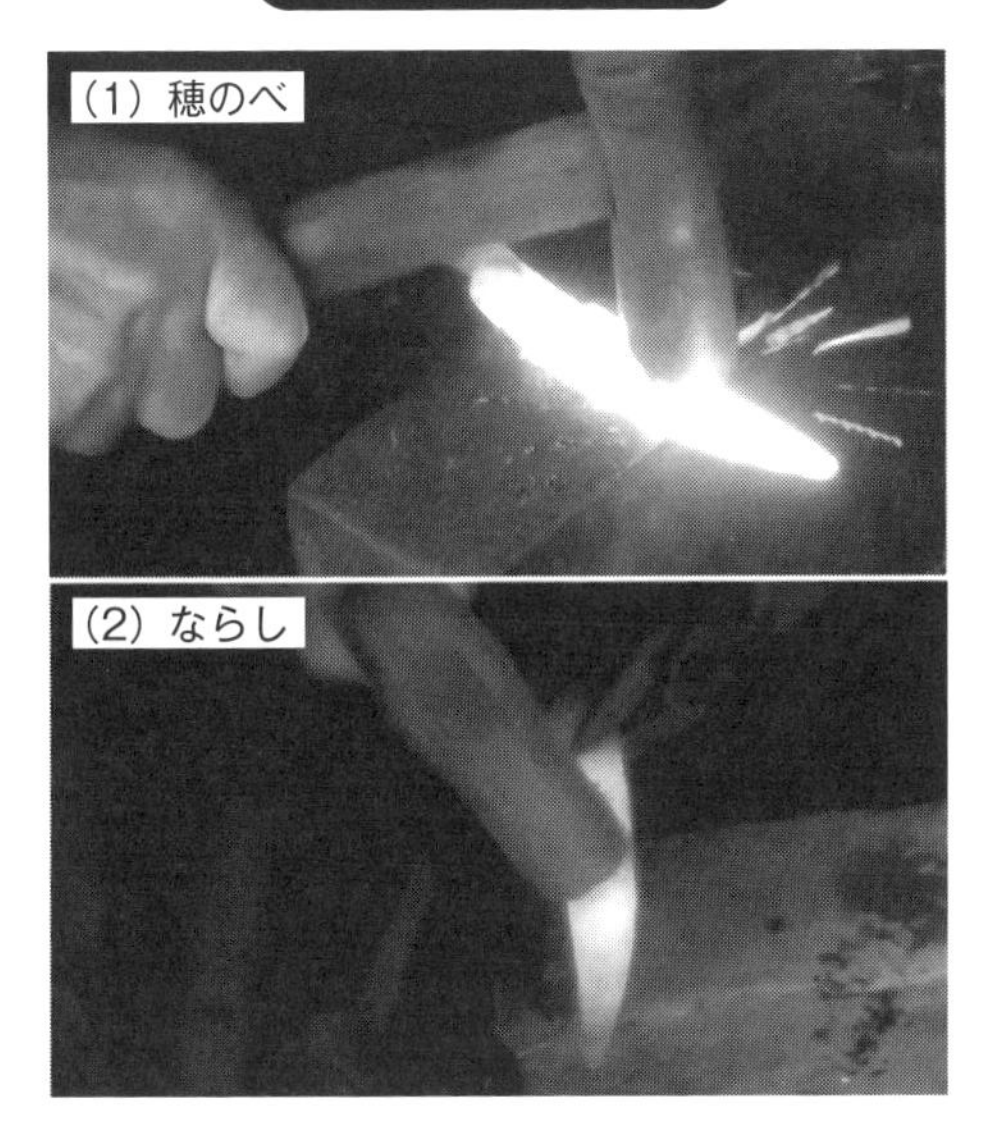

火造りの各工程の叩き回数

火造り：合計 3,538 回

下指（上刃）合計 1,856 回

親指（下刃）合計 1,682 回

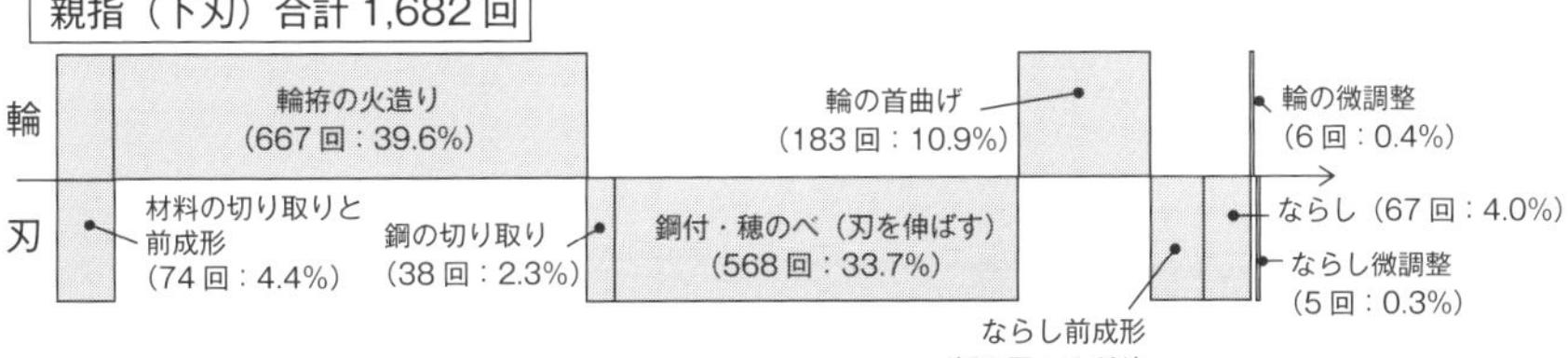

13 包丁研ぎのコツは、大きく動かすこと

　調理とは、食品を食べられる状態にすることを意味し、洗浄、切断、加熱など、いくつかの操作を行うことで安全を確保するとともに、それらの工程を経ることで素材の栄養価を高めることができます。

　我が国の代表的な料理である刺身は、鮮度の目利きはもちろんのこと、漁獲した魚を新鮮なうちに調理しなくてはならず、手入れの行き届いた包丁が不可欠です。

　また、これらの包丁（和包丁）の形状は、片側だけに角度が付いている片刃となっており、それぞれ右利き用、左利き用と利き手によって形状が異なります。片刃包丁は刃の厚みを薄く作ることができ、鋭い切れ味を保つことが可能で、形が揃った一切れ一切れの厚みや美しい盛りつけのためには切れ味の良い片刃包丁が必要です。

　しかしながら、これらの包丁も使い続けることで切れ味が悪くなるため、定期的に手入れ（研ぎ）をする必要があります。専門学校教育における日々の技術指導の中から、特に入学当初に実施する包丁研ぎの授業は、なかなか大変です。包丁の正しい持ち方を始めとして、砥石の手入れや立ち位置、砥石にどのように包丁を密着させるのか、両指の押さえの位置やその力加減など、包丁の手入れをする上で見極める項目が多岐にわたり、しばらくの修練が必要です。

　２００６年度より、従来、経験や勘（暗黙知）で研いでいた包丁研ぎの動作を形式知化し、学生指導の一助となるよう多くの実験を行ってきました。

　まず、包丁を研ぐ動作は体全体でどのような動きになっているのか、どの筋肉を多用しているのか、研ぎ作業の動作解析をして確認することになりました。

被験者として熟練者2名、それぞれ調理師専門学校の日本料理講師、経験年数30年と19年の両名に担当していただきました。また非熟練者としては、これまで一度も包丁を研いだことのない調理師専門学校学生を選出しました。

包丁は刃渡り16・5㎝の鎌形薄刃包丁を使用し、桂むきができ、かつ納得いく切れ味になるように研いでもらいました。「桂むき」とは、大根を円筒状に薄く剥き進めることを意味しますが、最高の切れ味が求められることから、そのように条件設定をしました。

大きな動作をする上半身については、筋電計を尺側手根屈筋、上腕二頭筋、上腕三頭筋も三角筋（後部）に装着し、三次元動作解析として頭部、上肢、下肢計19点にマーカーを装着して複数のカメラで撮影しました。解析の対象としたのは研磨開始1分後からの1分間です。

ところで、良く切れる包丁とはどういう状態を指すのでしょうか。まず刃先部分がノコギリ状にギザギザとなっていることが必要です。このギザギザが材料に触れる時、例えばトマトなら、そのギザギザがトマトの皮を破り、軟らかい中心部に切れ込んでいくこととなります。切れない包丁だとトマトの表面の皮を滑っているだけになります。

そのギザギザを作るため砥石に包丁を密着させるのですが、砥石の成分は金属を削るアルミナや炭化ケイ素などの砥粒と、砥粒をつなぎ合わせる結合剤（窯業原料）からできており、高温焼成したセラミックスです。

包丁を研ぐには、包丁の金属面を砥石に密着させて

各被験者における1ストロークごとの包丁の動き

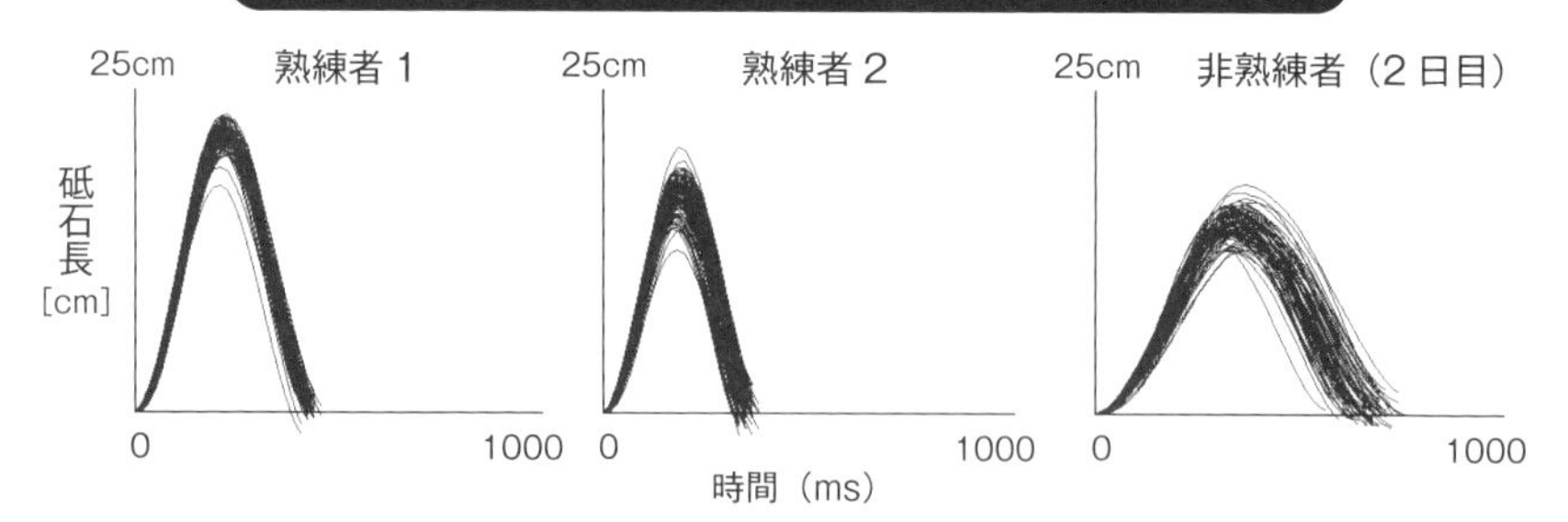

1ストローク中における肩、腰、膝の移動量の経時的変化

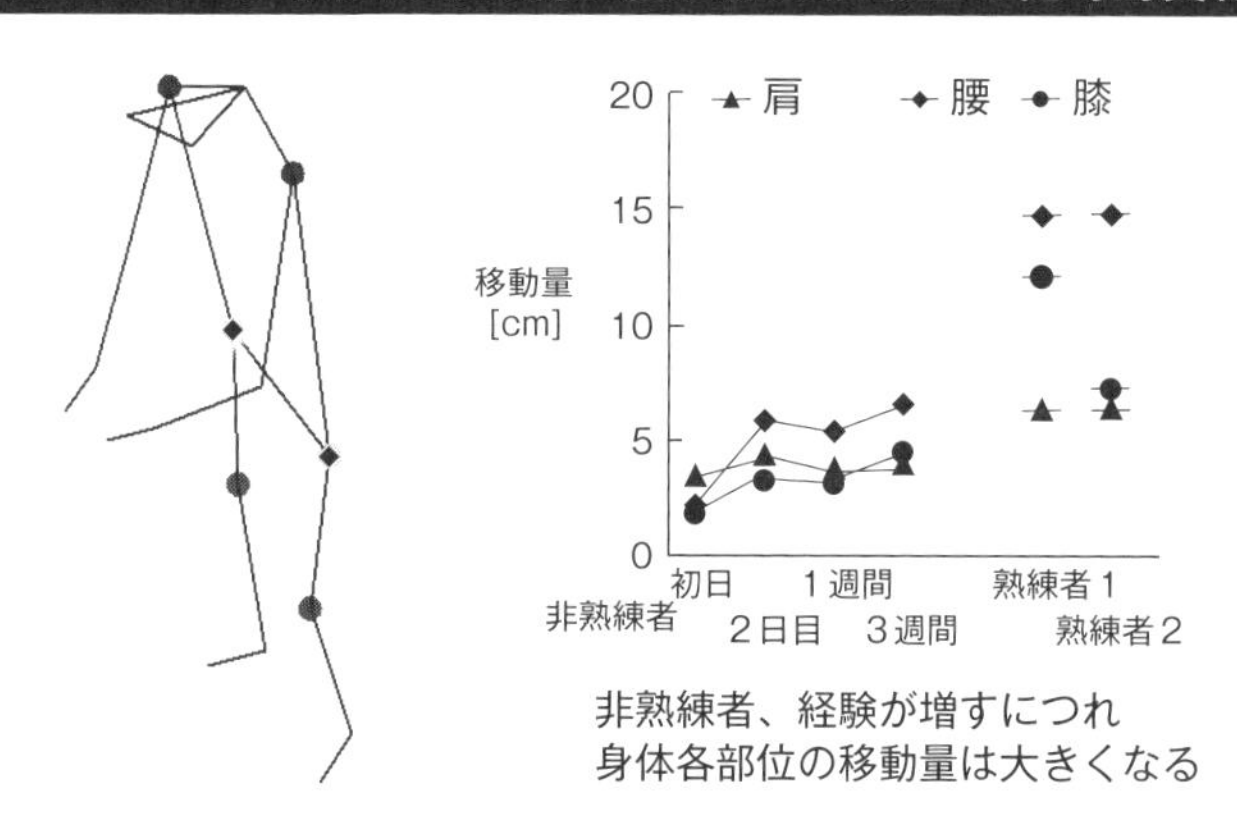

各被験者の1ストローク中の筋活動

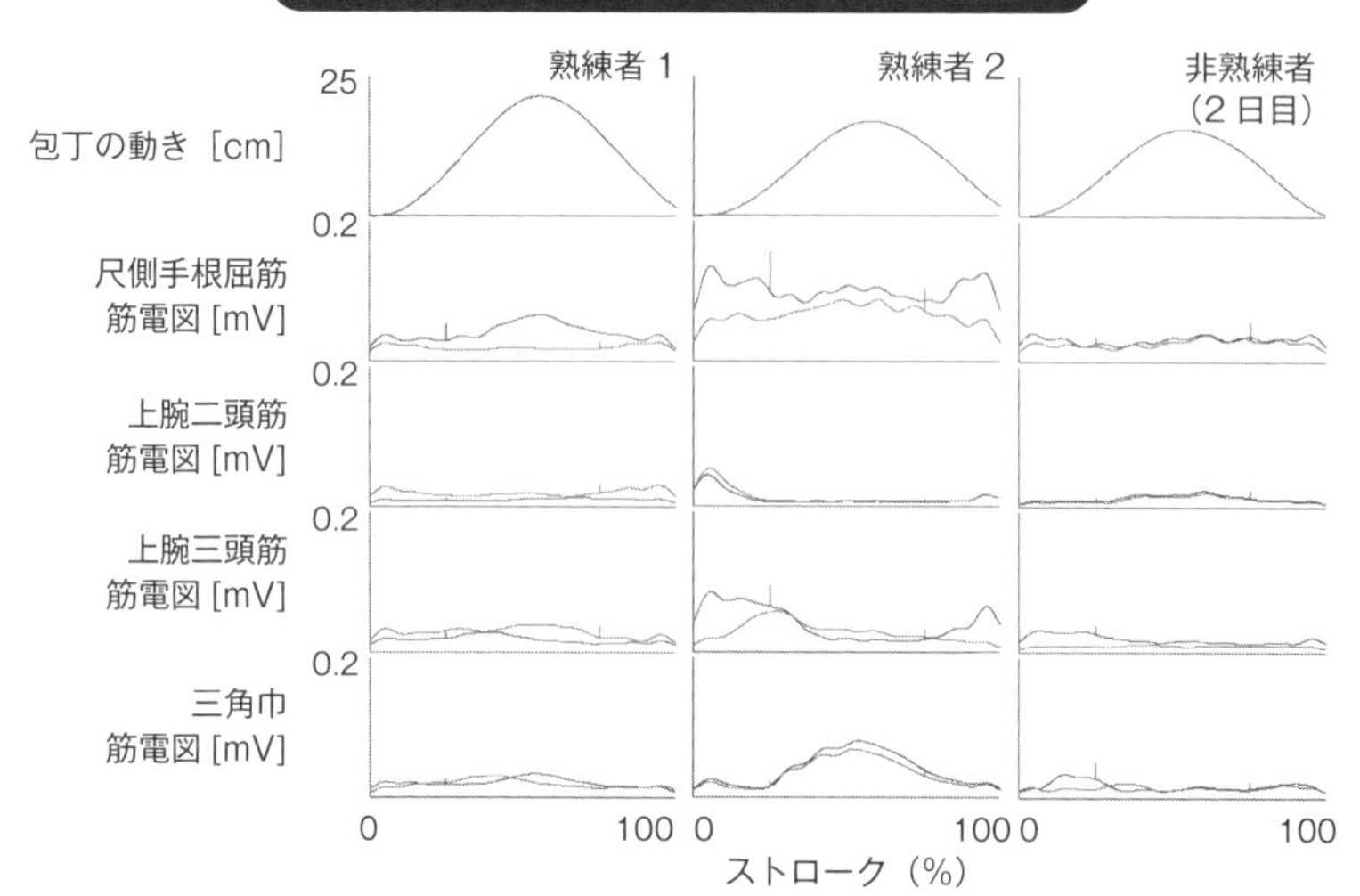

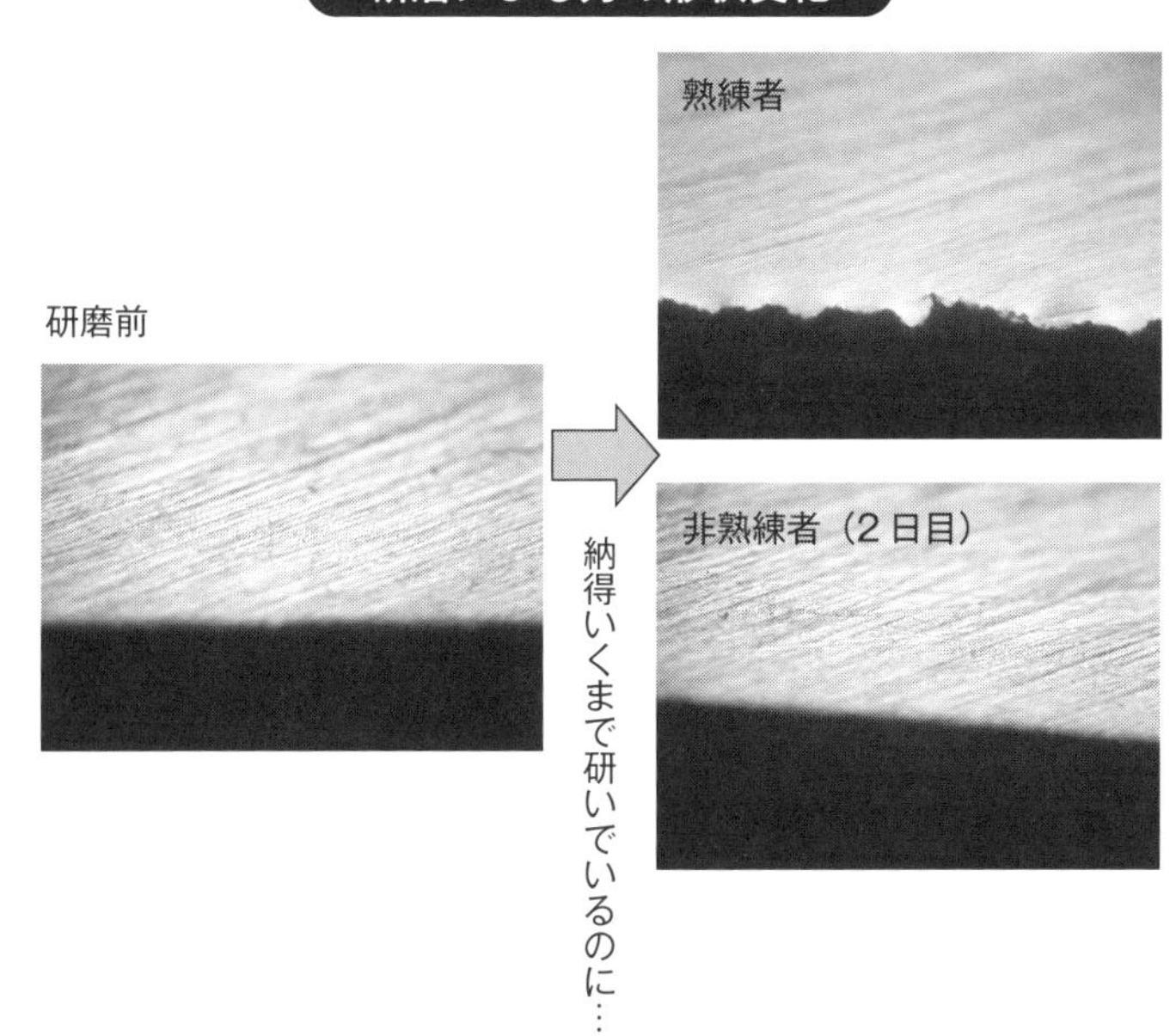

前後に動かすことが必要で、安定した動作ができないと金属面が変形して研磨され、いつまで経ってもギザギザが生まれない状態にもなりかねません。

実験の結果、熟練者は動作の再現性が高く、特に腰が前後に大きく動き、砥石に包丁を密着させる尺側手根屈筋、包丁を前方に押し出す上腕三頭筋、手前に引く三角筋を効率よく動かしていることがわかりました。

一方、非熟練者は、砥石に包丁を押さえつける力が弱く、動作そのものも安定していないことがわかりました。しかしながら、3週間を経過すると熟練者に多少なりとも近づくこともわかりました。

技術伝承の基本は見よう見まねですが、それらを効率よく伝授するためにもこれらの解析結果を伝えることが大切で、見よう見まねの「暗黙知」を、コツを科学する「形式知」に置き換えることが必要です。今後も引き続き効率良い技術指導に役立てていきたいと思います。

14 丸竹を均等に2分割するのは難しい

木桶の側板を締めつける竹輪(たけのわ)をタガ(箍)といいます。素材は竹や金属、プラスチックがありますが、中でも竹製は組み方によって桶の体積膨張に順応するタガになります。さらに、竹は引張強度だけでいうと軟鉄の2・6倍の強度があります。竹で「組タガ」といわれる編み方をすると、桶が膨らんだ時に竹同士の隙間の遊びが引っ張られて狭くなり、逆に乾燥してきた時は桶外周が縮むので、その隙間に遊びが発生し、タガ円周が縮みます。常に同じ引張強度を保持する組竹タガは、桶から外れにくいタガといえます。

竹タガを編むには、その材料となる「輪竹」というものが必要です。輪竹とは直径5～10㎝、長さ8～18mの丸竹を幅1・5～9㎝に割った物です。それらを複数使い組竹タガに編んでいきます。

1960年頃以前は輪竹業者が多く存在していましたが、木桶が激減したことで輪竹の需要もなくなり、今では輪竹業者の存在をほとんど耳にしません。よって、桶屋が自ら輪竹製作の技能をマスターしなければなりません。

輪竹の製作工程は、まず丸竹を2等分にする「大割り」をし、次に枝葉のあった部分「芽竹」を取り除き、そこから3等分や4等分など同じ幅に割っていきます。芽竹が残ると、竹タガを編む際に竹が折れやすくなるため、完全に除去しておかなければなりません。割った後は、厚さを均等にするために竹の身のほうを適度にへいだり削ったりします。

輪竹の製作工程で最も難しい工程が「大割り」です。丸竹を均等に2分割にするだけなのですが、竹の性質上簡単には等分割できません。大割りは芽竹の上を通って割っていかなければなりません。なぜなら、大割り後に芽竹の部分は全て取り除くため、同じ幅の輪竹を作るためには大割りの段階で等分に割っておかないと材料ロスが出てしまいます。しかし厄介なことに、芽竹は竹の節ごとにあり、この芽竹は一直線上ではなく少しずつスパイラル状に存在します。しかも、芽竹は同じ面ではなく一節ごとに約１８０度反転した位置にあります。下の写真に示している大割り姿勢では半分の芽竹が見えないので、常に後ろの左手の指で位置

竹タガで締められた木桶

丸竹の大割り

を確認しながら割っていきます。

竹の繊維は必ずしも通直ではなく、節の部分で方向を変えている繊維も多くあります。よって、繊維に沿ってただひたすら割っていくと、等分ではない２本の竹ができてしまいます。芽竹の上を通って等分に割るためには人間の力で竹を押したり引いたりねじったりしてコントロールしながら割っていかないといけません。ただ、その力の加え方を習得することが難しく時間がかかります。よって、熟練者がどのような力をどの程度加えているのかを検証し、非熟練者の習得に活かそうという研究を始めました。

まずは、熟練者と非熟練者の手と肘と肩にマークを付け、それらの動く距離を測定しました。その結果、１回に押す腕のストロークが熟練者は非熟練者の約１・５倍の距離でした。そして、スピードも約１・５倍でした。また、竹に対する体の向きの角度を測定した結果、熟練者は竹に対して体を正面に向けていましたが、非熟練者は体を竹と平行に向けていた上に、竹を割るポールと体の位置が近いです。以上の点から、熟練者は腕が動かしやすく、力の加減がしやすい体の向きとポールとの距離を保っていることがわかりました。

熟練者の力の加減を非熟練者が体感できる教育ツールを作ることにしました。長さ約１・５ｍの竹に曲げひずみとねじりひずみが測定できるゲージを設置し、芽竹位置を「左」「中央」「右」の３パターン設定しました。そして、それぞれの場合において熟練者がどのような力をどの程度かけているのかを測定しました。その結果、芽竹「左」「右」には「中央」より多くの曲げとねじりの力がかかっていることが計測した数値によってわかりました。

さらに、この測定機器を使って非熟練者に熟練者と同じ数値になるまで力を加えてもらいました。すると実験後、非熟練者からは「自分とは違う力の加減だった」との感想が聞かれ、熟練者の力を体感できたようでした。

こうしたことから、新たに開発した測定機器は非熟練者の技の習得時間を短縮させ、また効率的に伝えるための教育ツールとして一定の効果が認められました。

熟練者と非熟練者の動作の測定

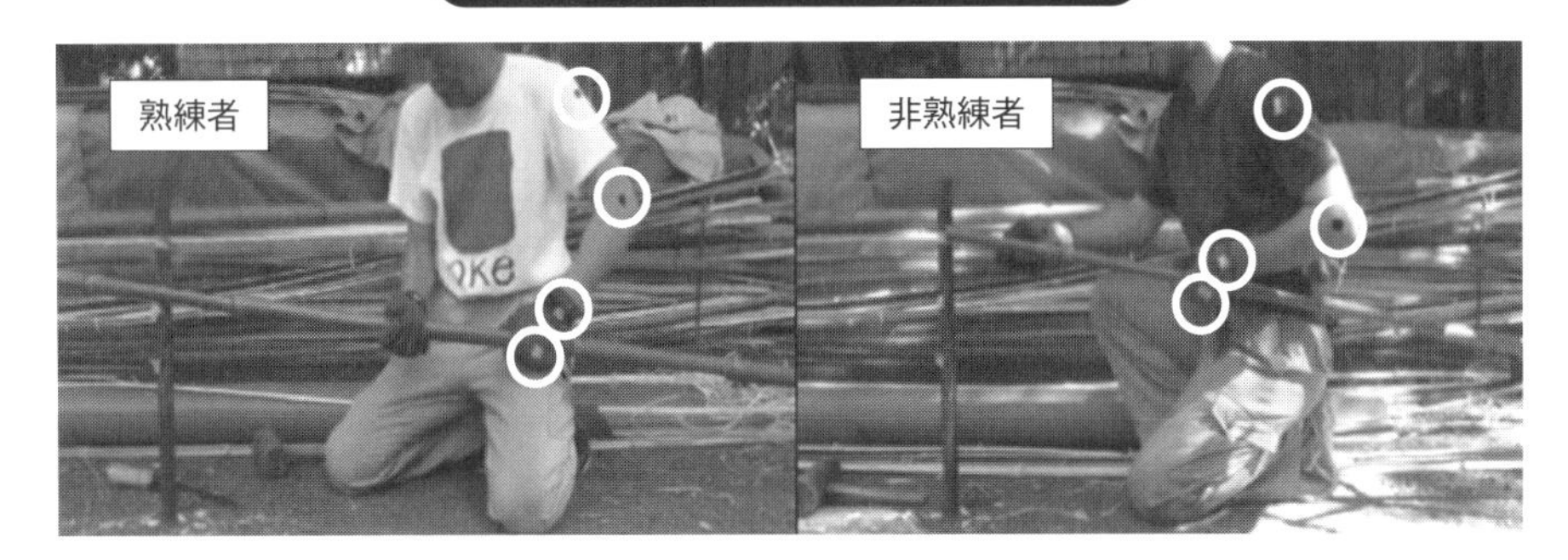

熟練者が竹にかける力の測定

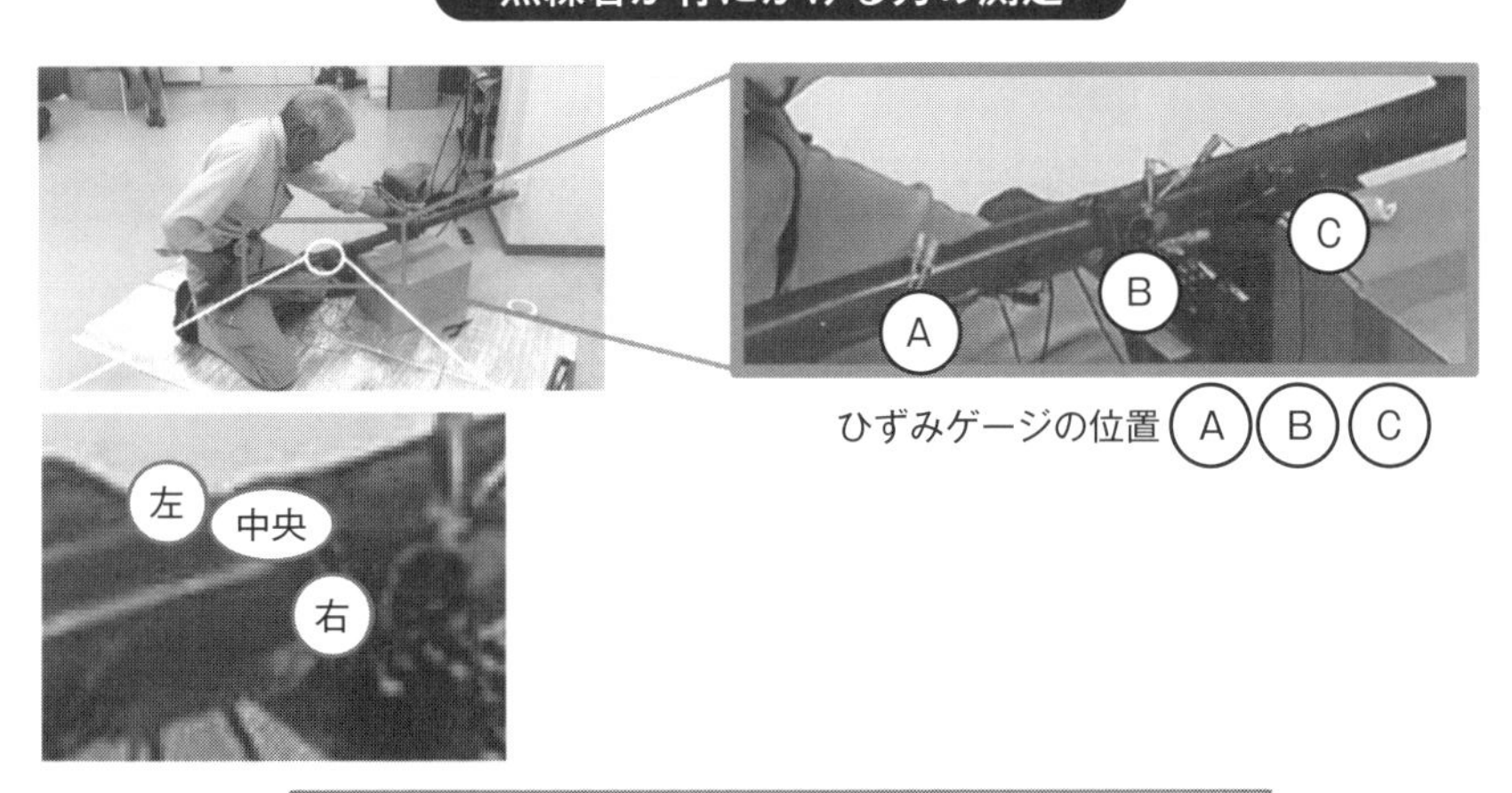

ねじりによるひずみ測定 ← 二軸ひずみゲージ

曲げによるひずみ測定 ← 単軸ひずみゲージ

15 京提灯の美しい仕上がりは見極めにあり

京都市を中心とした地域で生産される提灯は「京提灯」と呼ばれています。日本最古の歴史をもつ劇場である京都南座の正面に飾られている大きな提灯をご存知でしょうか。南座の提灯は代表的な京提灯の一つです。南座の提灯は毎年師走に新しい提灯に取り換えられ、関西では新年を迎える風物詩として親しまれています。しかしながら照明器具の発展に伴う京提灯の需要の減少は著しく、現在、京都市内の京提灯工房はわずか数件となっています。

提灯の産地は京都以外にも、岐阜、小田原、八女などがあります。京提灯と京提灯以外の提灯の大きな違いは、その製法にあります。京提灯の製法は「地張り式」と呼ばれています。京提灯以外の提灯で主に行われている製法は、「巻骨式（まきぼね）」と呼ばれています。地張り式では、骨を輪に成形し、糸でかがって形づくります。一方、巻骨式では、骨を螺旋状に成形し、糸は糊付けするのみでかがりません。

地張り式提灯の製法は次の9工程から構成されています。

①竹割り：竹を割って骨を作る。
②骨切り：骨を提灯の大きさに従い切る。
③骨巻き：骨を輪にして和紙で固定する。
④骨ため：輪にした骨を真円にする。
⑤骨かけ：提灯の木型に骨をはめ込む。
⑥糸吊り：骨を糸でかがりながらつなぐ。
⑦紙貼り：骨に紙を貼る。
⑧字入れ：紙に字や絵を書き入れる。
⑨枠はめ：提灯の上下の口に枠をはめる。

地張り式提灯は巻骨式提灯と比較し作製に手間も時間も要しますが、長持ちし、美しいといわれています。

南座の提灯（平成 24 年 吉例顔見世興行）

※ 平成 28 年より耐震工事計画に伴い南座は休館中のため提灯も一時撤去されています。

提灯の構造

骨

糸

枠

（a）地張り式　（b）巻骨式

京提灯作製において、提灯外観の出来栄えを左右するのは「紙貼り」工程であるといわれています。「紙貼り」工程では、刷毛で竹の骨に糊を付けていく「糊打ち」、骨に紙を貼る「紙貼り」、骨に貼った紙の余りを剃刀で切り取る「紙断ち」、紙を骨に定着させるため水に浸した刷毛でなぞる「水刷毛」が行われます。それほど難しい作業ではないように感じるかもしれません。しかしながら、南座の提灯のような大きな提灯ともなれば、皺なく、どの角度から見ても均等な提灯に仕上げるには熟練した技が必要とされます。

「紙貼り」工程では、「熟練した作業」と同じくらい「出来栄えの見極め」が重要とされています。そこで、作業を進めている最中にどの場所をどのように着目していたのかを明らかにするための実験を行いました。京提灯工房の職歴30年のお父さん、職歴5年の息子さんに協力いただきました。「糸吊り」工程まで終わった提灯を準備し、お父さんと息子さんに「紙貼り」工程を行ってもらいました。このとき、眼球運動測定装置を装着してもらい、視線の位置と着目時間を測定しました。

「紙貼り」工程における「糊打ち」「紙貼り」「紙裁ち」「水刷毛」の4つの作業の注視時間をグラフ化しました。お父さんは「糊打ち」「紙貼り」「紙裁ち」の3つの作業で息子さんよりも注視時間が長いことがわかりました。お父さんは「糊打ち」作業の作業時間も息子さんよりも長く、「糊打ち」作業において糊の付け具合を確認しながら、ていねいに作業を進めていたと考えられます。

さらに、どこを着目していたのかを見てみましょう。「糊打ち」作業において、お父さんの刷毛は常に視野の中央に位置していました。一方、息子さんの刷毛は視野の右下に位置していました。お父さんは骨や糸の状態を目視確認しながら、さらに糊付けしていく紙の状態に関して、手元だけでなく全体へも視線を移動させながら作業を進めていました。他の作業でも同様の傾向が見られました。

このような視線の動きによりお父さんは外観の美しい提灯を仕上げることができると考えられます。

測定の様子

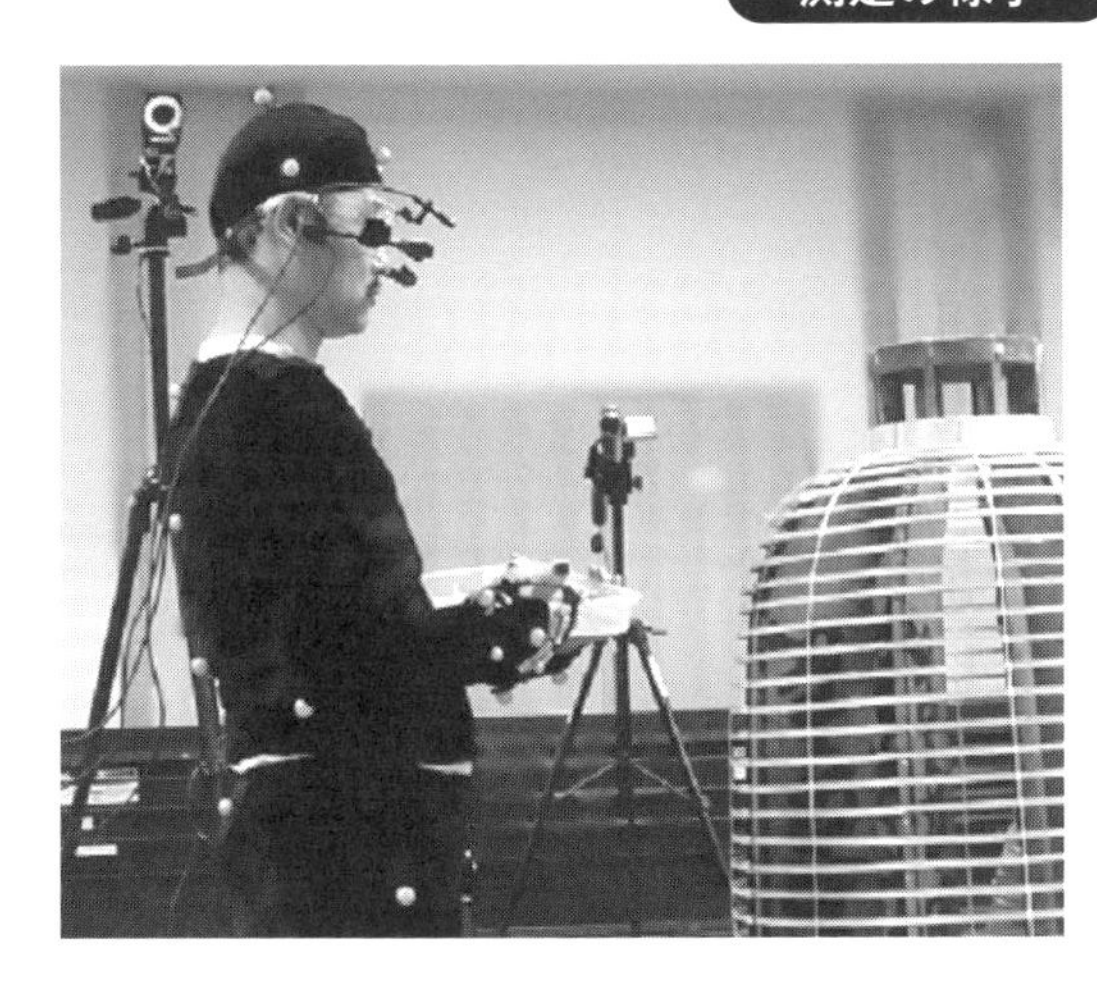

各作業における注視時間

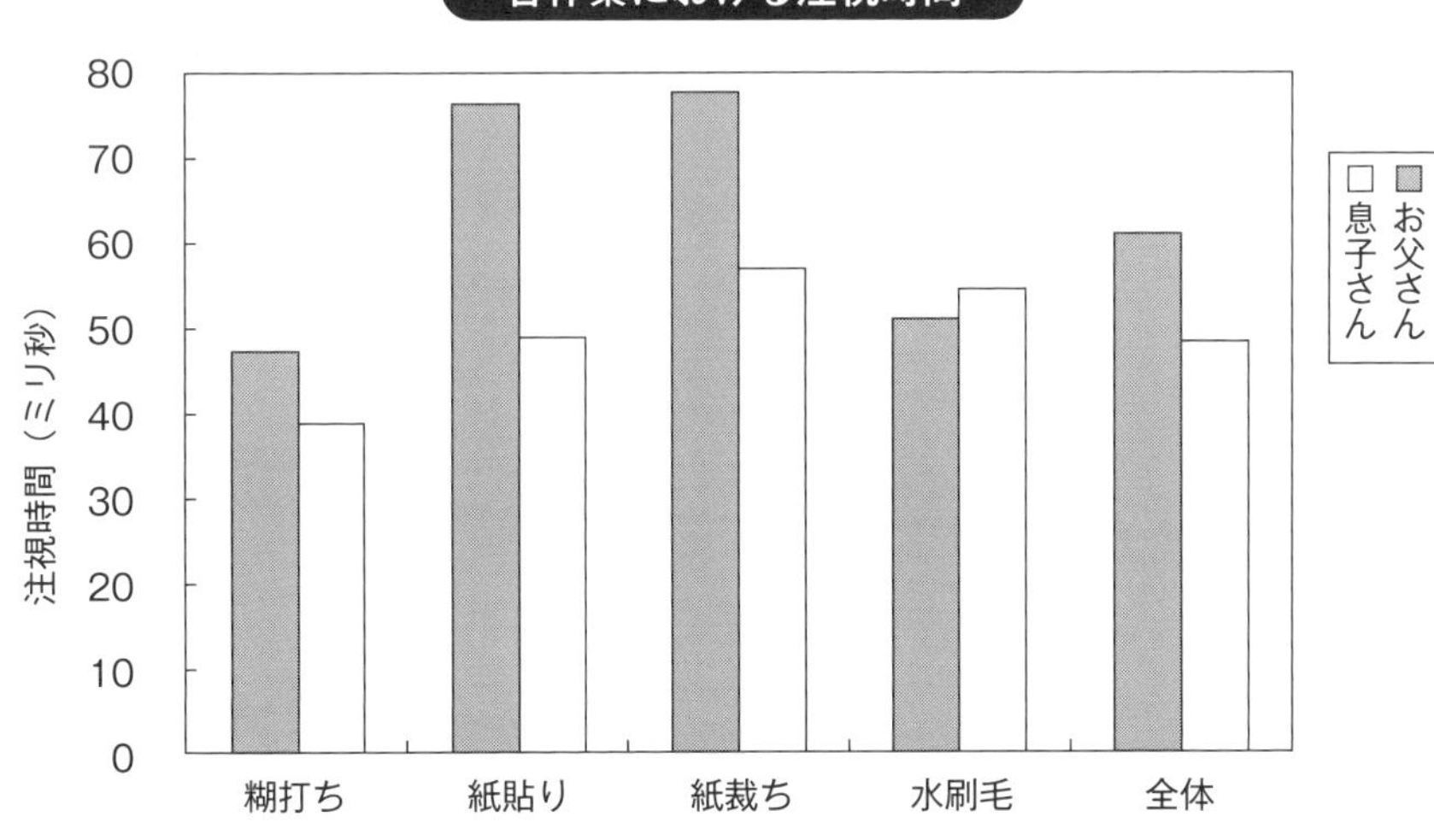

16 美しい京唐紙を生み出す作業手順の秘密

唐紙とは、和紙に絵具で着色をし、雲母(きら)で文様を刷り出した加飾紙です。

唐紙の起源は中国とされ、奈良時代に日本に伝わりました。唐紙は上流貴族の間でもてはやされ、主に書の料紙として使われました。しかし、中国産の唐紙は貴重品であり入手しにくいという状況でした。そこで和製の唐紙が模倣作製され、主に写経所などで使われていました。この頃、唐紙の多くは京の都で作られており、現代でも京都で作られた唐紙は「京唐紙」と呼ばれています。

現在、昔ながらの技法で京唐紙を作製できる工房は「唐長」の1軒のみです。唐長は桂離宮や二条城などの歴史的建造物で使用されている唐紙を作製しています。これらの建築物に使用される唐紙は模様が決まっており、建物の修復の際も同じ唐紙を使用することが求められます。このため、唐長が長年培ってきた技術を守り次世代に受け継ぐことは日本の文化を絶やさないために重要となります。

京唐紙の作製は、大きく2つの工程に分けることができます。1つ目は「染め」と呼ばれる、和紙に胡粉を混ぜた絵具を塗り色を着ける工程です。2つ目は「型押し」と呼ばれる、「染め」の終わった和紙に木型を使って模様を付けていく工程です。

「染め」工程では、絵具、糊、水を混練した絵具を刷毛で和紙に塗ります。「型押し」工程では、刷毛とふるいと板木(はんぎ)を使用します。ふるいは、丸い木製の枠に綿紗(ガーゼ)を張ったものです。板木は唐紙の模様を彫った木型です。唐紙工房には先祖代々、独自の模様の板木が受け継がれています。

写真で示した板木は「宝尽し」という模様です。「宝

屏風の裏に京唐紙を貼る作業の様子

「型押し」工程

「染め」工程

尽し」は、市松の中に魚や小槌、宝珠など日本で縁起が良いとされるモチーフが施された模様です。「宝尽し」は他の模様と比較し板木の凸部の面積が多く、転写の不良がはっきりとわかるため、難易度の高い模様とされています。

京唐紙の仕上がりにより多くの影響を与える「型押し」工程を詳細に見てみると5つの作業に分けることができました。

作業a：刷毛に絵具を含ませる。
作業b：ふるいに刷毛で絵具を塗る。
作業c：板木にふるいで絵具を付ける。
作業d：板木に和紙を載せる。
作業e：和紙を手のひらで擦り、板木の模様を和紙に転写させる。

「型押し」工程の5つの作業をどのような順で行っているのか、その手順は熟練度（職歴）で異なるのかを明らかにするために、作業動作を撮影し解析を行いました。実験に協力いただいたのは、唐長の熟練職人（職歴26年）と非熟練職人（職歴2年）です。宝尽しの板木を和紙に一度型押ししてもらう動作を比較しました。

解析の結果、熟練職人は11作業行っていたのに対し、非熟練職人は9作業で終了していました。また、非熟練職人は作業a、b、dを各1回ずつしか行っていなかったのに対し、熟練職人は作業a、bを繰り返し行っていました。さらに、作業時間を比較してみると、全体の作業時間は熟練職人が短いにもかかわらず、作業aにおいては、熟練職人の作業時間は非熟練職人よりも約2倍長い時間を要していることがわかりました。

これらの結果から、熟練職人は作業aの刷毛に絵具を含ませる動作を時間をかけてていねいに行うことで、作業a以降の作業をスムーズに短時間で終わらせることを可能にしていると考えられます。このような一見メイン作業とは関わりのないような作業を確実に行うことで、後の作業の良し悪しが変化することを熟知し、より早く確実に作業を行う知恵こそが熟練職人たる所以なのでしょう。

「型押し」工程の５作業

作業 a

作業 b

作業 c

作業 d

作業 e

各作業の順番と時間

手順番号	熟練職人		非熟練職人	
	作業	時間（秒）	作業	時間（秒）
1	a	2.54	a	5.41
2	b	1.70	b	6.24
3	c	10.0	c	16.7
4	a	8.20	d	11.7
5	b	1.84	e	14.7
6	d	9.09	c	4.90
7	e	12.5	e	3.72
8	c	5.47	c	5.48
9	e	1.47	e	4.89
10	c	4.81	–	–
11	e	4.05	–	–

17 掛軸のしなやかさは打刷毛の叩打で生まれる

掛軸は書画を鑑賞するために必要な日本の伝統的装丁です。鑑賞時に掛軸は床の間や梁に掛けられます。掛けた時には波打ちを生じさせることなく真っ直ぐに掛からなければなりません。収納のために巻き上げられる時には折れを生じさせてはなりません。この二つの機能を可能にしながら、かつ、繰り返される巻き解きを可能にするために、掛軸には数枚の和紙が裏打ちとして小麦デンプン糊で接着されているのです。

掛軸に必要なこのしなやかさを担保するために、接着する糊は水で2％程度に希釈されます。そのため、デンプン糊の接着力は極めて低いのです。接着力は低いけれども乾燥後にも硬くならないことが掛軸の特性を保つために有効です。しかし、繰り返される巻き解きに耐えうるだけの十分な接着力をもっているとは言い難いので、この接着を促進するために、毛先に棕櫚（しゅろ）を用いた打刷毛と呼ばれる道具で接着された和紙の表面を連続的に叩きます。この動作を「叩打」と呼びます。叩打の力が強すぎれば和紙を傷つけてしまいますし、弱すぎれば接着促進の効果を得ることができません。技術習得が困難とされる打刷毛叩打技術の動作解析を行いました。

被験者は経験年数20年の熟練者1名と経験年数4年の非熟練者1名としました。熟練者の叩打技術は、和紙を傷つけることなく、均一な接着促進が常にできるという点で高く評価されています。一方、非熟練者は経験が浅く、強く叩打しすぎる傾向にあると熟練者に注意を受けることがあり、実際の書画作品への叩打作業は許されていないという水準です。

動作解析にはMAC 3D SYSTEM（Motion Analysis社製の3次元動作測定装置）を用い、被験者

叩打作業

の周囲には6台の赤外線カメラを設置しました。赤外線反射マーカーは、被験者の頭頂部、額、左右側頭部、両肩、両肘、両手首、両腰の12カ所に貼り付け、叩打中の被験者の姿勢を比較しました。また、打刷毛の1カ所に赤外線反射マーカーを添付しました。

叩打する対象は、縦640㎜×横720㎜の平絹を書画作品に見立てたサンプルに裏打ちを施したものを用意しました。被験者はサンプルに対座して叩打作業

を行いました。被験者から向かって左右方向をx軸、前後方向をy軸、上下方向をz軸としました。

まずは被験者の体から近い位置を叩打する時に打刷毛を振り下ろした瞬間と、遠い位置を叩打する時に打刷毛を振り下ろした瞬間の姿勢を比較しました。近い位置では、2名の被験者を背面から見た場合と右側面から見た場合の姿勢に大きな差異は見出せませんでした。

しかし、遠い位置を叩打した瞬間の姿勢では、非熟練者は右肩と右腰が大きく落ち込み、体に傾きが生じていることがわかりました。また、遠い位置を叩打しようとするあまり、非熟練者は熟練者よりも体をひねり、右肩が大きく前にせり出していることがわかりました。それに比べて熟練者は遠い位置を叩打する場合には腰の位置を高くして、叩打中の体に傾きやひねりを生じさせないように対応していました。

刷毛の柄に装着したマーカーの軌跡を解析しても、打刷毛を振り上げて振り下ろすという繰り返しの作業において熟練者は非熟練者よりも動作に明らかな再現性があるということがわかりました。打刷毛を振り上げる高さについてはyz面で観察した結果、熟練者は体に近い位置から遠い位置に叩打を進めても振り上げる高さに大きな変化は見られませんでしたが、非熟練者は打刷毛を振り下ろす位置が体から遠くなるにつれて打刷毛を振り上げる高さが段階的に高くなっていく傾向にあることが明らかとなりました。また、打刷毛を振り上げる高さのばらつきを検証しても、熟練者は非熟練者よりもばらつきが少ないことがわかりました。安定した姿勢で常に均質な接着促進を可能にしている一因が、この動作解析によって明らかとなりました。

この打刷毛叩打の技術は、他の伝統産業において伝承されようとしている難易度の高い様々な技術と同様に、非熟練者は熟練者の技術を見て学ぶことが主たる技術の習得方法でした。しかし、このような動作解析によって明確に体の動きを視覚化できたことは、連続的な動作を見ることでしか技術習得の手段のなかった作業現場に有益な情報となることが期待されます。このような研究が進むことによって、効率的に正確な技術伝承が促進されることが望まれます。

体に近い位置での叩打時の被験者背面から見た赤外線反射マーカーの位置

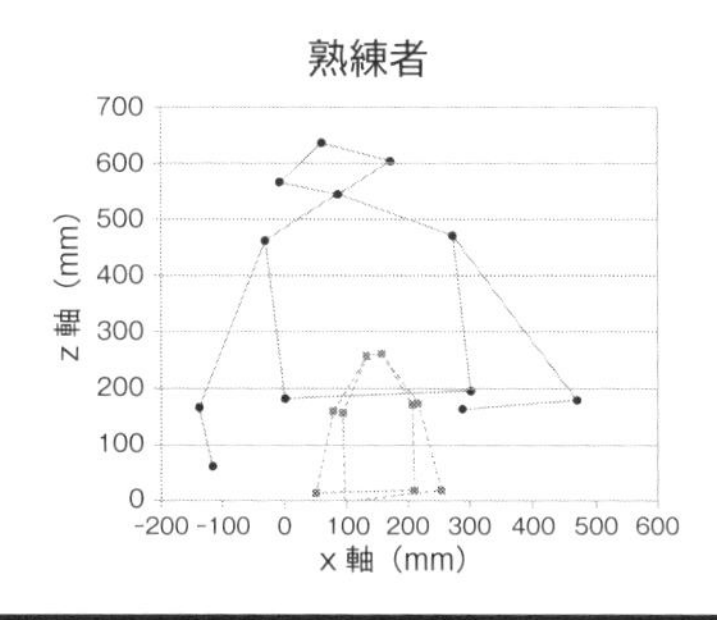

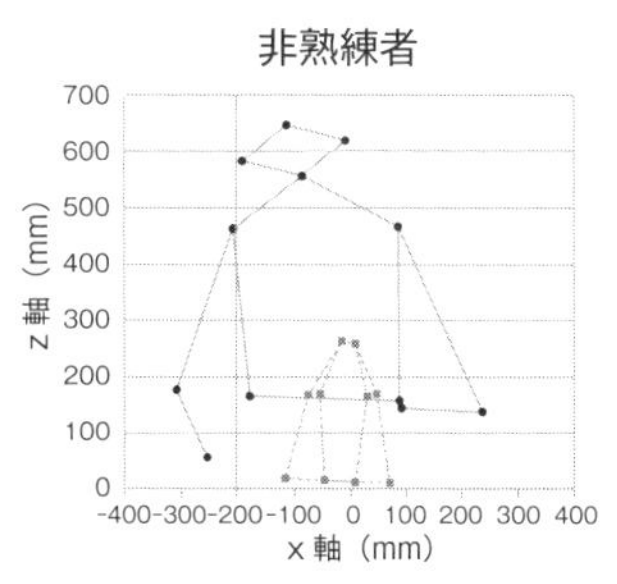

体に近い位置での叩打時の被験者右側面から見た赤外線反射マーカーの位置

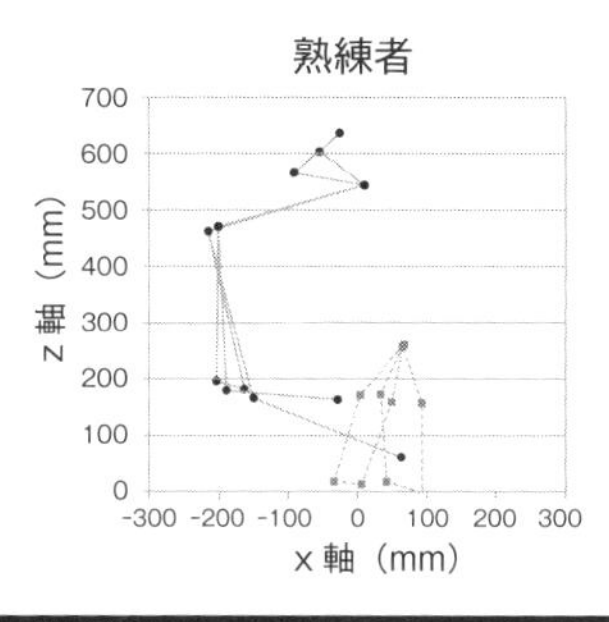

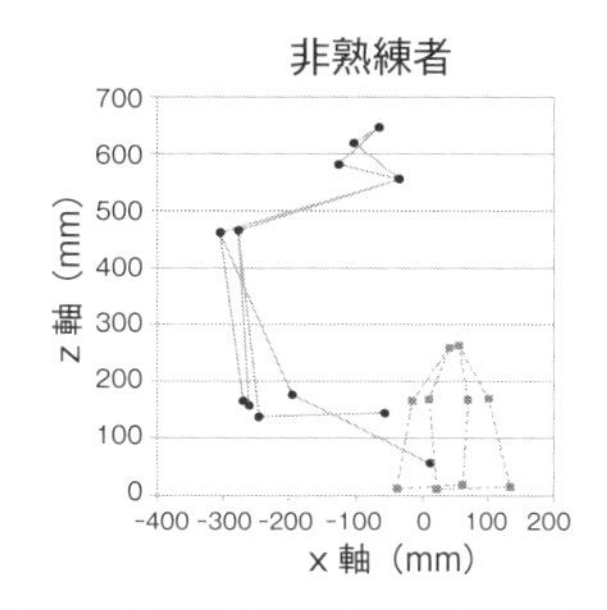

体に遠い位置での叩打時の被験者背面から見た赤外線反射マーカーの位置

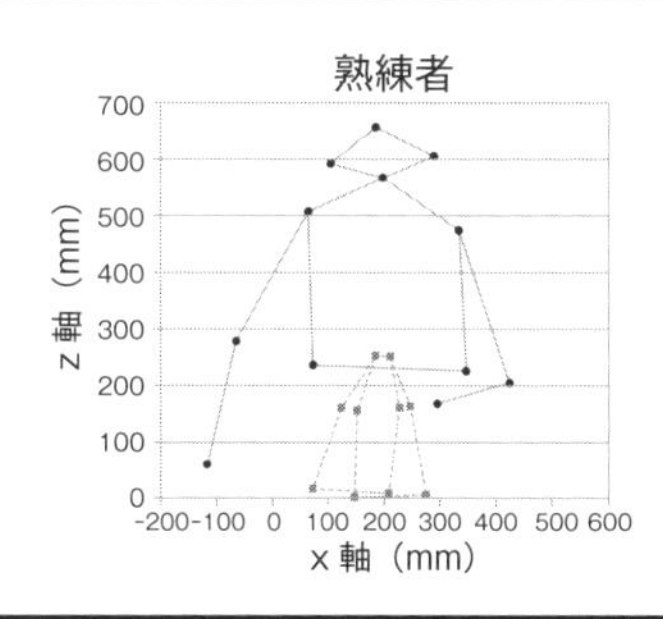

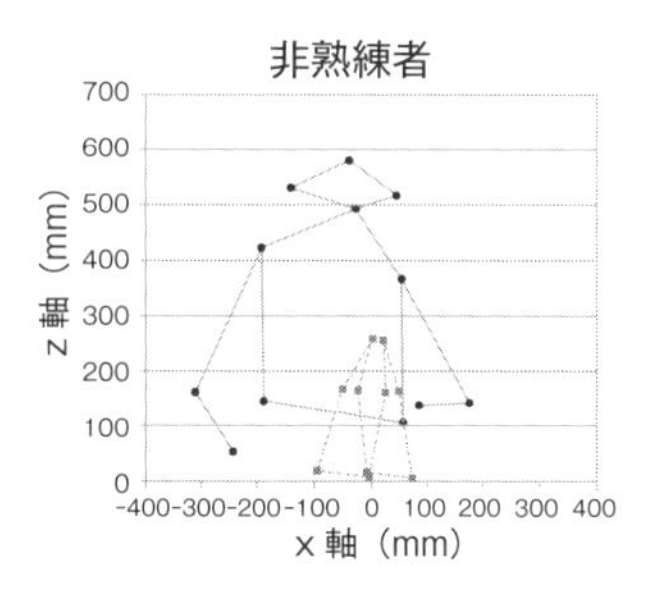

体に遠い位置での叩打時の被験者右側面から見た赤外線反射マーカーの位置

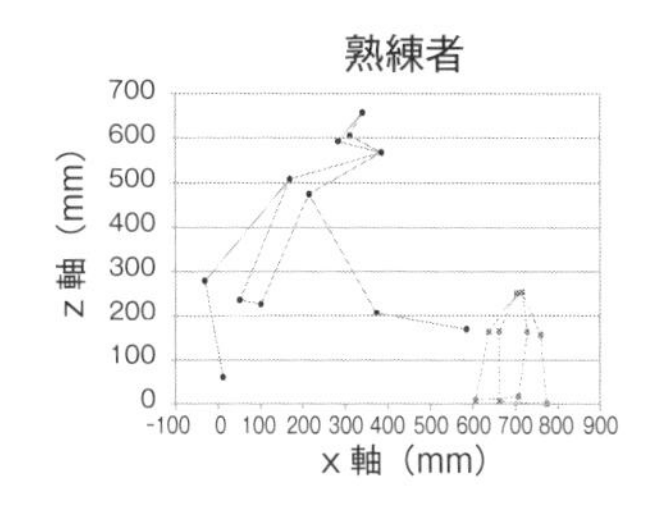

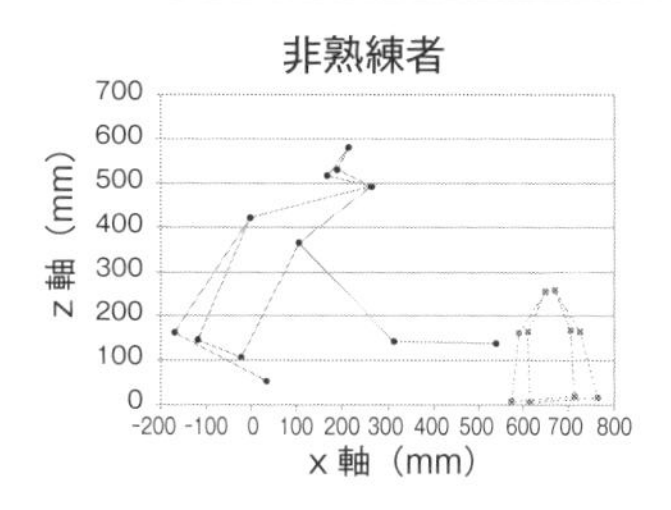

18 手でしごいて積層して和ロウソクの出来上がり

伝統的な和ロウソクは、ウルシ科の櫨の実（国産）を原料とし、1年～2年寝かせて水分を十分に飛ばした櫨の実を粉砕して蒸し上げ、蝋を搾ります（櫨蝋）。ロウソクは、炎によって溶けた蝋を芯が吸い上げるということを繰り返して燃焼します。ですから、溶けた蝋を芯が吸い上げられなければ蝋垂れの原因となり、逆に吸い上げ過ぎると炎が大きくなりすぎて過剰な油煙を発生させてしまいます。

純植物性の蝋とパラフィンなどの化石燃料由来の蝋とでは芯への浸透力が異なるため、前者は吸収力に優れた芯（灯芯）を、後者は吸収力を抑えた芯（糸芯）を使用します。和ロウソクで使用する灯芯は、和紙をストロー状に巻いた上に、い草の表皮を剥いで現れる髄を巻き付け、真綿で止めて作られています。

蝋と芯が揃うと、いよいよ和ロウソクの製造が始まります。伝統的な和ロウソクは、「手掛け」という製法で作られていきます。ここでは、2匁（芯の長さ4寸、芯の太さ約4㎜、ロウソクの太さ約10㎜、蝋の重さ7・5g）のロウソクの製造工程を追っていくとします。

まず、大きな鍋に固形状の蝋を入れ、ガスコンロで溶かします。溶かしている間に、油を塗った串に1本ずつ灯芯を刺していきます（芯挿し）。日によって本数は異なるのですが、多い場合ですと1日で1000本以上作るので、芯を挿すだけでもひと苦労です。

芯が挿し終われば、鍋に溶かした少し熱めの蝋（およそ60℃）に浸し、芯と串を密着させます（芯締め）。乾燥させている間に鍋から手元の鉢に蝋を移し、少し蝋を冷やします。よく乾燥させたら、家の壁でいうところの粗壁を作っていきます。鉢に移った温度の低い

櫨蝋 100%で作られた2匁の和ロウソクの燃焼

蝋（およそ40℃）に80本ほど持って浸し、蝋から上げて一気に混ぜて、ある程度まで太くしていきます（振り掛け）。1本1本付着する蝋の量は違い、太さのばらつきは出ますが、この時点では特に気にしません。とにかく序盤は太くすることが目的です。夏場だと、

手掛けの工程

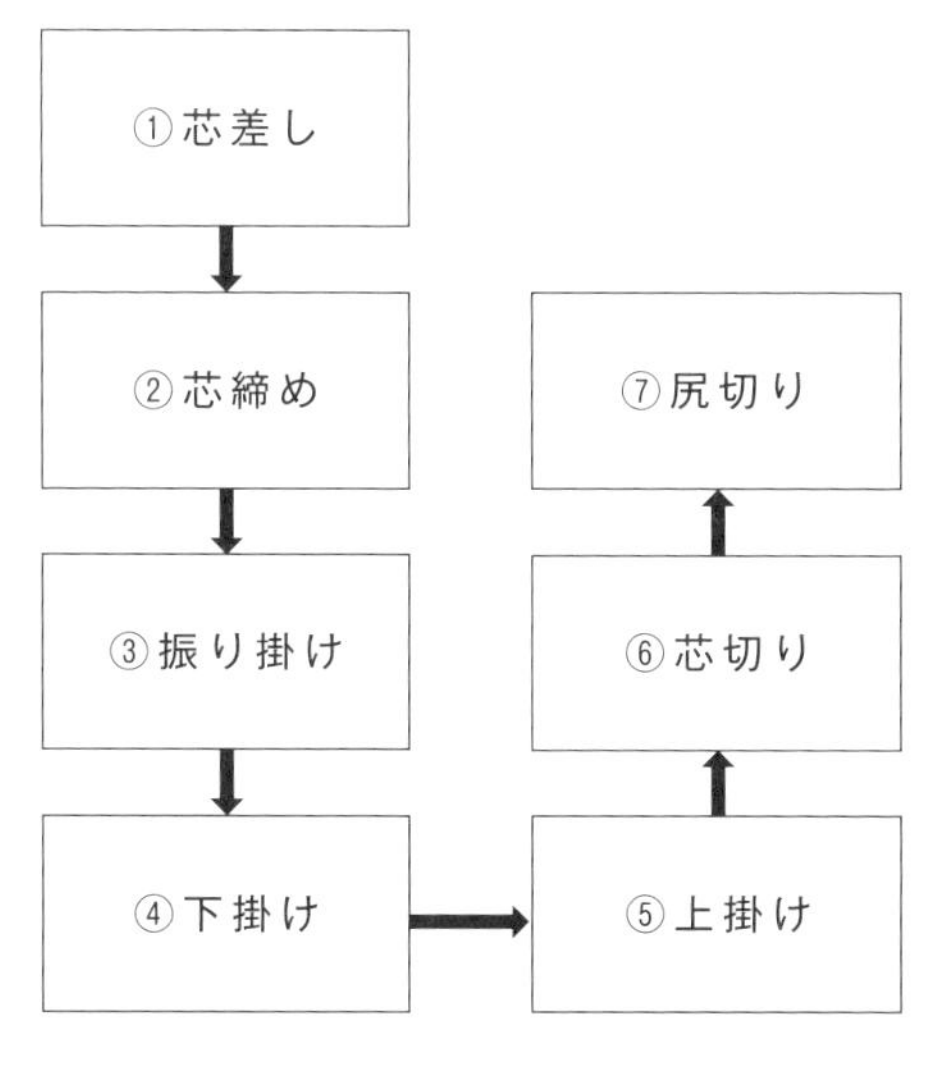

感覚で約1㎜ずつ太くなっていきますが、冬場だと約1・5～2㎜ずつ太くなっていくので、外気温や鉢に移った蝋の温度、製造過程のロウソクの乾燥具合を見極めていきます。蝋が付着しすぎても、その逆でも次の工程で手間がかかるので、蝋の温度管理や振り掛けを行うタイミングは当然振り掛けに影響します。回数でいうと、夏場と冬場では2～3回ほど夏場の方が多く振り掛けをしているような気がします。

とはいえ、冬場の方が早くできるのかというとそうでもなく、急な冷暖の変化はひび割れや付着した蝋が剥離する原因になるので、どちらも何かの問題を抱えながらの作業となります。

振り掛けの途中で1本1本の太さのばらつきが顕著に出始めたら、細いものだけ選り分けて、それだけ回数を多めに振り掛けをし、次の工程が始まるときには、ある程度太さを揃えておきます。

次は、一度に持つ本数を一気に減らし、右手の平で転がしながら左手で蝋を塗り重ね、1本1本の表面の凹凸をなくし、直線的かつ均等に蝋を付着させる工程です（下掛け）。手に11本乗るくらいがちょうどよく、このとき、それぞれの太さが8・5～9㎜くらいになっています。これを一つの目安として、最後は目視で確認します。これでベースの完成です。この時点ですべてのロウソクがほぼ同じ太さに仕上がっています。

手掛けの最後は、櫨の品種や製法に手間をかけた鶯色の蝋（上掛け蝋）を使います。これを練り上げてペースト状にすることで空気を含んで白化し、これを液状の蝋と混ぜて塗り込むことで、自然色の美しい和ロウソクができあがります（上掛け）。

最後に、芯ごとロウソクを串から抜きます。最初に串に油を塗るのはこのためです。しっかり塗れているとうまく抜けますが、下手をすると、下部から芯が出たり、途中で折れたりしてしまうので、気の抜けない作業です。串から抜いたロウソクは、ちょうどポッキーのような状態になっています。上部を切り出して芯を出し（芯切り）、お尻を包丁で揃えれば（尻引き）、和ロウソクの完成です。

いずれも大切な作業ですが、よい燃焼は蝋と芯のバランスでできているので、より早く、より均一に蝋を塗り重ねる技術が肝となります。

振り掛け

80本ほどを蝋に浸し、小気味よいリズムで混ぜていく。

下掛けの工程において目視でロウソクを選り分ける

19 糸締めのパチンが京鹿の子絞りの命

布を糸で強く括(くく)って防染する絞り染めの歴史を辿れば、古代の遺品はインドや西アフリカ、南米など世界各地で広く出土しています。古くは中国新疆ウイグル自治区のアスターナ古墳から6世紀頃のものとみられる絞り染め裂が見つかっており、日本では正倉院や法隆寺に奈良時代頃の裂地が伝わっています。

贅を凝らした総絞りの着物は、今も昔も女性たちの憧れの的です。手技の極みともいえるその1反（1着分）に、いったい何粒の絞りが施されているのでしょうか。柄のデザインにもよりますが、数にしてざっと20万粒。腕利きの絞括(こうかつ)師が365日休まず絞り続けても完成までに1年半はかかるといわれます。

京都で生産される絞り製品を総称して「京鹿の子絞り」といい、そのバリエーションは約50種類にも及びます。このうち「本疋田(ほんびった)絞り（疋田鹿の子絞り）」は絞りの技の最高峰に位置づけられます。子鹿の表皮模様に似たこの絞りは、指先でわずか5㎜ほど絹布をつまみ、何度も糸で巻いて、解けないように括って引き締めます。糸で防染した白場がくっきりと、また染色部分との境目が明瞭であるものが良品として珍重されてきました。絞括師の精魂を宿すかのように、糸をほどいた後も鹿の子模様が立体的に浮き立ち、圧倒的な存在感を放ちます。

絞り染めは江戸時代に全盛期を迎えましたが、あまりにも高価で贅沢すぎるとして幕府は度々奢侈禁止令などを出して着用を制限します。しかし、その人気は衰えることなく、代用品をも生み出しました。型紙で染めた粒を突いて絞り風に似せる「打ち出し鹿の子」や、絞らずに型染めで模様を染め出す「摺疋田」などがそれで、女性たちがどれほど絞り染めに強い愛着を抱いてきたかが伺えます。

さて、手技による疋田絞りを専門にする絞括師は、絞りの伝統を育み続ける京都でもわずか数人にまで減りました。その中で、京鹿の子絞伝統工芸士の認定を受けた絞括師の木曽喜代子さん（職歴70年）と、職業としての絞括経験のない妹さんの協力を得て、技量の違いを数値化してみることにしました。

まず、絞括工程を①たたみ、②摘み、③巻きつけ、

手技の極み「本疋田絞り」

伝統工芸士・木曽喜代子さん
撮影：中島隆之

鹿の子模様のように白く鮮明に防染された本疋田絞り

本疋田部分：木曽喜代子さん作
撮影：中島隆之

④締め上げ、の4工程に分類しました。絹布にはあらかじめ、水で洗えば落ちる天然の青花液で表現した図柄が染められていて、絞括師はこの下絵を頼りに絹糸で絞っていきます。直径3㎜ほどの丸印を4つに「たたむ」のを第1工程としました。続く「摘み」の工程では、たたんだ箇所を右手で摘まんで手前にキュッとねじります。

第3工程の「巻きつけ」は、左手指先で括り粒の根元を押さえ、右手で時計回りにくるくると巻きます。最も巻き数の多い本疋田絞りともなると、4〜5回は巻かなければなりませんが、この時、糸と糸の間に隙間を作らないようにすることが大切です。仮に隙間ができてしまうと、そこから染料が浸透し、本来防染されなければならない白場に筋状の染色部分ができ、商品価値が落ちてしまうのです。

下から上へと巻き上げたら、最後に解けないように括ります。これが第4工程の「締め上げ」で、糸で輪っかを作って粒の上からかぶせて括ります。締め上げは1粒につき2回。括り粒の根元にしっかりと糸をかけます。

さて、各工程にかかる時間配分は、熟練者は初期工程の「たたみ」に時間をかけていたのに対して、非熟練者は「巻きつけ」に多くの時間を割いていた点が異なります。

さらに、一連の工程を比較して、あることに気づきました。

「締め上げ」の工程で、括り終わりに糸の輪から右示指を引き抜く際、熟練者は爪先でパチンと大きな音をたてますが、非熟練者の指先からはほとんど音が聞こえません。匠の木曽さんは常に「うまいこと絞るには、爪が強くないとあきません。指の力も要りますねん」とおっしゃいますが、この「パチン」にどんな謎が秘められているのでしょうか。

さらに、2人の筋活動を観察するため表面筋電図の計測を行い、手、腕、肩の計8カ所に筋電図マーカーを付けました。結果は、腕については顕著な差は見られなかったものの、母指内転筋や短母指外転筋など手指の筋肉と肩の筋肉（僧帽筋上部）は、熟練者が非熟練者よりいずれも小さな動きにとどまっていました。つまり、匠のほうが少ない力で絞っていたことになります。確かに省エネ型を目指したほうが疲れず、また効率もよいはずです。

　パチン、パチンと小気味よい音をたてて、要所はしっかりと絞り、あとはできるだけ疲れないように。絞りの匠が70年以上の歳月をかけて獲得した技のコツが、ここに内在しているのかもしれません。

絞括工程別時間配分

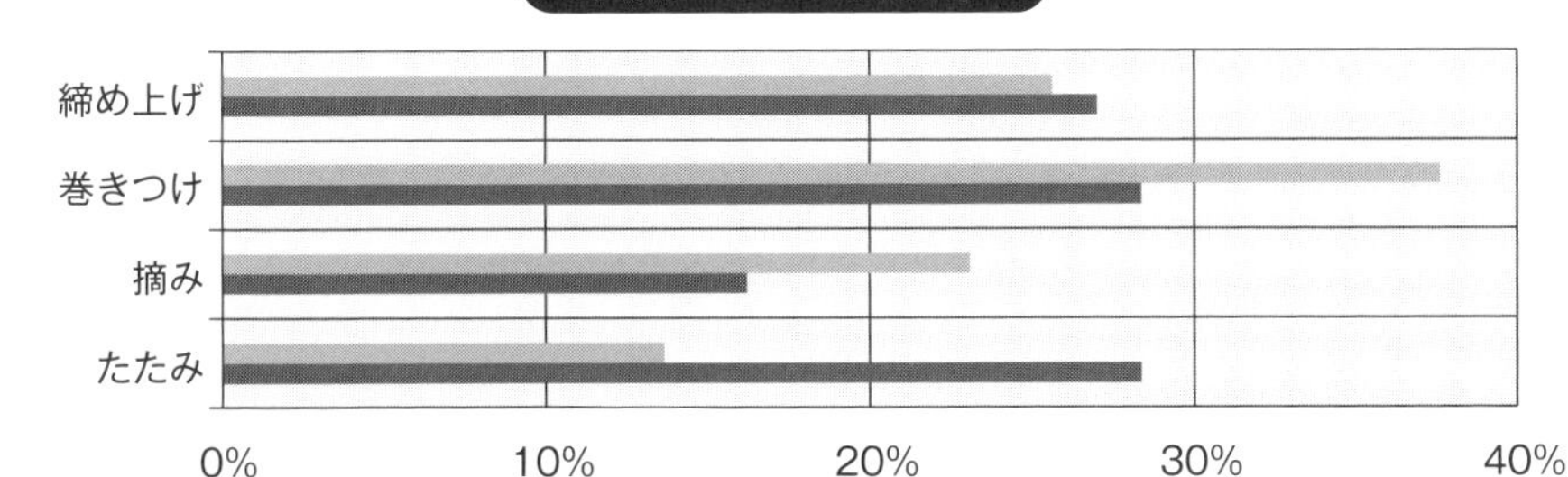

	たたみ	摘み	巻きつけ	締め上げ
非熟練者	14%	23%	38%	26%
熟練者	28%	16%	28%	27%

「巻きつけ」の工程

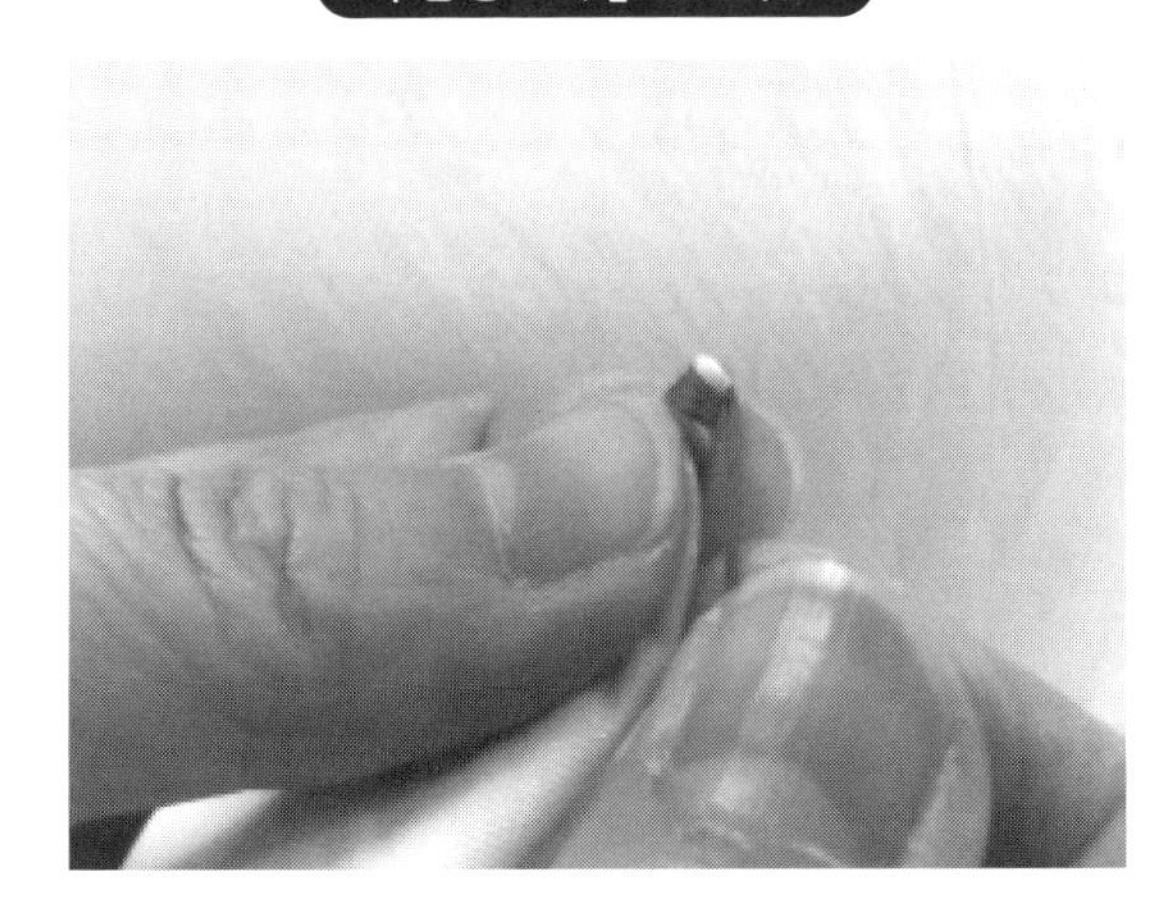

20 入浴できない患者を気持ち良くさせる洗髪動作

看護における洗髪（シャンプー）とは、入浴やシャワーができない患者を対象に頭皮の皮脂や細菌による頭髪の汚れを洗浄し、拭き取るなどの清潔を保つことです。洗髪の目的は、頭皮の汚れの除去とともに、マッサージにより頭皮の血流を増加させ新陳代謝の促進を図ることです。また、爽快感や気持ち良さを得ていただくことも目的としています。

頭皮は、表皮、真皮、皮下組織の3層に分かれ、皮脂腺・汗腺と毛から構成されています。皮脂腺は毛髪部に多く、トリグリセリドを分泌します。トリグリセリドは、頭皮の常在菌が産生したリパーゼによって遊離脂肪酸に分解されます。遊離脂肪酸に含まれている不飽和脂肪酸は、頭皮への刺激作用や毛包炎、掻痒感、不快感、悪臭、二次感染の原因となります。また、フケは皮膚常在真菌の一つであり、洗髪が必要です。

開頭術を受ける患者100例における術後72時間の洗髪と手術部位感染との関連はなく、健康関連には影響しないことが報告されており、洗髪の頻度は、成人では72時間以内とすることが推奨されています。

洗髪台に移動できない場合の患者の体位は、頸動脈や椎骨動脈の圧迫、血流を阻害する美容室脳卒中症候群や椎骨動脈解離が生じないよう、ベッド上で仰臥位とします。前屈位は、虚血性心疾患がある場合、胸腔内圧が上昇し、冠血流量を減少させて虚血性発作を起こす危険性があり、個々の患者の状態にあった体位で行います。頸部の安静が必要な場合は、洗髪器を使用せず洗髪シートを用います。

ベッド上で洗髪を行う場合は、洗髪器や防水シーツ、タオル、38〜41℃程度の湯を用います。室温は、温湯の使用により気化熱が生じるため22〜24℃とし、保温

皮膚の構造

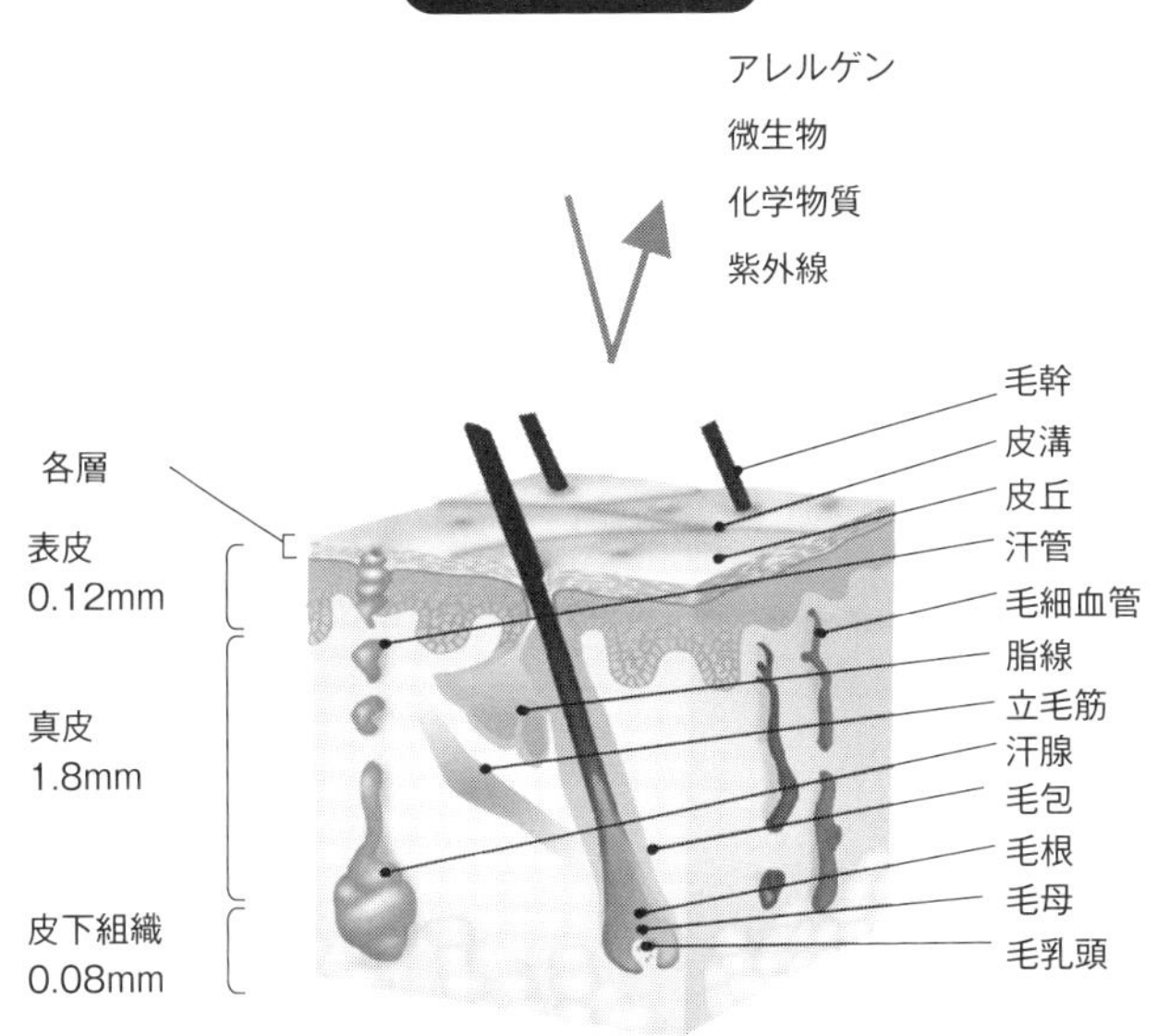
アレルゲン
微生物
化学物質
紫外線
各層
表皮
0.12mm
真皮
1.8mm
皮下組織
0.08mm
毛幹
皮溝
皮丘
汗管
毛細血管
脂線
立毛筋
汗腺
毛包
毛根
毛母
毛乳頭

洗浄の原理

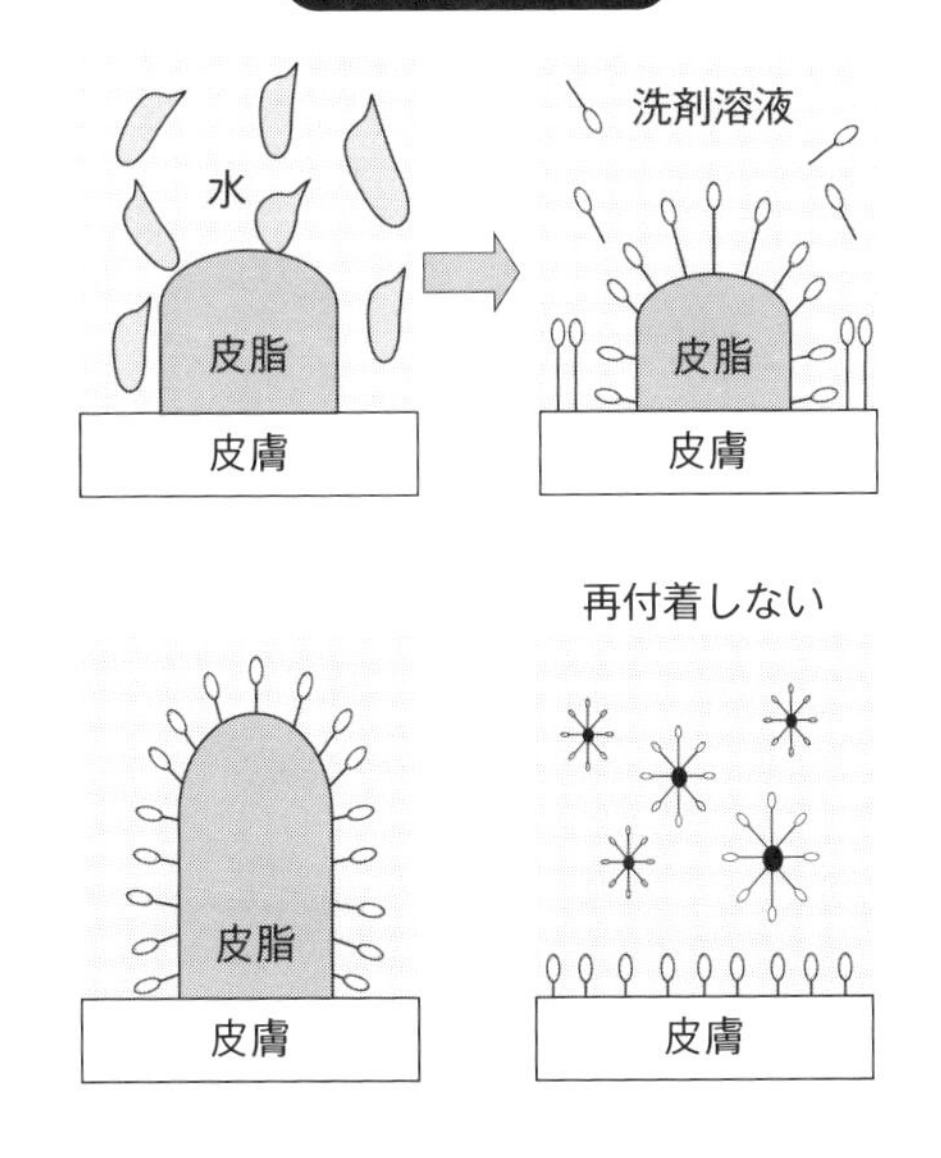
水
皮脂
皮膚
洗剤溶液
皮脂
皮膚
再付着しない
皮脂
皮膚
皮膚

に努めます。看護師は爪を短く切り、頭皮を傷つけないように界面活性剤（シャンプー）をよく泡立てます。指腹で一定の力でリズミカルに動かしながら、ミセル（乳化作用を持つコロイド粒子）によって汚れを落とします。

洗髪手順は、皮膚割線に沿って前頭部、右側頭部、左側頭部、後頭部、頭頂部の順に洗います。

看護学生10名による動作解析装置を用いた技術練習後の洗髪は、「垂直・左右・前後荷重の周波数」、「最大振幅」、「合力（左右荷重＋前後荷重）」が熟練者の値に近づき、「力加減」「リズム」「頭の揺れ具合」「気持ち良さ」を改善することが報告されています。

洗髪実施者の腕の動きがリズミカルであると被験者の頭部の動きは相対的に小さくなり、被験者が「ちょうどよい」とした指腹に取り付けたセンサにかかる荷重は1・4N（ニュートン）から8・8Nの範囲で、個人差がみられました。洗髪時の手の振動回数は1秒間に5〜6回で熟練者と初心者では差がなく、頭部と腕の加速度振幅は熟練者の方が小さいことが明らかとなっています。また、「気持ち良さ」は洗髪の実施者の頭部のゆれ、頭皮にかかる圧だけではなく、洗髪は副交感神経優位となり、リラクゼーション効果をもたらしていたと考察されています。

さらに、力加減やリズミカルな手の動かし方を視覚的に練習すると技術習得に有効であることが示唆されています。

臨地実習において洗髪の実施経験がある看護学生を対象に、洗髪動作解析装置を用いて練習前後の洗髪技術の習得度を比較した結果、洗髪動作の「前後方向の速度を速める技術」「垂直方向の速度を速める技術」については、臨地実習での洗髪を経験しなくても技術を習得しており、練習後に臨地実習で洗髪を経験することで「左右方向の速度を速める技術」「3方向すべてへ力を強める技術」が向上していたことが報告されています。

これらのことから、洗髪動作解析装置を用いた技術習得は、洗髪技術を高めると考えられ、今後、さらに研究を進め、技術習得の有効性を明らかにしていく必要があると考えられます。

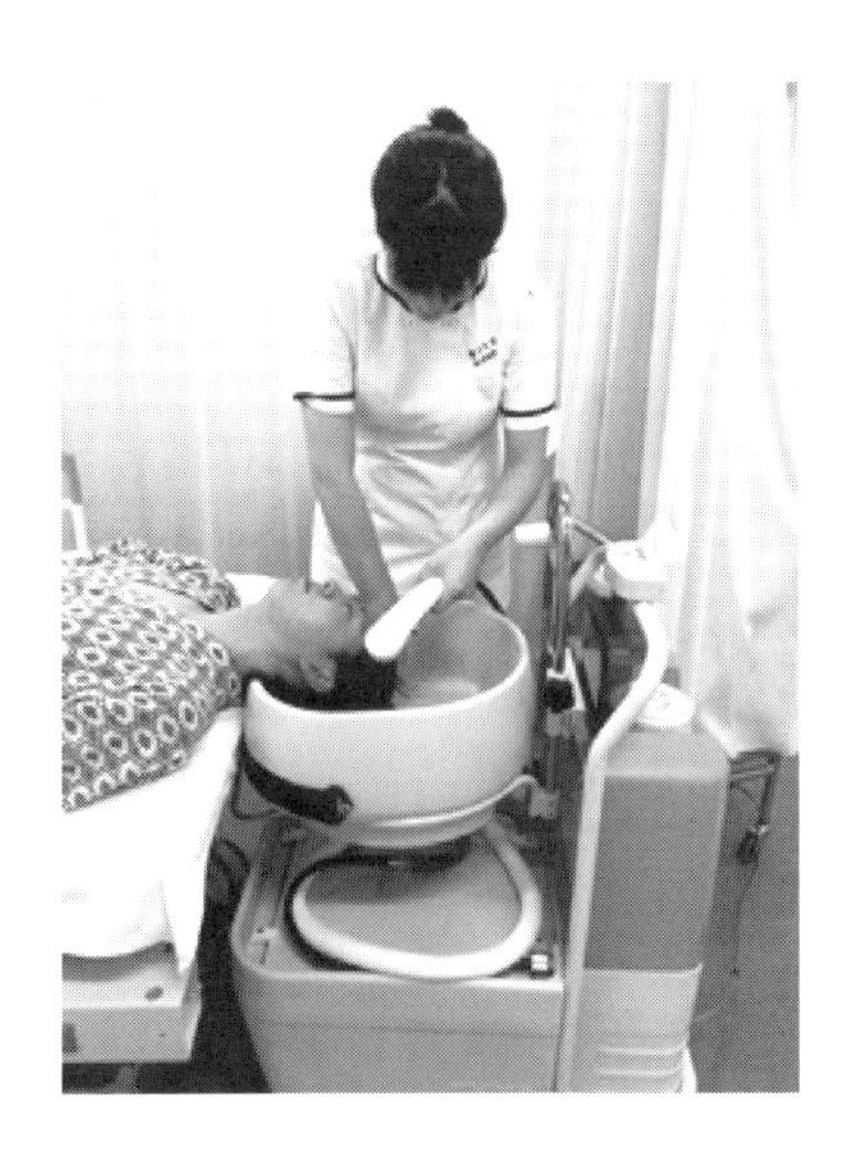

電動でシャンプーできる洗髪器

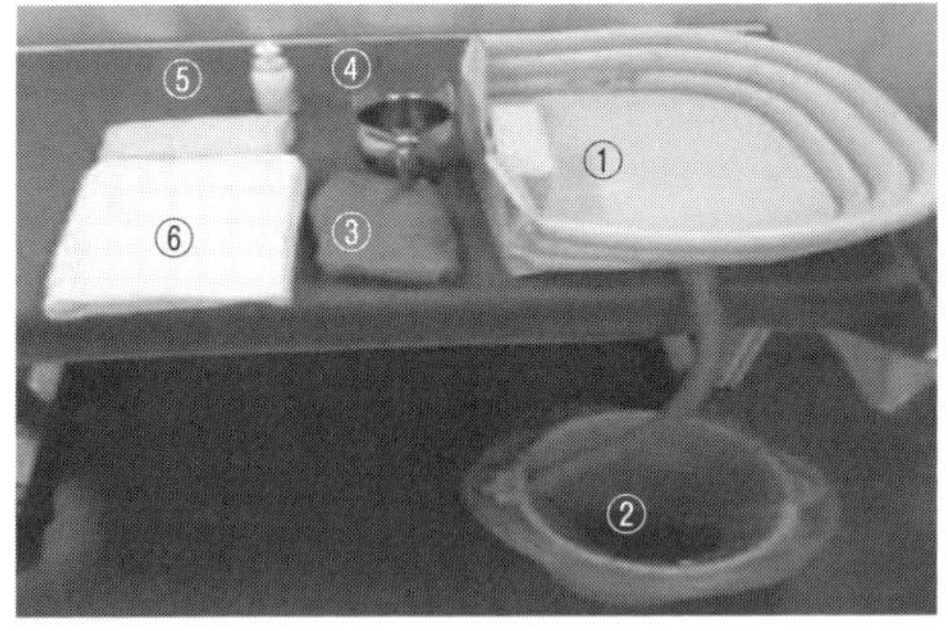

①洗髪器 ②排水バケツ ③ケープ ④ピッチャー
⑤シャンプー･リンス ⑥タオル、ドライヤーなど

空気を注入して膨らませる洗髪器

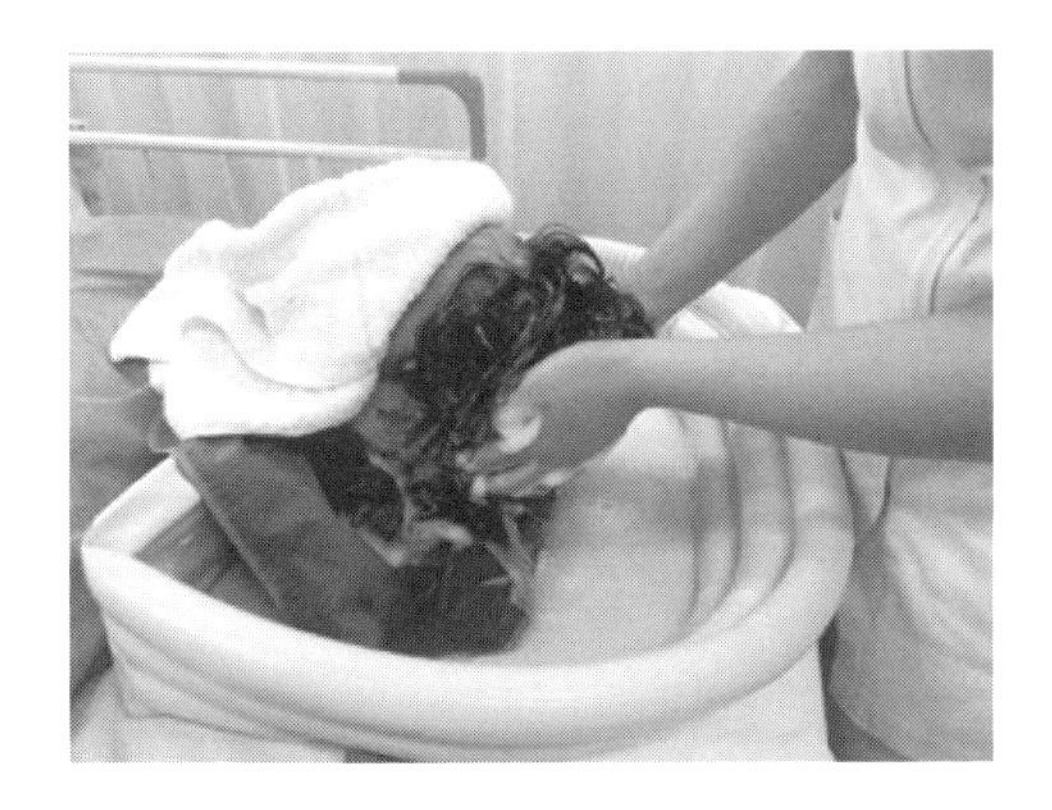

Column

丸台を用いて美しい組紐づくりに挑戦

組紐は、古来より祭祀、神事、武具や衣裳など、日常の生活に密接に関わり、日本独自の発展を遂げてきました。美しい組紐を組むためのコツを解明しました。

丸台を用いた組紐に着目し、熟練者が組むときの動作および視線の動きを計測しました。特に２本の糸を移動させる際、両者の糸を持ち上げるときの高さ、および両者の糸のなす角度を解析しました。

その結果、熟練者は、組む作業の間、２本の糸を持ち上げる高さを一定に保ち、さらに２本の糸を移動させる際、両者の糸のなす角度は175°から180°を維持していることがわかりました。また、視線は丸台の穴の中心付近に集中していました。このことから、糸を持ち上げるときの高さと糸を移動させるときの角度は、美しい組紐を組むためのコツであることが明らかとなりました。

丸台を用いた組紐作製

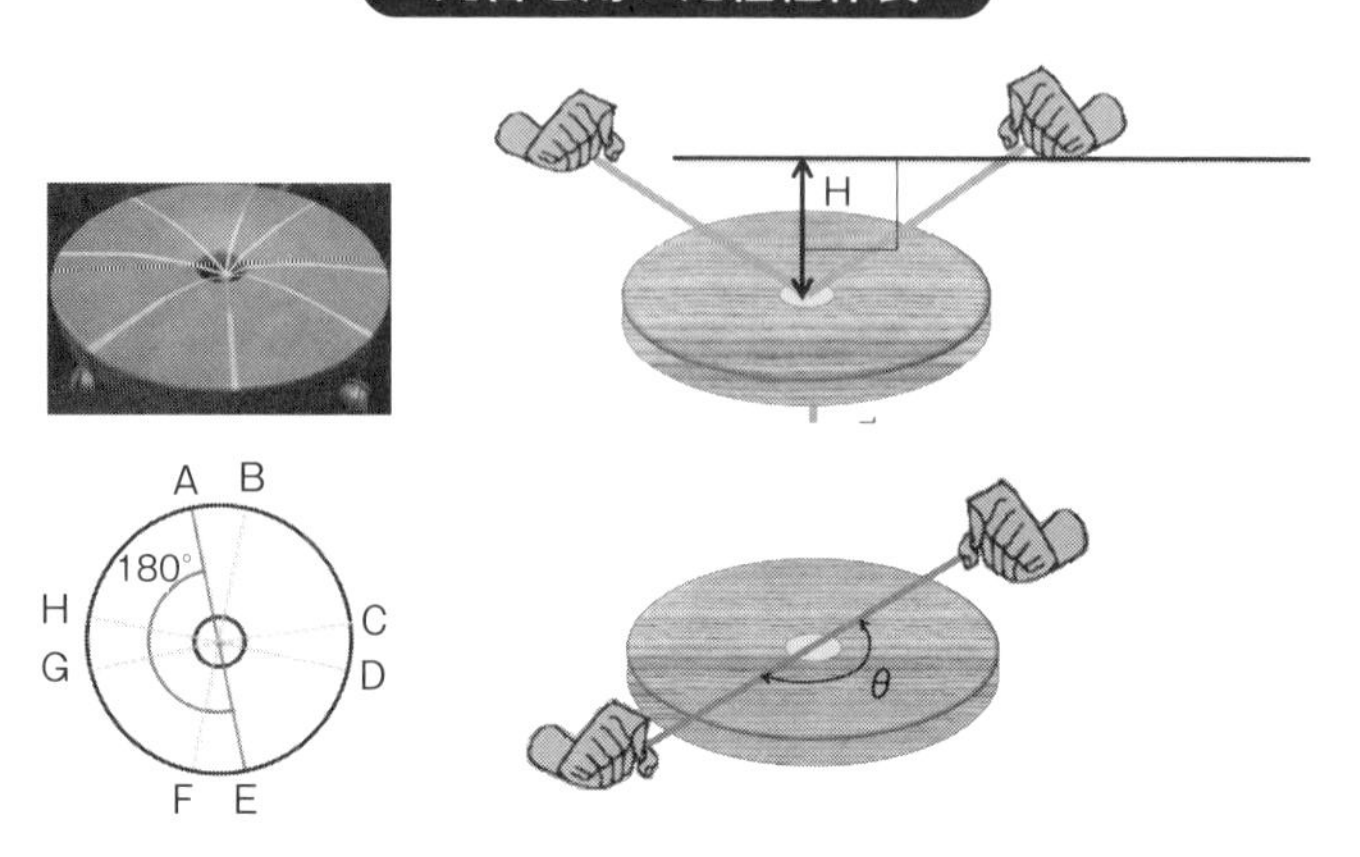

第4章

美しさを感じる動作

21 いけばなの美しさはその振る舞いから生まれる

日本の伝統文化であるいけばな（生け花）は、完成した作品だけでなく、「いける」というプロセスにも精神修練としての意味があり、これが華道として道の概念を伴う日本独自のものとなっています。これは、一定の型を繰り返すことにより、いけばなの基本を習得するとともに、制作者の心構えを確認し、精神を整える役割も担っています。

いけばなでは、無駄のない合理的な動作が美にも通じます。一つのいけばな作品の完成に至るまでの工程はどのようになっているのでしょうか。

華道家元池坊にある3つの様式のうち、生花と自由花の2つの様式で比較しました。生花は江戸時代に成立した伝統的な様式です。真、副、体の役枝によって構成され、この3つの役枝が1株となって水際からすくやかに伸び、比率や方向などが定められています。

一方、自由花は第二次世界大戦以降に民主主義の展開とともに生まれました。構成、配置などの規矩をもたず、制作者の主観によって多角的に花材を捉え自由に創作をします。

実際に作品をいけてもらい、その制作工程をみてみました。

生花をいけたのは16名で、いけばな経験は平均16・8年、自由花をいけたのは15名で、いけばな経験は平均14・4年でした。これは、それぞれに様式ごとに同一の花材で同一の制限時間内で制作しました。また、制限時間は設けたものの、制作者が完成と認めた時点で終了としました。

完成に至るまでの分析をしたところ、いけばな制作工程は、「切る」「撓める」「挿す」「見る・考える」「合わせる」「直す」の6つに分類されます。

「切る」作業は、花材を適宜、適当な長さにするために切断します。「撓める」作業は、生花の基本図に見られる理想形にしたり花材に風情を出したりするために花材に圧を加えて変形させます。「挿す」作業は、花材を固定するために剣山に突きます。「見る・考える」作業は、構成や手順を確定させるために観察、考察します。「合わせる」作業は、花材を好ましい位置に挿すために花材を作品にあてがい全体の調子を確認する

生花の一例

自由花の一例

ものです。「直す」作業は、作品全体の出来映えを向上させるために、挿してある枝の角度を変えたり葉の表情を整えたりします。これらは、生花、自由花どちらの様式においてもみられ、いけばな制作に重要な作業といえます。

次に経験年数と作業回数、時間の相関を調べたところ、生花では、切る、撓める、挿す作業回数に経験年数との相関が見られませんでした。これらの作業は主に作品構成に関係する性質をもちますが、その理由としては、生花は完成形がある程度決まっているため、ある程度近しい作品に収束するからではないかと考えられます。

次に作業時間については、経験年数が長くなるほど総作業時間は減少する中で、直す作業のみ作業時間が増加しています。同時に、作業回数を見ると、直す作業の回数は経験年数に相関がなく熟練者・初心者間に差異は見られませんでした。このことから、初心者も熟練者と同程度に直す必要を感じ、作品を直そうと試みるものの、十分な技術がなく結果として直しきれずに短時間で終わらざるをえないのではないでしょうか。

生花では型が決まっているため大きな構成よりも規矩の中での繊細な表現をすることが必要であり、そのために直す作業の中でそれをしていると考えられます。

一方、自由花では有意な相関は認められませんでしたが、挿す、合わせる、直す作業は経験年数の長さに従い回数が減少する傾向がありました。挿す作業の総作業時間と1作業当たりの時間は相関係数から有意に減少していました。撓める作業については作業回数、総作業時間共に増加する傾向がありました。自由花は必ずしも撓める必要はなく、制作者の意図する表現によって撓めるかどうかが決まります。そのため撓める技術が十分でない初心者は撓める作業を積極的に試みず、撓める技術をもつ熟練者の方がその技を駆使している傾向があるのではないでしょうか。

生花と自由花の様式の異なりによって制作の過程と内容が変化している様子がうかがえます。この2つの様式の性格の違いも現れており、いけばなの世界の広さが伝わるように感じられます。

作業回数と経験年数の相関

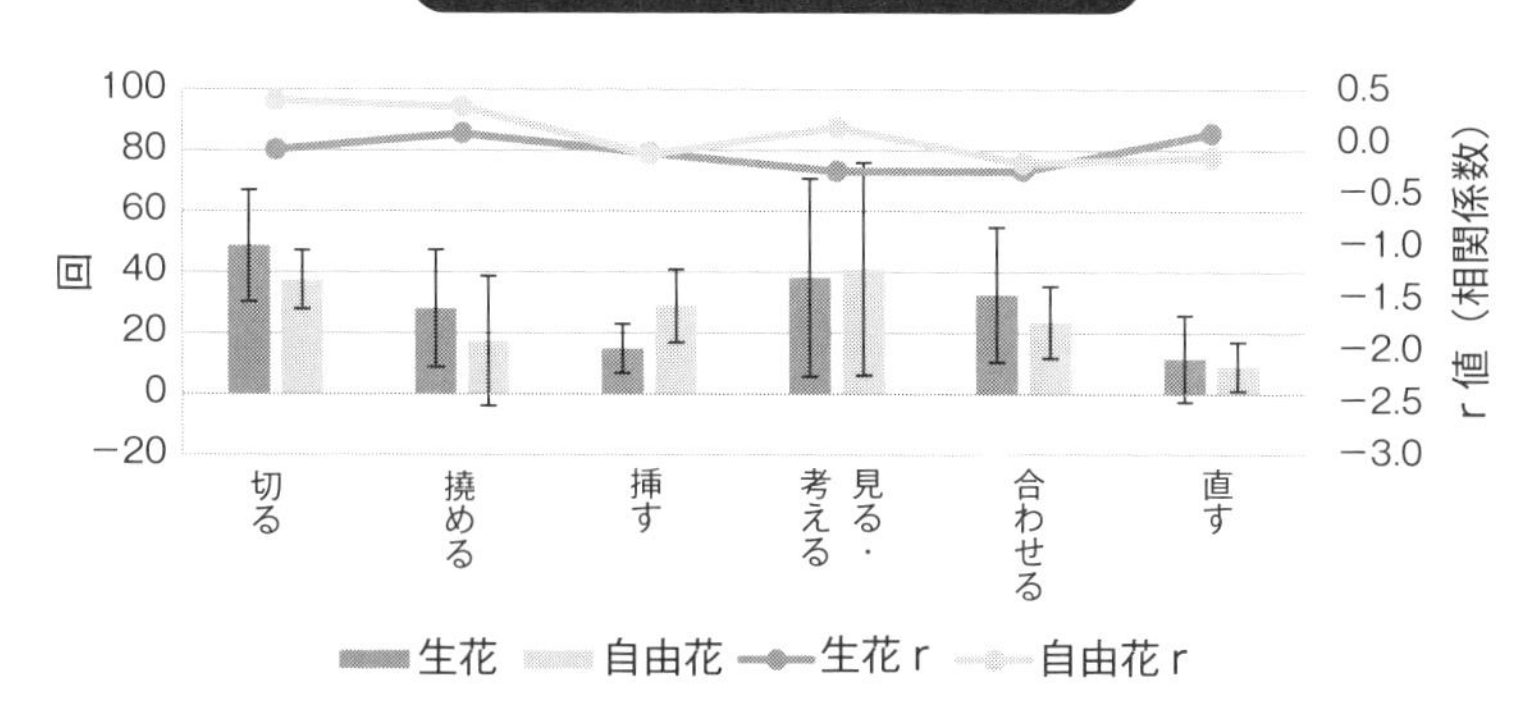

作業時間と経験年数の相関

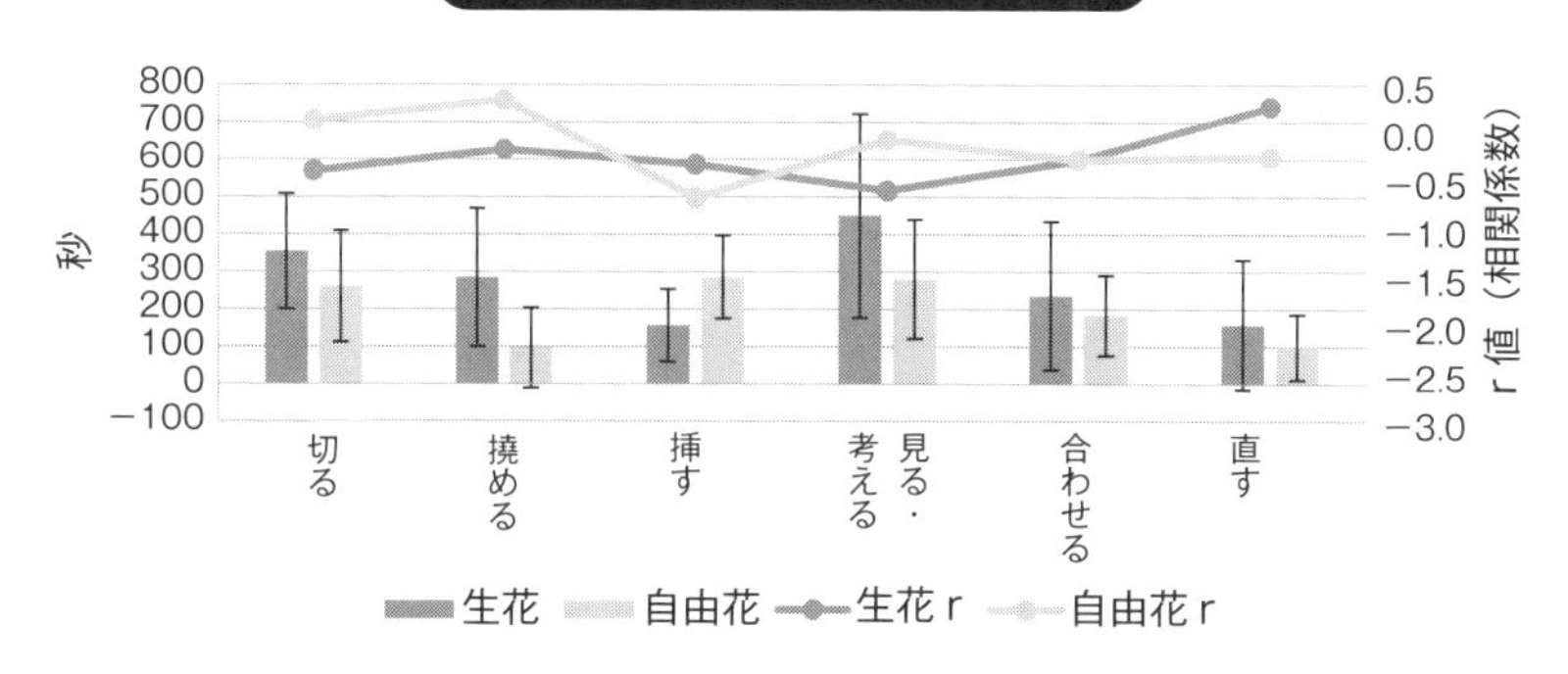

1 作業当たりの時間と経験年数の相関

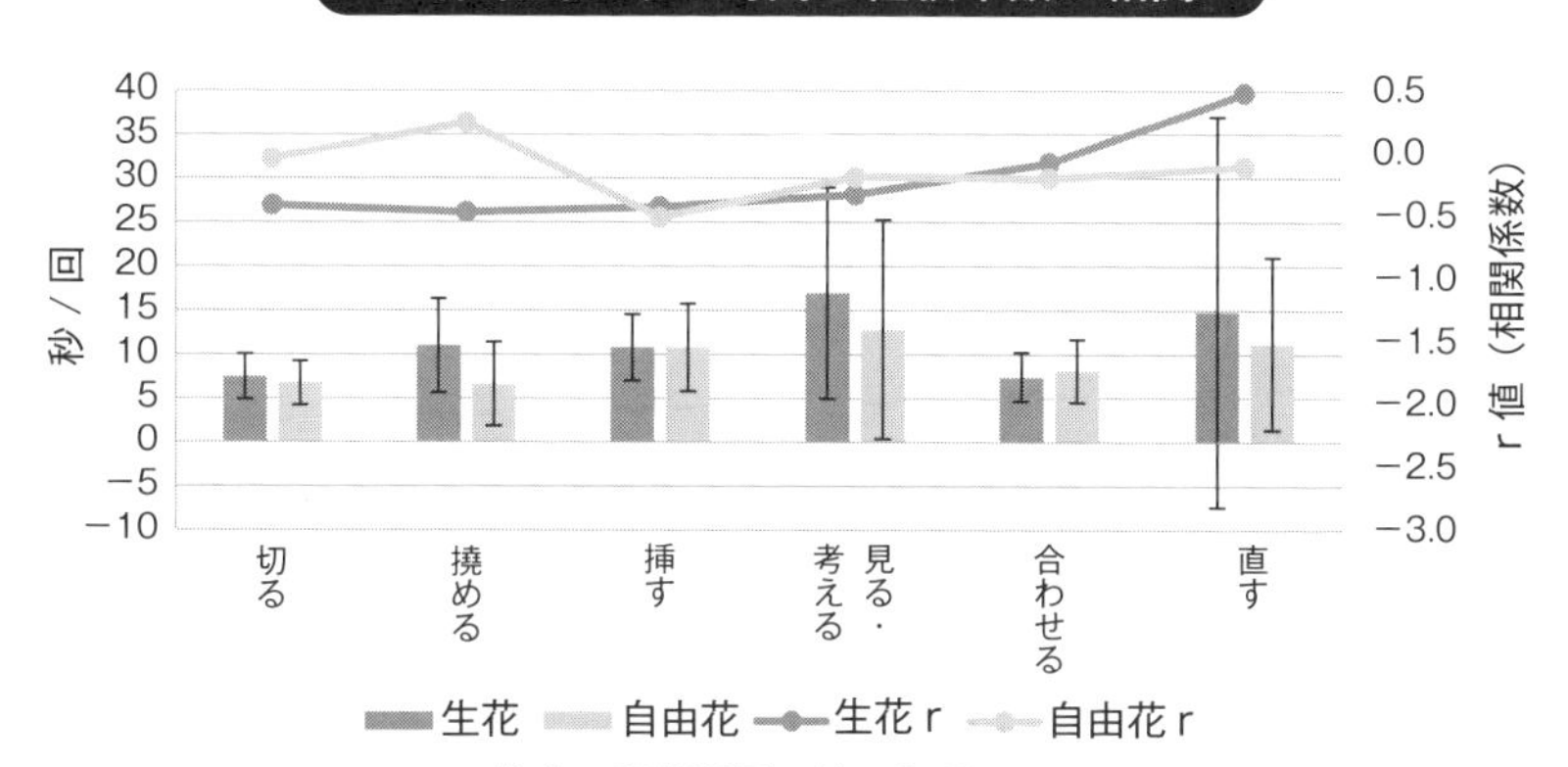

生花：棄却限界 r 値＝0.49
自由花：棄却限界 r 値＝0.51

22 美しいお辞儀は誠実な気持ちの表れ

日本を訪れる外国人が急増しています。外国人が興味をもつ日本の観光資源は、美しい島国の自然、豊かな歴史文化遺産、文化資源などにとどまらず、日本的ホスピタリティである「おもてなし」も２０２０年の東京オリンピック・パラリンピック開催が決定して以来、特に注目されています。ホテル、旅館、民宿などの宿泊施設、レストラン、料亭など飲食施設で必ず目にするため、重要な観光資源として位置付けられるのは必然といえます。

どのようなサービスが「おもてなし」であるかは多くの議論がありますが、「おもてなしは挨拶に始まり挨拶に終わる」とよく言われることを踏まえ、まず第一歩として、ここでは日本のお辞儀に注目したいと思います。お辞儀が日本人の挨拶の行為になった歴史は古く、3世紀に書かれた『魏志倭人伝』にも「倭人は貴人に会う際にひざまずいて頭を垂れる」と記されています。さらに「お辞儀」という頭を垂れる行為は、急所である後頭部を差し出すことによって、相手に対する敵意がないことを示しています。

お辞儀は挨拶に限定されず、謝罪や感謝の気持ちを表す場面などでも用いられ、日常の中で広く見られる動作ですが、日本人でも意外と作法としてお辞儀を学ぶ機会は少なく、自己流であることがほとんどではないでしょうか。そのため角度が守られないお辞儀や、ぺこぺこと繰り返すお辞儀もよく見られます。ここでは、熟練した人の美しいお辞儀と自己流のお辞儀の動作とで受け手の印象にどのような違いがあるかを研究しました。

お辞儀の指導経験8年の熟練した人（熟練者）と指導を受けたことのない人（非熟練者）にそれぞれ頭・

美しいお辞儀

測定方法の概略図

上から

熟練者

ビデオカメラ

横から

マーカー

マーカーの位置

頭

肩

腰

膝

肩・腰・膝の位置にマーカーを付け、お辞儀の動作をビデオカメラで撮影し、経過時間とそのマーカーの位置、さらに頭ー肩ー腰の角度と肩ー腰ー膝の角度を測定しました。

腰を折り曲げる「敬礼」のお辞儀の動作を横からビデオカメラで撮影したところ、熟練者の頭ー肩ー腰の角度はほぼ真直ぐの180度を保ち、肩ー腰ー膝は30度の変化となっています。これは何度やっても同じ結果でした。熟練者のお辞儀は何度やっても腰から前傾し、決して頭を垂れるだけのお辞儀でないことがわかります。

一方、非熟練者ではどうでしょうか、非熟練者では、ほとんどの人に頭と腰を同時に前傾したり深すぎたりする傾向がみられます。図に示した非熟練者の一例では、肩ー腰ー膝の角度が深くなると同時に頭ー肩ー腰も深くなっています。最大角度もとても深いことが分かります。

次に、熟練したお辞儀は本当に美しいと感じるのかを検証しました。先に述べた同じ熟練者に接客サービスをイメージしてレストランの入口でお辞儀してもらい、その様子を撮影し、受けた印象をアンケート調査しました。

ここでは熟練者のお辞儀の典型として敬礼を、非熟練者のお辞儀によくある他の7つのお辞儀についての動画を見るアンケートを20歳から70歳までの男女91名に実施しました。

8種類のお辞儀の違いによる印象を統計的に分析した結果、有意な結果が得られました。「敬礼」が最も評価が高い値であり、他の全てのお辞儀と比較して有意に高い値でした。次いで「深すぎるお辞儀」と「手を組まないお辞儀」が高い評価となり、「敬礼」に次ぐ高いグループとなりました。また、「速いお辞儀」、「繰り返すお辞儀」がその次に評価が高いグループとなり、「後ろ手のお辞儀」、「手をぶらぶらしたお辞儀」がさらに次のグループとなりました。「うろうろするお辞儀」が最も低い評価となりました。

この2つの実験から、熟練者と非熟練者のお辞儀を比較すると動作に明確な違いがあり、受ける印象も明らかに違うことがわかました。きれいなお辞儀をするコツは、腰から折り曲げること、適切な角度を保つこ

熟練者と非熟練者のお辞儀の角度の比較

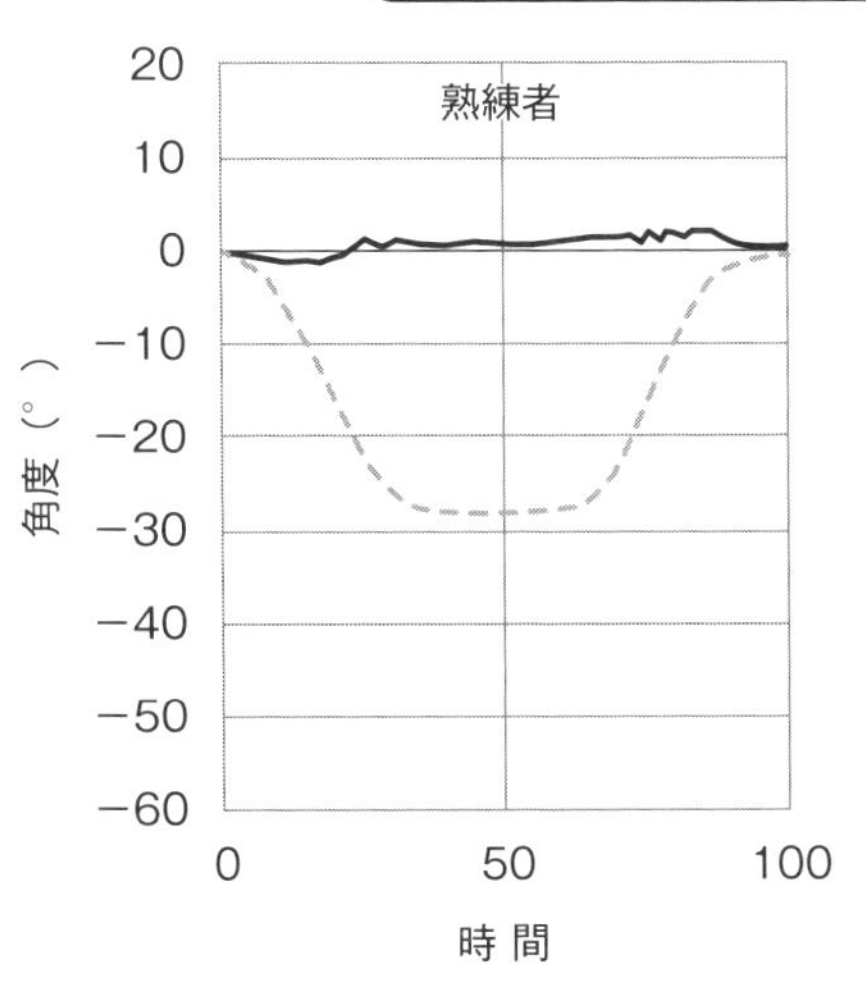

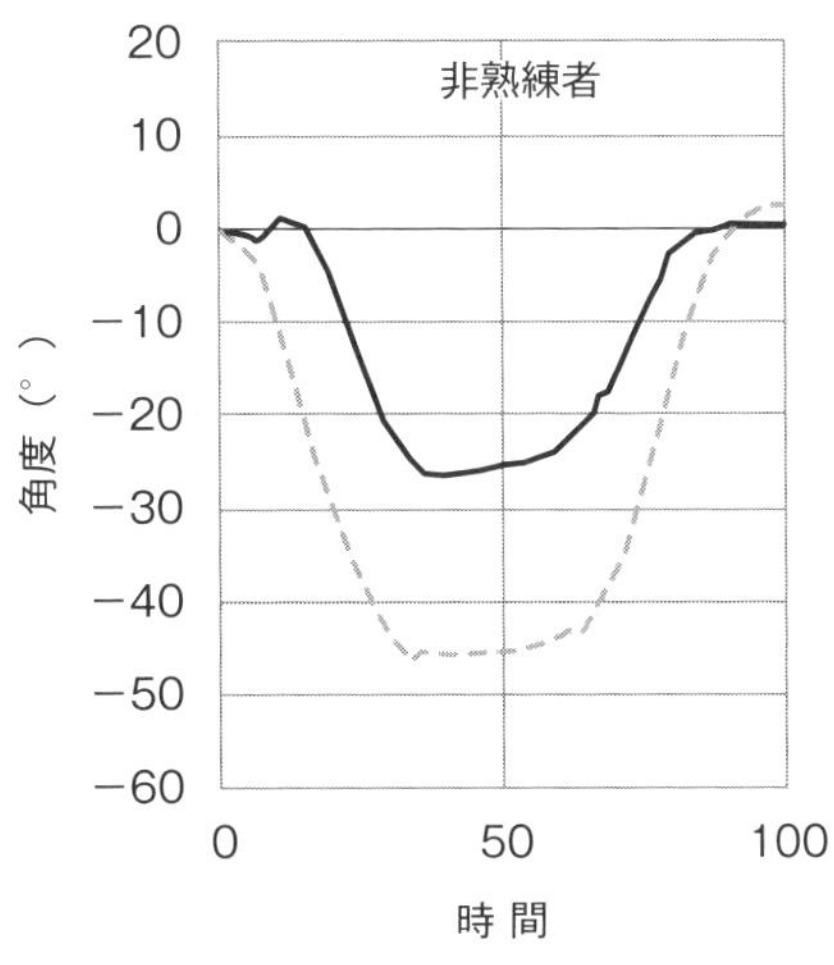

角度：頭－肩－腰（実線）
角度：肩－腰－膝（破線）

※時間単位は始まりを0とし、終りを100とした。

とが重要であることがわかります。また、見る者に心地よい印象を与えるお辞儀は「美しい」といえます。

お辞儀の印象に対する評価

	平均点 ± 標準偏差
深すぎるお辞儀	3.07±1.08
敬礼	4.26±0.84
後ろ手のお辞儀	1.70±0.72
手をぶらぶらしたお辞儀	1.67±0.67
速いお辞儀	2.22±0.95
手を組まないお辞儀	3.05±0.96
繰り返すお辞儀	2.12±0.85
うろうろするお辞儀	1.38±0.57

23 タイお辞儀の心は動作の細部に宿る

日本ほど日常的ではないですが世界でもお辞儀という動作は存在します。キリスト教においては尊敬や服従を表すためにお辞儀をします。イスラム教とユダヤ教においては神に対してのみ行われるものとして位置づけられています。

地域で見ると、ヨーロッパのお辞儀は映画などで見る貴族や執事が行う「Bow and scrape」という動作で、右足を引き、右手を体に添え、左手を横方向へ水平に差し出す動作があります。これは男性による伝統的な挨拶、お礼、謝罪の行為です。一方、女性は片足を斜め後ろの内側に引き、もう片方の足の膝を軽く曲げ、背筋は伸ばしたまま挨拶をする「カーテシー」という動作です。ただし、ヨーロッパや中東諸国では先述のとおり宗教的背景をもっていたり貴族階級に限定したりすることから、日常生活においてお辞儀をすることが一般的でないことはいうまでもありません。

日本以外のアジア諸国でもう少し日常に根差したお辞儀が見られないでしょうか。韓国では男性の挨拶として握手を伴ったお辞儀をする場合が見受けられます。また、インドでは「ナマステ」の挨拶とともに軽くお辞儀をする動作が見られますが、日常的に頻繁にお辞儀をする国としてはタイが挙げられます。タイのお辞儀はＷａｉと呼ばれ、両手のひらを胸の近くで合わせてお辞儀をするものであり、温かく魅力的な動作です。両手を合わせる位置の違いは相手への敬意の度合いによって変わります。

タイのお辞儀Ｗａｉは3種類あります。もっとも高い敬意を表すのは仏さまや僧侶への敬礼としての姿勢の低いお辞儀で、両手の手のひらを顔の前で合わせ、人差し指を額の前で髪にもっていき、親指は鼻先に触

日常的に見られるタイのお辞儀“Wai”

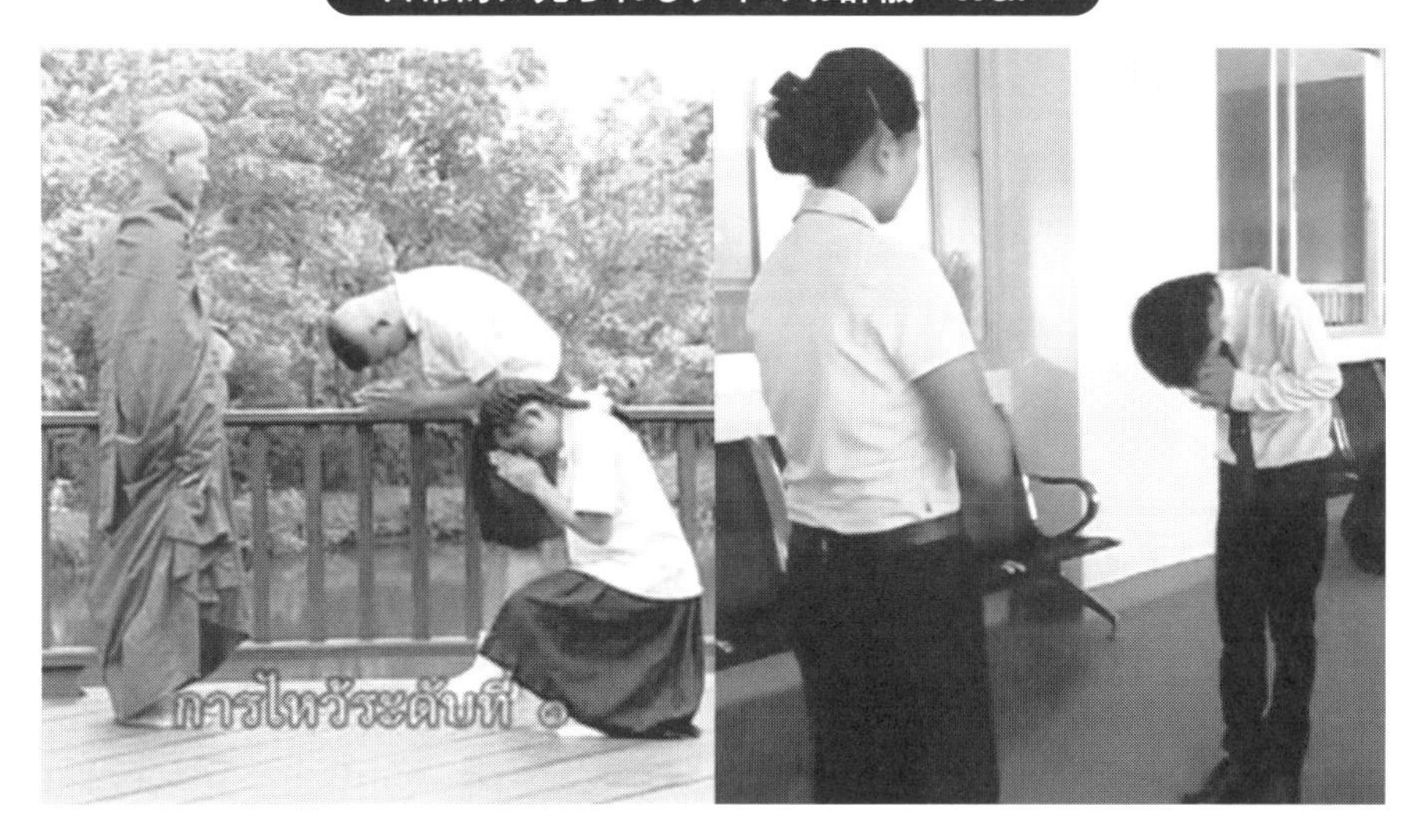

3種類のタイお辞儀（左から敬意の高い順）

れるようにします。次いで、目上の人や高い地位にある人へ敬意を払うときには少し浅めのお辞儀になり、両手を顔の前にもっていき人差し指が眉間に接するまで頭を下げます。ごく日常的に敬意を払う場合は、手を鼻先に触れる位置にもっていき、頭だけでお辞儀をします。

タイのお辞儀Ｗａｉについて３つの異なる教育環境に置かれた学生たちを被験者とし、Ｗａｉの動作の違いに着目しました。３つの異なる教育環境とは「タイで教育を受けた学生群」「日本文化に触れた日本在住のタイの学生」「日本人学生」であり、性別の違いが動作に及ぼす影響についても調査しました。

「タイで教育を受けた学生群」とはタイでクラシックやミュージカルを学ぶ芸術系の学生群（ＴＣＭ－ＴＭＭ群とします）であり、「日本文化に触れた日本在住のタイの学生」とはタイから日本に留学している学生群（ＴＪＭ群とします）であり、日本人学生（ＪＰＭ群とします）です。女性はこれに倣い、「タイで教育を受けた学生群」をＴＣＦ群、「日本文化に触れた日本在住のタイの学生」をＴＪＰ群、日本人学生をＪＰＦ群としました。

ここでは首の角度について取り上げます。男性のＴＣＭ－ＴＭＭ群ではＷａｉを行うとき手を合わせ、首から屈曲します。その際の角度分布は90度以上、120度未満に集中していました。一方、ＴＪＭ群とＪＰＭ群は似通っており、日本式のお辞儀に近い動作となっています。特に日本人学生のみならずタイ人留学生にも、日本式お辞儀のように首を曲げず腰から折り曲げる動作が見られたのは特徴的でした。

女性についてはＷａｉの動作の特徴を捉えられる人とそうでない人に違いが出たため、分布は各群を含めばらつきが出る結果となりました。女性のＷａｉは日本式お辞儀と明らかに違う難易度の高い特徴的な動作であることから、習熟、理解、実現が難しいことがわかります。ＴＣＦ群でもタイ人といえども角度にばらつきがあり、習熟、理解、実現が難しいことがわかります。

なお、このほかにも腰の角度、肘の角度、速度についても同様に検証しましたが、先述の首の角度での結果と同様に男性にはＴＣＭ－ＴＭＭ群とＴＪＭ群、Ｊ

PM群間に違いが見られ、一方、女性ではTCF群、TJF群、JPF群の各学生群間でばらつきが出る結果となりました。

このように教育環境の違いが背中の屈曲速度やその角度、また首の屈曲角度に影響を与える可能性が高そうです。

タイの学生によるお辞儀（男・女）

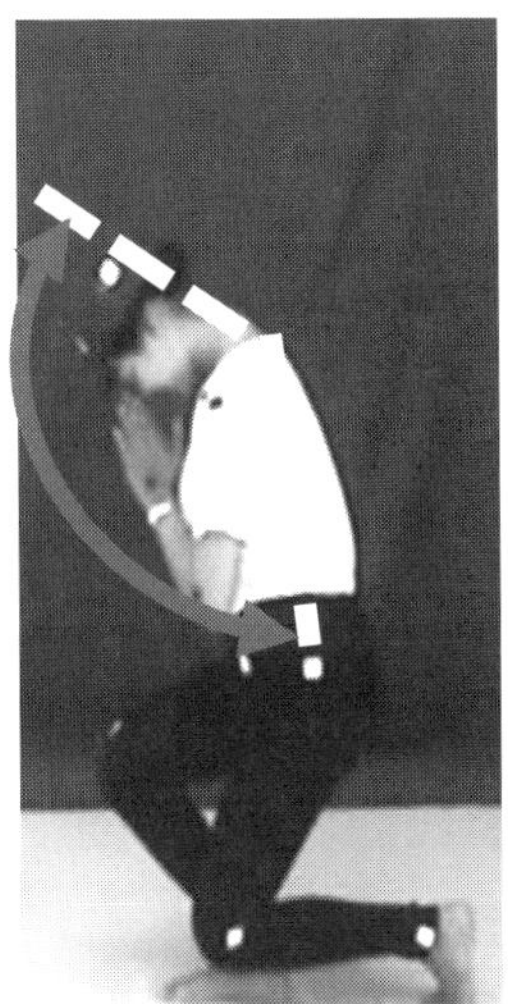

タイお辞儀の首の角度分布（男・女）

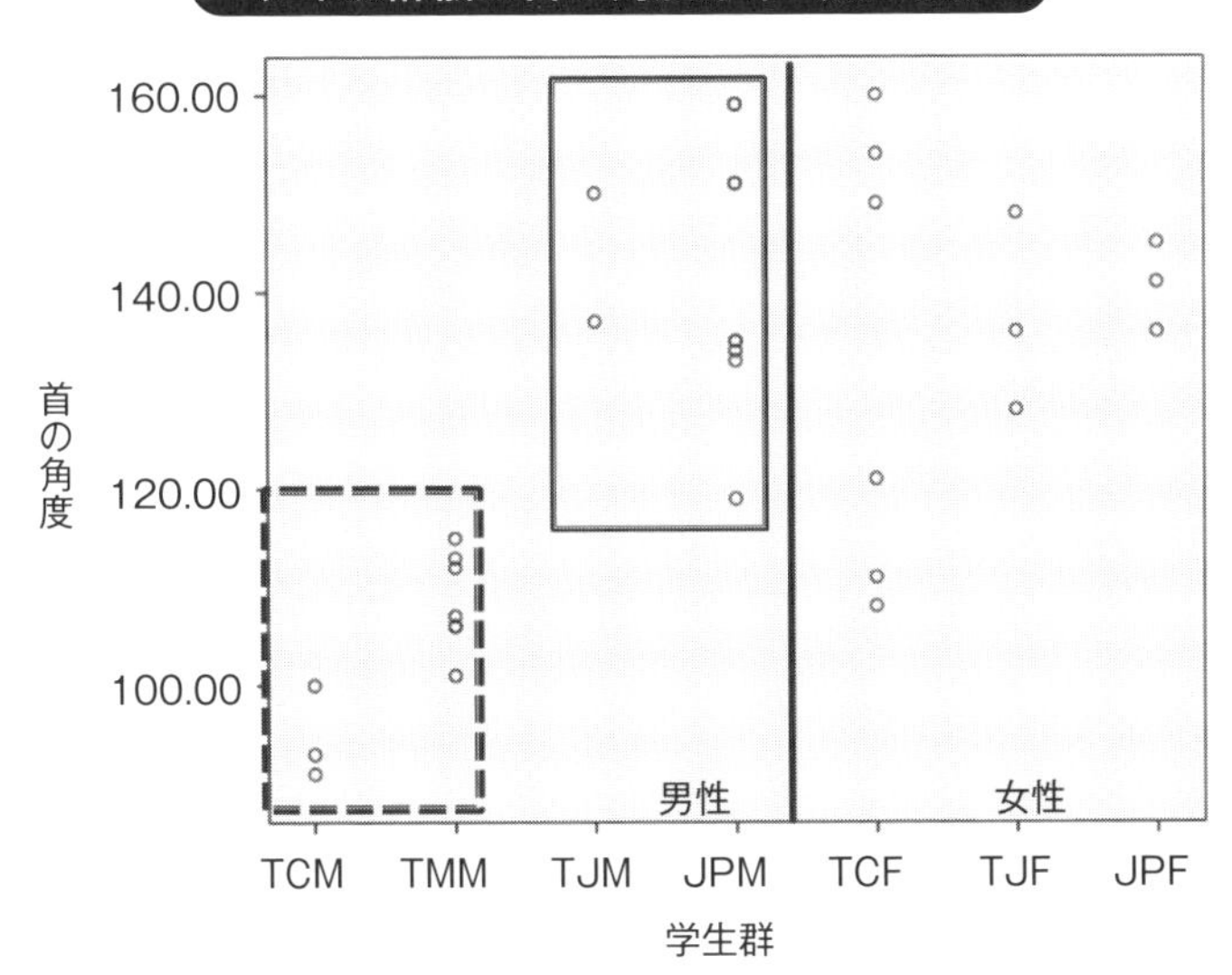

24 祇園囃子の太鼓の叩き方のコツ

日本三大祭りに数えられる「祇園祭」は、869年（貞観11年）に、当時京都で流行した伝染病を鎮めるために始められたといわれています。応仁の乱で京都市内は荒廃し一時的に中断しましたが、経済力をつけた町衆の力によって復活することになりました。装飾を施された山鉾が巡行する形になったのも、また、祇園囃子と呼ばれるお囃子の原形ができたのもこの頃といわれています。現在山鉾巡行を行っている33基の山や鉾のうち祇園囃子を演奏している山鉾は12基です。

祇園囃子は山鉾ごとにお囃子の曲目が異なり、様々な曲目が各町内の子弟やその地縁者の中で継承されてきました。祇園囃子は太鼓と笛と鉦（かね）の3種類の楽器で構成され、太鼓はリズムを刻んで曲をリードし、笛と鉦が曲のメロディを奏でます。10歳前後から囃子方になり、曲目を覚えるために鉦方を10年以上担当した後、太鼓や笛の楽器を演奏していくのが一般的です。

市街地人口や地縁者の減少などもあり、それぞれの町内では後継者確保が重要となっています。祇園囃子には簡単な譜面はありますが、各町内でその書式などが異なり、また、どのように身体を使って音を奏でるかについては明記された書物はほとんどありません。太鼓方は先輩たちのバチさばきを目で覚えて、リズムや太鼓を打つ強弱、バチを振り上げる大きさを体に染み込ませていきます。祇園囃子の太鼓方の演奏スキル伝承のためには、実際の演奏曲を打叩している動作の分析が必要です。

そこで、山鉾の一つである函谷鉾（かんこぼこ）の保存会および函谷鉾囃子方の協力を得て、熟練者と非熟練者との太鼓の打ち方についての動作解析を行いました。太鼓方の頭部と左右の肩、上腕、肘、前腕、手首、脚の付け根

太鼓打叩時（右手）のバチの動き

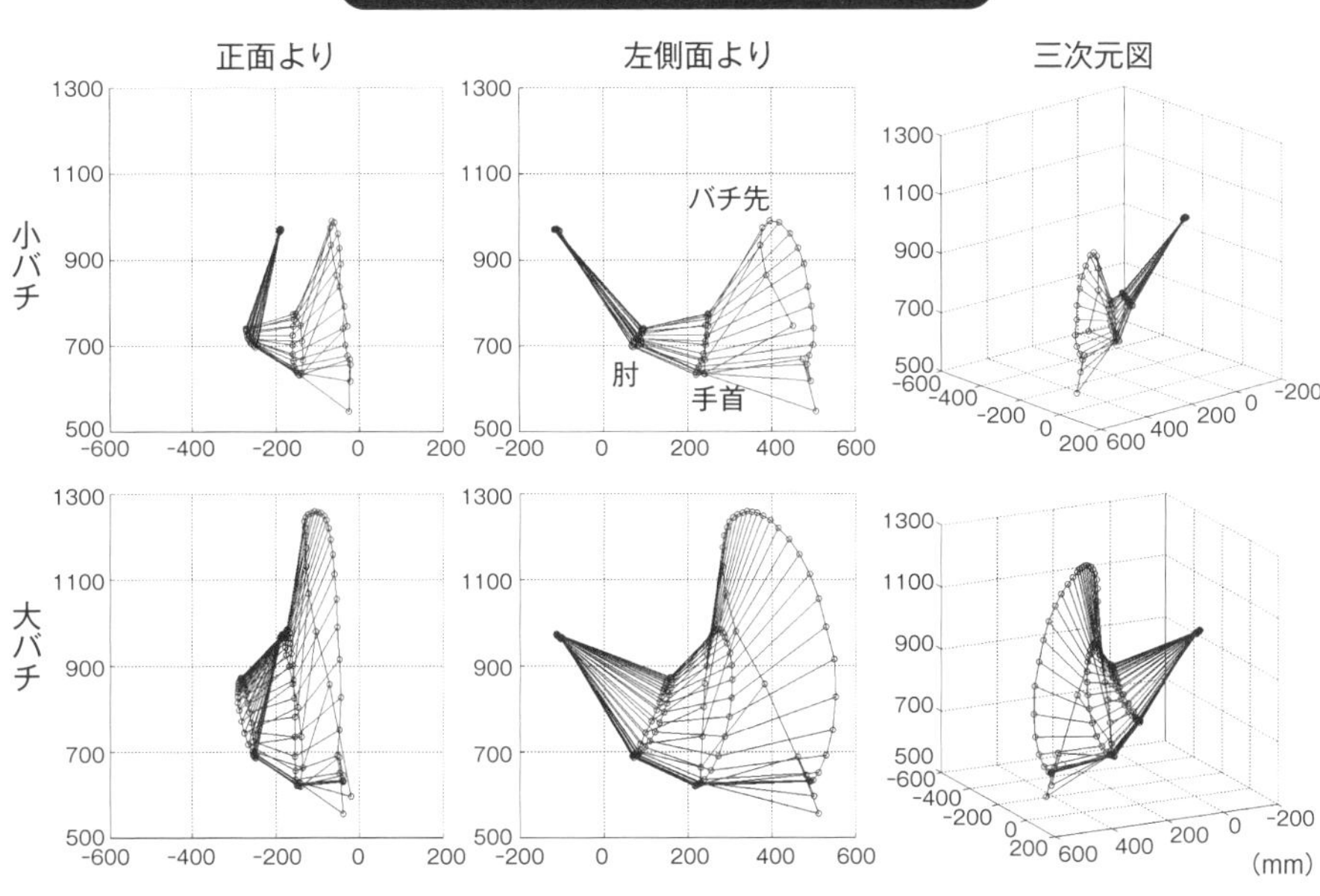

の計17カ所のほか、バチに4カ所ずつ、太鼓3カ所にマーカーを取り付け、6台の赤外線カメラで撮影し、6人の身体の動きを解析しました。函谷鉾の囃子の中で一般的であり、太鼓のバチさばきの基本動作が全て含まれている「若葉」という曲目を題材としました。

太鼓の叩き方には、バチ先を肩より高く振り上げる「大バチ」、太鼓面より拳2つ程度まで上げる「小バチ」、そしてその中間の「中バチ」の3種類の叩き方があるとされています。そのうちの小バチと大バチのスティックピクチャー図から、小バチも大バチもバチ先の軌跡は弧を描いており、直線的な動きではないことがわかります。また、小バチは肘と手首を中心とした動作に対して、大バチでは肩から大きく動かしています。

「若葉」には小バチが45打、中バチが20打、大バチが13打あり、太鼓を打つ時刻を基準にしてバチ先の高さ（z座標）を重ね合わせると、大バチや中バチには太鼓面を打つ1秒以上前からバチを大きく振り上げている試行が多く見られました。祇園祭の山鉾巡行では、鉾の上で演奏する太鼓方の姿を観衆は下から見上げる形になります。さらに太鼓方の周りには絢爛豪華な装

太鼓を打つ時刻とバチ先高さの関係

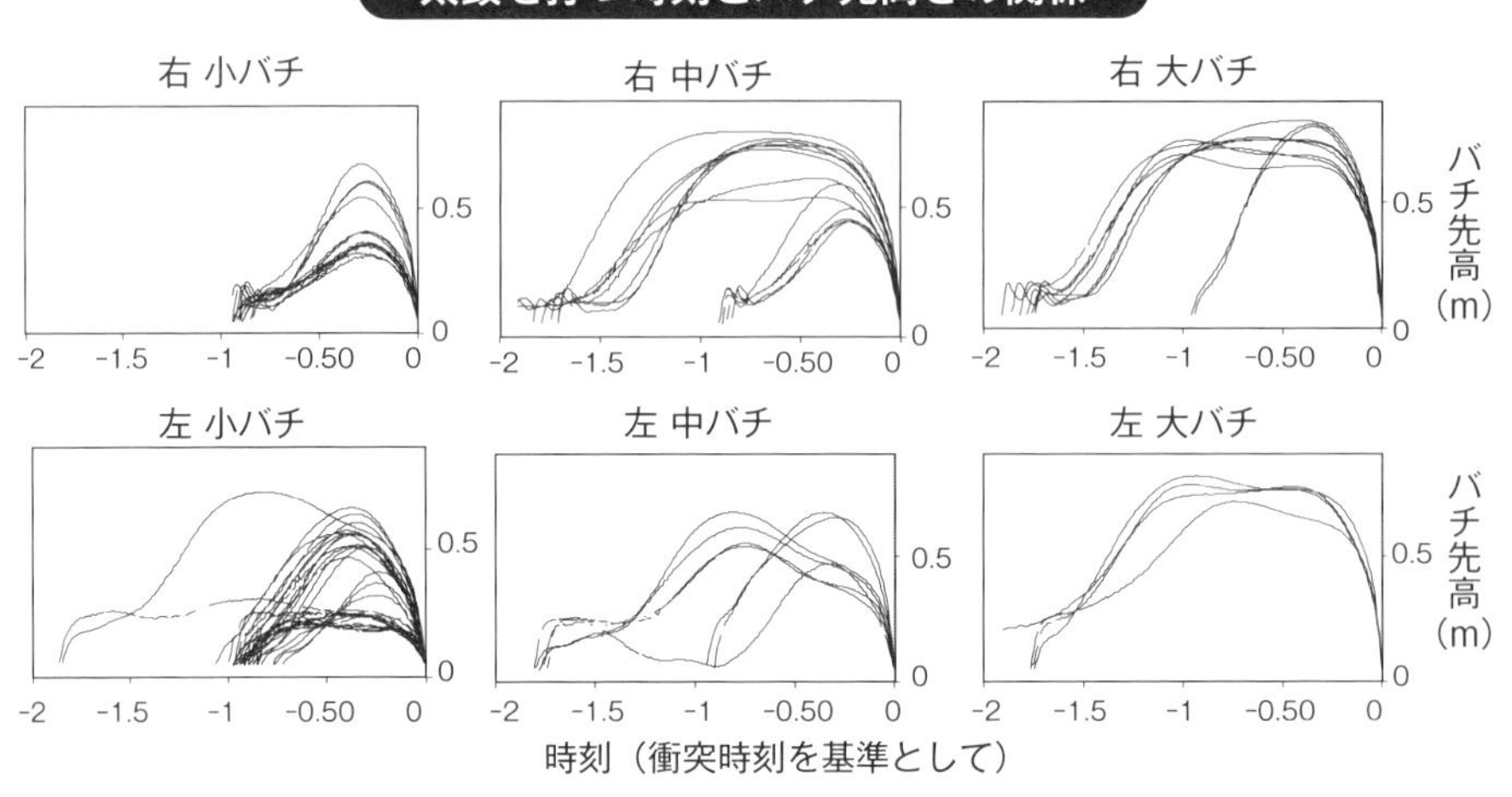

飾などがあり、大きな動きをしなければ観衆の目に届きません。祭り囃子は耳で聴かせるだけでなく、囃子方の所作を見せることも重要な要素であるといえます。そのために、しっかりと腕を上げ、メリハリをつけた動作を見せつつ、太鼓と笛と鉦の協調的なハーモニーを奏でるために稽古を繰り返しています。

中バチや小バチの中にも高く上げる叩き方や低い叩き方があることがわかります。このことが技能を口伝で伝承する難しさの一要因となっているのでしょう。

囃子方にはそれぞれ叩き方に違いがあり、個性があるのも特徴です。振り上げの高さと太鼓面衝突速度のばらつきを計算すると、右手の中バチと左手の小バチで非常に大きな変動がみられました。この技術の習得が一つのカギになりそうです。

太鼓を打つ直前の手首の動きを調べると、太鼓歴の浅い囃子方は、手首の角速度が急激に上昇するタイミングが早いことがわかりました。すなわち、ベテランは手首を使うのがバチが太鼓に当たる直前ということになり、手首を保った状態から一気に開放して少ない力で大きなスピードを得ていると推察されます。

第5章

現代工業での
匠の動作

25 普通旋盤加工のチャッキングのコツ

普通旋盤での技能の修得はとても重要ですが、技能の伝承は非常に困難であり、これまでも様々な試みが行われてきましたが今なお試行錯誤が続いています。この伝承が困難である要因の一つは、重要なコツ（ポイント）を熟練者自身が必ずしも意識して行っていないものが多くあるからです。しかし、熟練者はそれらのコツを用いて様々な状況に応じて最適解を瞬時に導き対応しているのです。

ここでは、普通旋盤の加工のコツにおける被削材のチャッキング（締付け）に着目します。これまで旋盤加工についての様々な技能の伝承は試みられていますが、チャッキングの伝承についてはほとんどみられません。なぜなら、チャックハンドルでしっかりと締め付ければ目的を達成し、加工図面に指定されている形状・寸法・面粗度には影響がほとんどないからです。

しかしながら、実際、熟練者へのヒアリングにおいては「素材に応じた適切な固定力が必要」と多くの職人は考えています。

なぜなら、高速回転で旋削することで時間の短縮（コストダウン）をすることができますが、被削材には大きな力が加わるので、より大きな力で締付けなければならないからです。

旋盤工歴71年の匠のものづくりのコツを紹介します。80歳を超えても現役の匠は30年前と比べ筋力的には低下しているものの、その手から生まれる製品は今も揺るがぬ品質を保っています。

匠であるこの熟練者と非熟練者の身体の21カ所に赤外線反射マーカーを取り付け、赤外線動作解析装置を用いて身体部位の動きを解析しました。その結果、匠は加工工程に応じて3つのチャッキングスタイル（タ

匠のチャッキング姿勢

赤外線反射マーカーによる身体部位

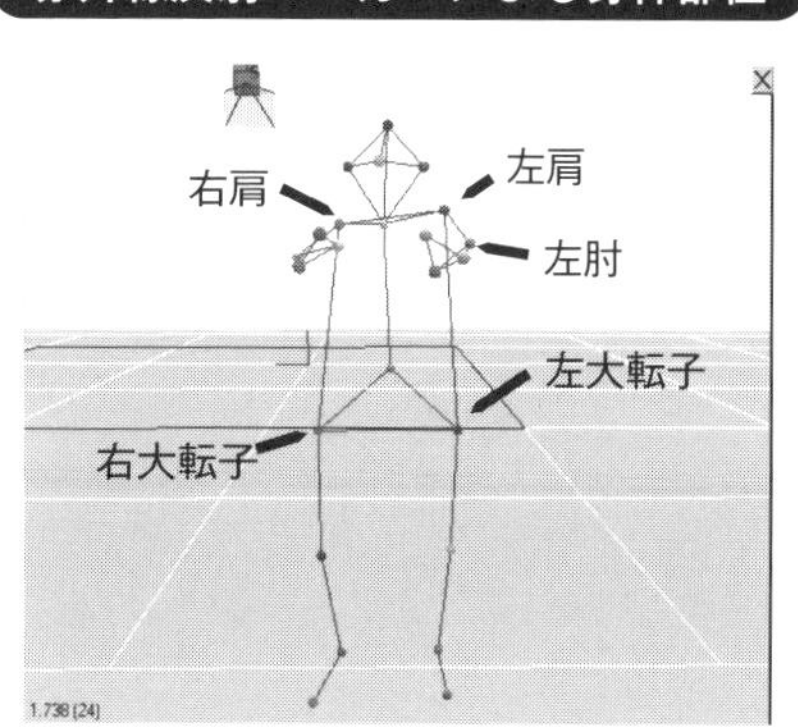

頭上からの視野における部位変位

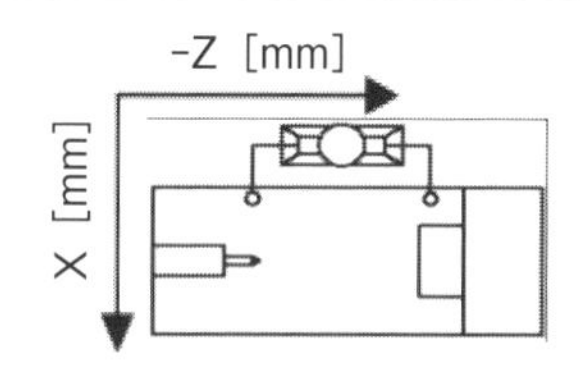

(a) 旋盤と被験者の位置関係の模式図

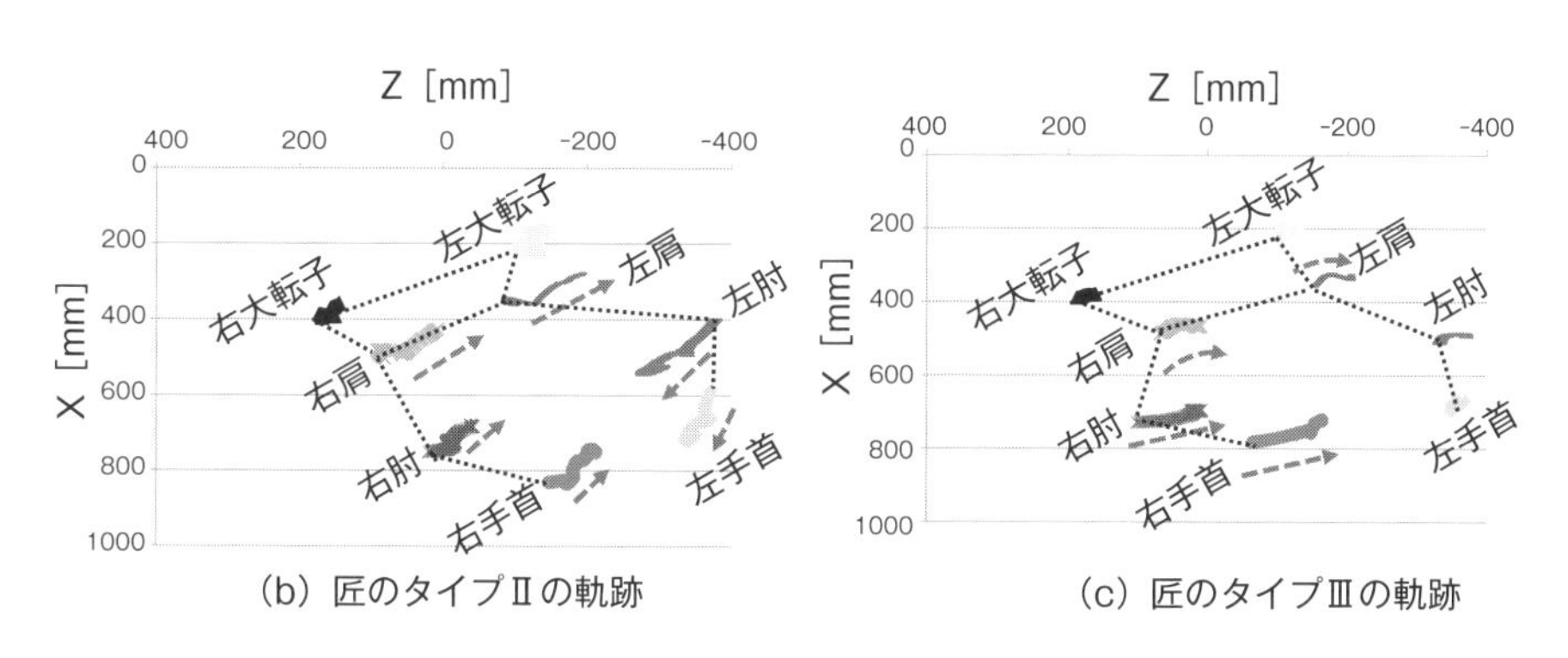

(b) 匠のタイプⅡの軌跡

(c) 匠のタイプⅢの軌跡

イプⅠ～Ⅲ）を使いこなしていることがわかりました。

タイプⅡとⅢではスタンス（左右の大転子マーカーの位置により腰の向きなどがわかります）は同じでも、ひねり方（移動量）と肘の使い方がいずれも異なることがわかります。具体的には、タイプⅡでは、腰はほとんど動かさず身体（肩）を左にねじりながら右肘を引き、左肘は腰や肩の動きと反対方向に肘を伸ばすような動きでハンドルを押して締めつけています。一方、タイプⅢでは、左手首および左肘はほとんど動かさず、右の腰を中心に肩・肘・手首の全体を回転させるようにハンドルを回しています。

また、タイプⅡの動きにおける肘の動きは、左肘は約1秒間はほとんど加速度的変化はなく、一方、右肘は約0・35秒後に瞬間的に加速度が大きくなる動きをしています。このことから、右肘より左肘の方が大きな移動量であるけれども、右肘を素早く引くことで締付けていることがわかります。

さらに、タイプⅡにおける左右の上肢（橈側手根屈筋、腕橈骨筋、上腕二頭筋、上腕三頭筋と三角筋）8箇所に取り付けた筋電計からの波形から、匠はチャックを締める際、右上腕二頭筋および三頭筋を使っていますが、左の上腕二頭筋などは使わず、三角筋（肩）を使っています。こうしたことから、右肘を引き、他方、左は肩から肘を伸ばすように押していることがわかります。また、チャックハンドルを握るための橈側手根屈筋、腕橈骨筋は左右ともハンドルを回転させる瞬間、上腕二頭筋および三頭筋と同じタイミングであり、無駄な活動をしていないことが伺えます。

すなわち、高齢な匠が若者と同様の締付け力を発揮することができるのは、必要な筋肉のみに瞬間的に力を加えることで負担の少ない作業へと変換しているからだと考えられます。

このように匠は、旋盤に対する立ち位置や、足、腰、肩、肘、手首の使い方を変化させ、重心移動など体重移動を伴った筋肉の瞬間的緊張をコントロールしていました。こうすることで、身体的負担が少なく偏差の少ない一定の締付け力を適宜変化させていたのです。その結果、被削材をしっかり締め付けながらも、チャッキングによる傷などの痕を残さない締付けに繋がっていることがわかりました。

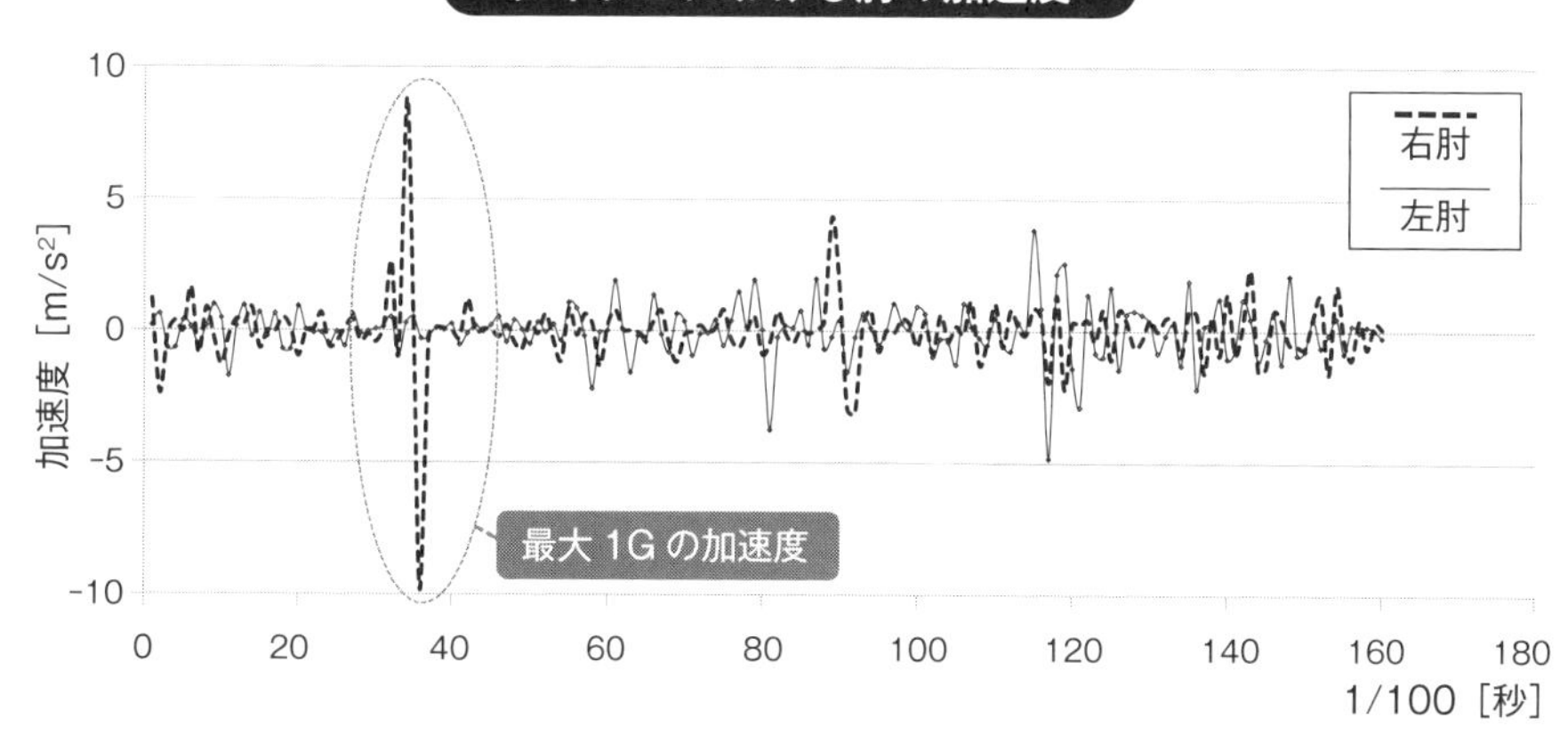
タイプⅡにおける肘の加速度
加速度［m/s^2］
10
5
0
-5
-10
右肘
左肘
最大 1G の加速度
0 20 40 60 80 100 120 140 160 180
1/100［秒］

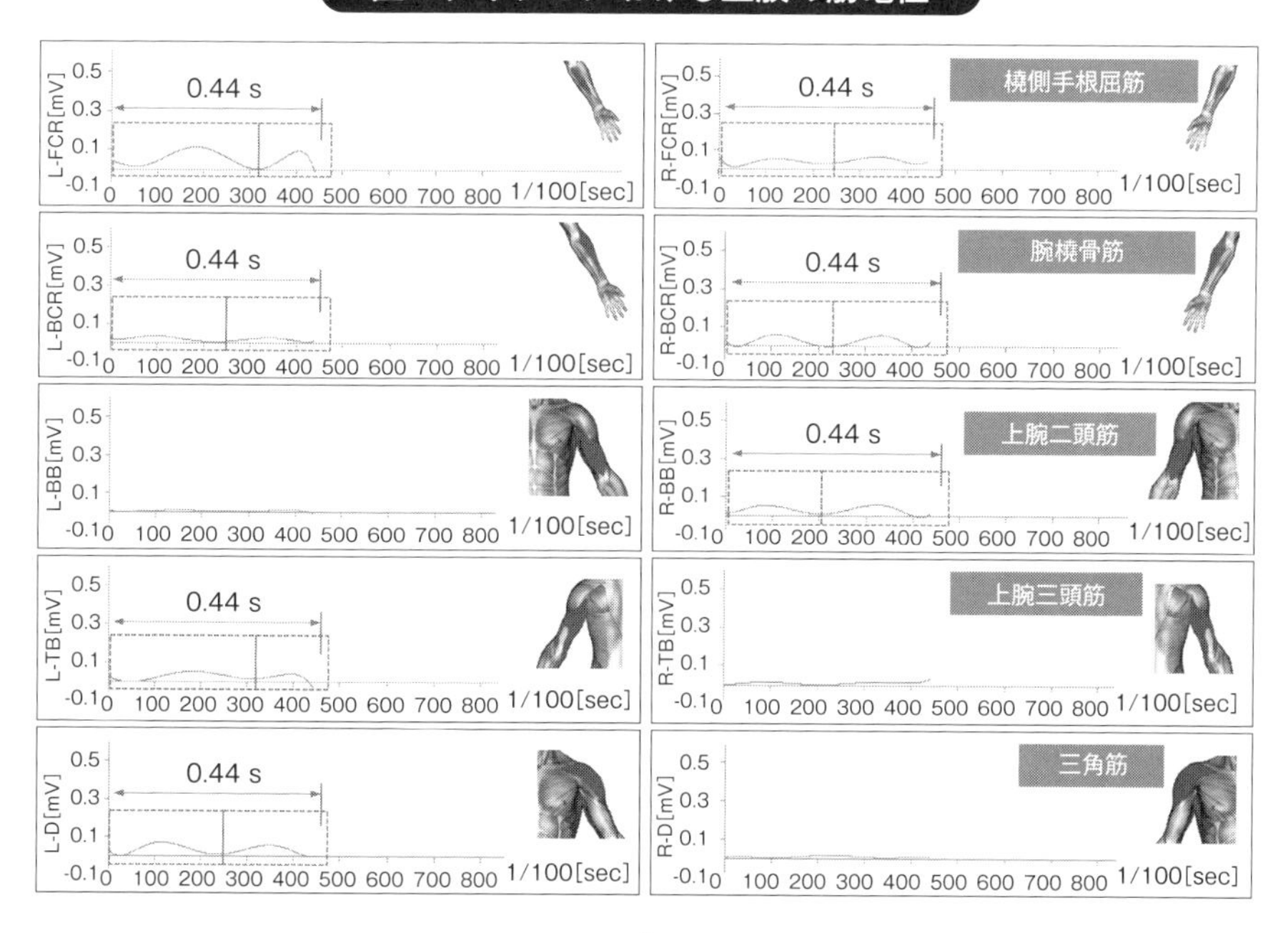
匠のタイプⅡにおける上肢の筋電位
L-FCR[mV]
R-FCR[mV]
橈側手根屈筋
L-BCR[mV]
R-BCR[mV]
腕橈骨筋
L-BB[mV]
R-BB[mV]
上腕二頭筋
L-TB[mV]
R-TB[mV]
上腕三頭筋
L-D[mV]
R-D[mV]
三角筋
0.44 s
0.5
0.3
0.1
-0.1
0 100 200 300 400 500 600 700 800
1/100[sec]

26 見えないバリを取れば超精密部品完成

機械加工は、工作機械による切削・旋削・研磨・放電を主とした加工であり、要求される精度・形状を保証する重要な工程です。しかし、加工後には状況に応じ「バリ」と呼ばれる生成物が形成されることがあります。一般に金属加工では、刃具（ドリル、エンドミル、バイトなど）を用いての切削、砥石による研削、電極と加工部品の間に高電圧をかける放電加工を行います。バリとは、これらの加工により、変形したり、引きちぎられたり、溶け出したりして生成される機能的な欠陥をもたらす不要な微細突起のことを示します。

バリは様々な不具合の原因となります。例えば、加工基準面にバリが生じると次工程の精度確保が困難となったり、組立部品にバリが生じると密着しない部分が生じたりします。また安全面では、バリは硬く鋭利であるため指の切創などの原因となることがあります。よって、バリを発生させない加工を行うことが理想ですが、現時点においてバリ発生なしでの加工は非常に困難であるといわれています。

たいていの場合、このバリを除去する工程が必要です。そのためには、工作機械や専用設備を用いて除去する機械的な方法と、人の手により除去する方法があります。機械的なバリ処理としては、部品の大きさ・形状・硬さなどにより物理的・化学的・電気的な方法から最適な手段を選んでバリ除去を行います。人的なバリ処理としては、バリ処理用のツール（ナイフ、ヤスリ、砥石など）を用いて物理的に除去します。

金属加工の中でも超精密部品加工にはミクロンオーダーの加工ができる精密な工作機械が用いられますが、形成されるバリも目に見えないほどの極めて小さなものとなります。超精密部品に要求される精度や要

機械加工によって発生するバリのいろいろ

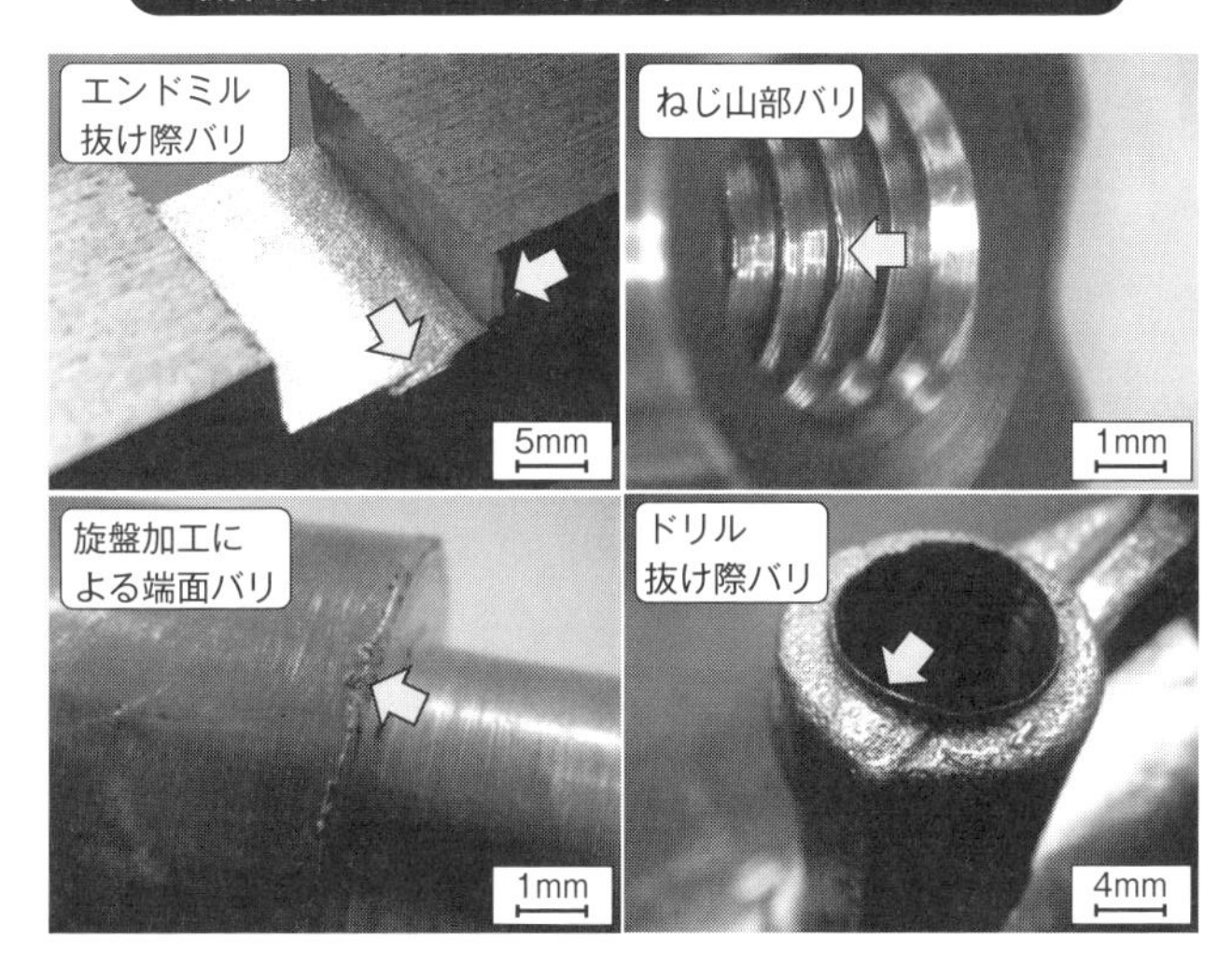

切削時のバリ生成プロセス

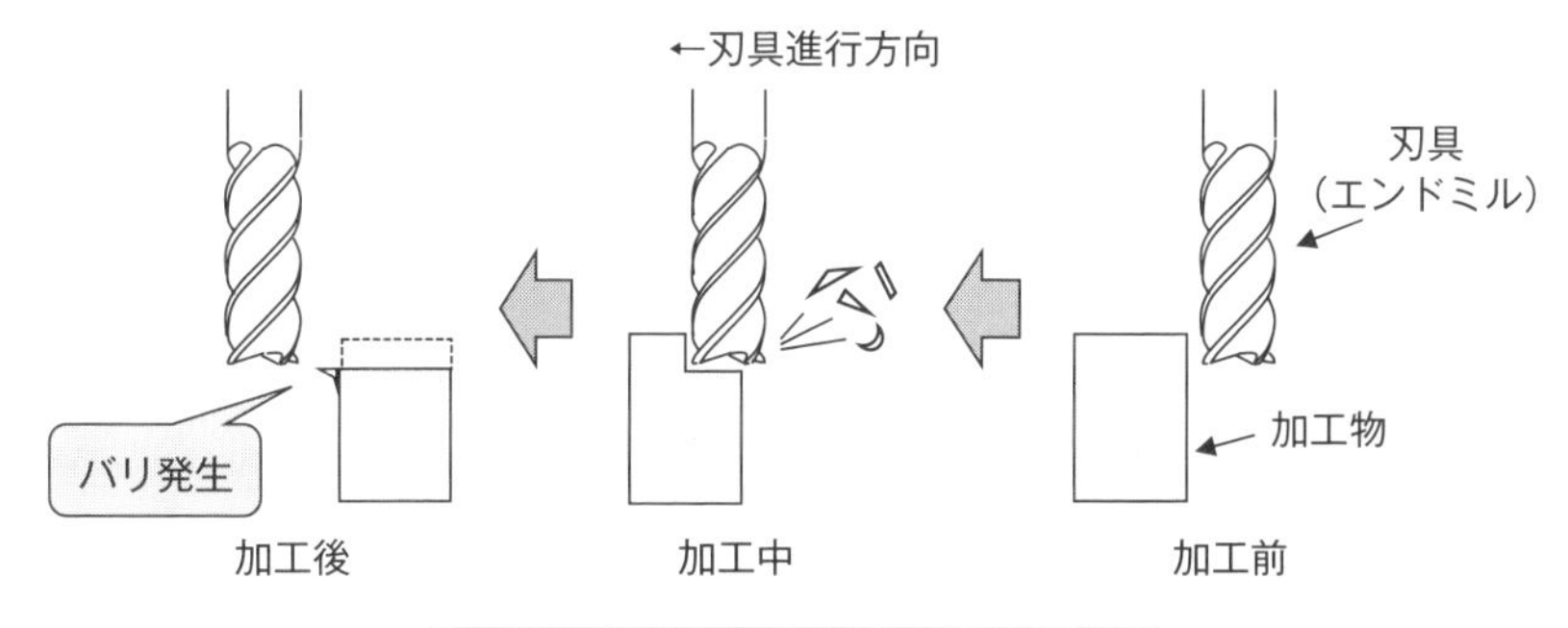

バリ発生における不具合事例

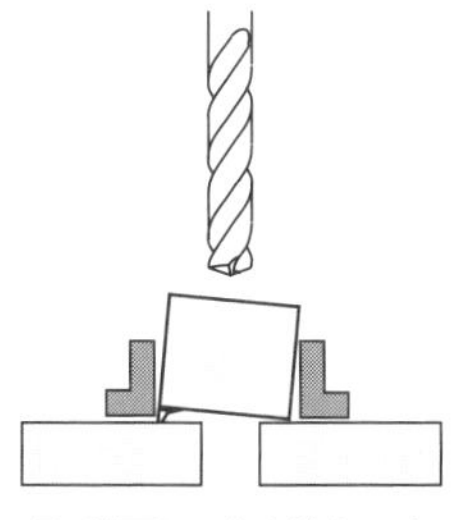

取付面にバリがあると
加工物が斜めになり
加工精度が出ません。

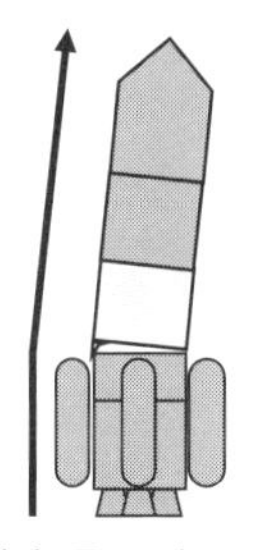

組立部品はバリによる
隙間ができて、組立精度を
確保できません。

指を切創することが
あります。

求事項などにより機械的なバリ処理ができないことが多く、人の手によって処理する必要があります。この見えない大きさのバリ処理は大変難しく、均一なバリ処理外観、バリ処理ツールの力の制御、再現性のある動作制御が必要となり、熟練した匠の技が要求されます。この技術は伝授するマニュアルは存在せず、経験を重ねるしか方法がありませんでした。

このバリ処理作業を伝承する教育ツールを作成するため、匠の技をもつ作業者（熟練者）とそうでない作業者（非熟練者）の間で作業内容にどんな相違点があるのか調査・解析してきました。作業時の眼球運動解析、作業の動作解析などによる両者の違いを定量的に比較すると、熟練者は非熟練者と比べて、より効率的なバリ処理を行っていることが明確になっています。ここでは、バリを処理するためのツールを把持する力を解析した結果を例に挙げ紹介します。

バリ処理ツールを右手に、バリ処理を行う部品を左手に持ちバリを除去する作業者の右手の親指・人差指・中指に把持力計測装置を着け、バリ処理ツールを把持する3指にかかる力（把持力）の時間ごとの変化を計測しました。熟練者の作業は「外形バリ処理作業時」は1.0〜1.2秒、「上面溝バリ処理」「側面連続溝バリ処理」作業時は0.4〜0.5秒の周期で一定の往復運動を繰り返し、かつ一定の把持力でバリ処理を行っているのに対し、非熟練者は規則性・周期性がなく、把持力においても強弱の変動が大きい状態でバリ処理を行っていることが示されました。

今回の結果を熟練者へヒアリングすると、周期的な動作ができることがバリを処理するのに適したツールが選定された目安であることが確認できました。また、熟練者の3指の把持力は親指→中指→人差し指の順に把持力が高く、バランスが取れていることが読み取れますが、非熟練者は3指の把持力バランスは悪く、中指においてはほとんど使われていないことが明らかとなりました

今回の把持力測定結果をはじめ、さまざまな熟練者作業に内在する「暗黙知」を定量化し、バリ処理作業に必要な「匠の技」の形式知化を進めることで、匠作業者の育成や精密部品製作の役に立つこととなるでしょう。

バリ処理作業

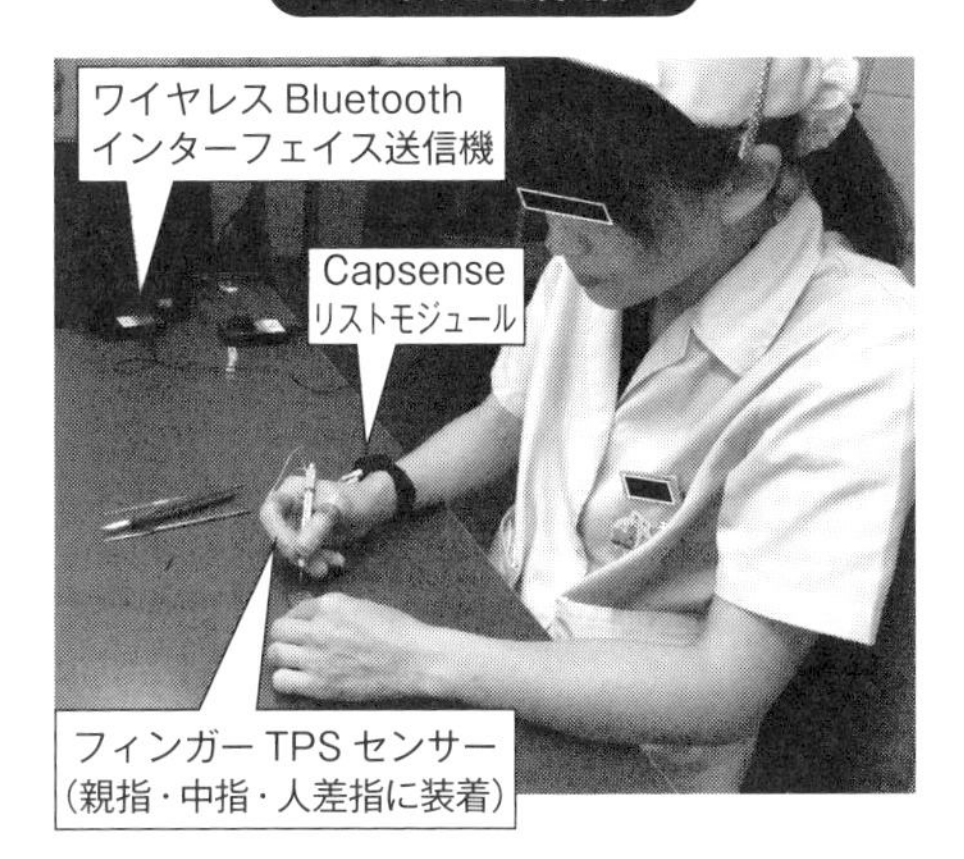

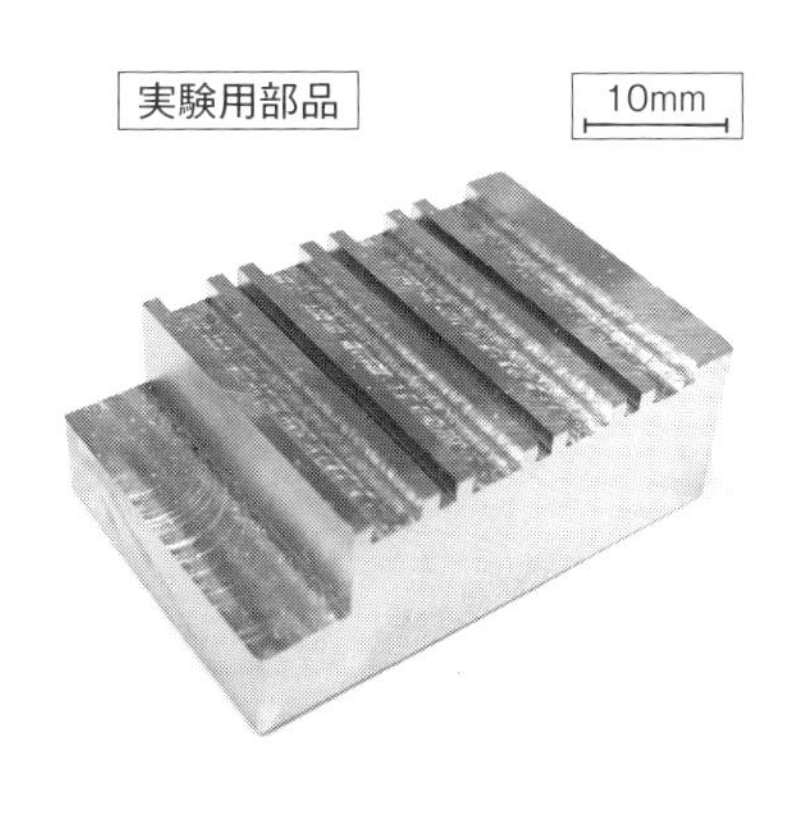

バリ処理作業時の把持力の推移

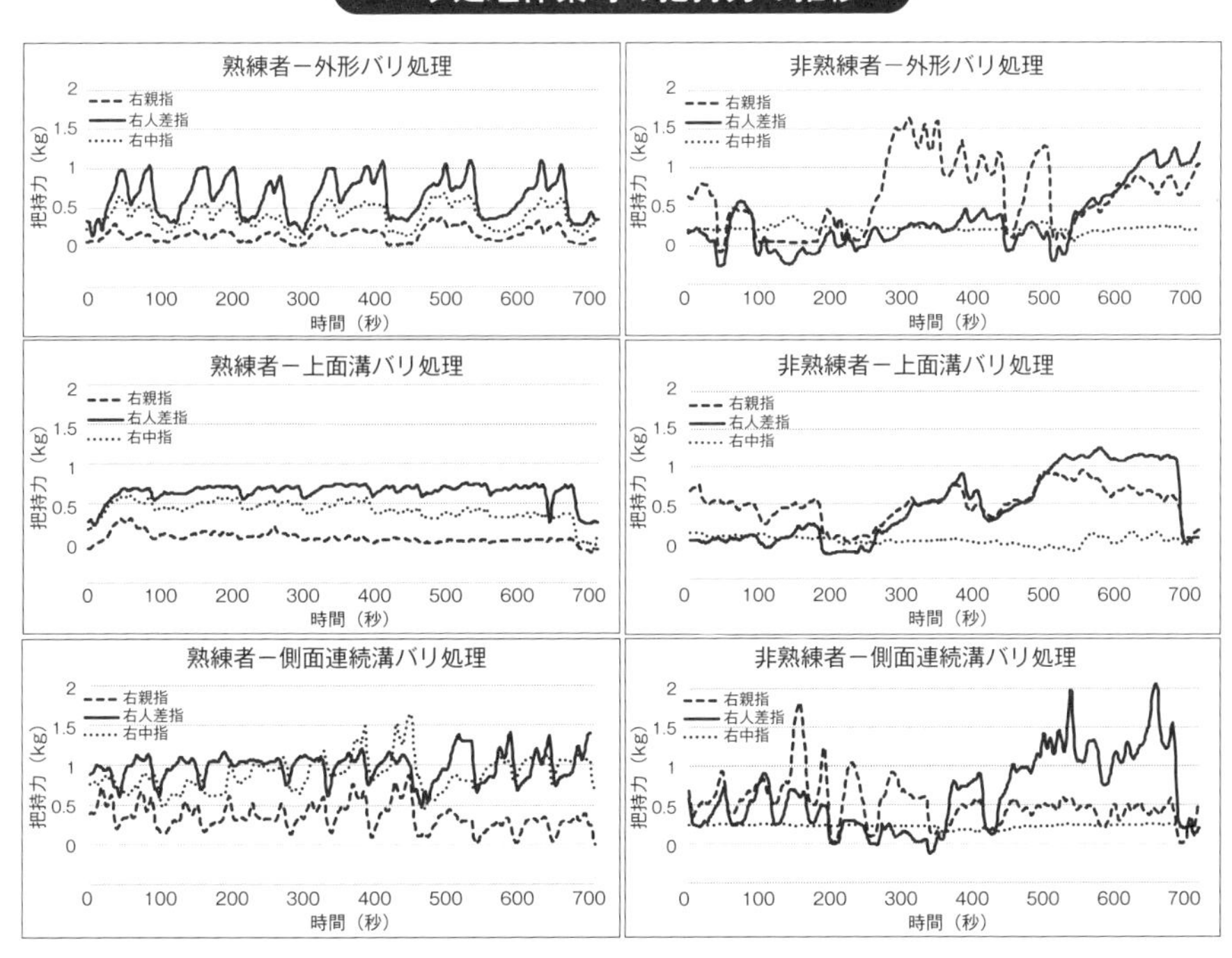

27 0.01㎜の精度を実現する鍛造型の磨き作業

鍛造加工の歴史は古く、鋏がその一例となります。金槌で粗鋼を鍛え、形を整えて製品とします。ボルト（ねじ）も鍛造加工で作られる身近な工業製品の一つです。工業製品は数秒に1個というスピードで部品を作る必要があります。そのため、型には部品の形が彫り込まれ、そこに大きな機械の力で材料を流し込むことで欲しい形を転写して部品を瞬時に作ります。型で作られる部品は一般的に±0.1㎜の寸法精度で作られることから、型は±0.01㎜というより高い精度が求められています。

鍛造では大きな力で金属材料を加工します。そのため、型も同じように力を受け、焼き付いたり傷付いたりして部品品質を守れなくなります。この状態を「型寿命」といいます。

型寿命を伸ばす一つの手段として、型に掛かる力を小さくする方法があります。部品の形を作る部分（製品部）を構成する面は、機械加工のままでは加工痕が残り、凹凸の粗い状態になっています。この面を鏡のように磨き上げ、材料を滑らかに流すようにします。多くは手作業で行われています。鍛造型を作る材料が硬いことと、大変に細かい面粗さが求められるため、機械加工では難しいのです。

型磨きは型製造の最後に行われます。幾種類もの加工機が使われる型造りの中で、職人が手で型に直接触れる数少ない工程となります。

型磨きの技能は大きく分けて二つあります。一つは、磨く対象に適した磨きの順番（工程）を設計する力。もう一つは、磨き作業そのものの技量です。磨きが必要となる部分は幾つもの面で構成されるため、磨く順番によって微妙に寸法や形状が変わります。磨き作業

鍛造加工と鍛造型

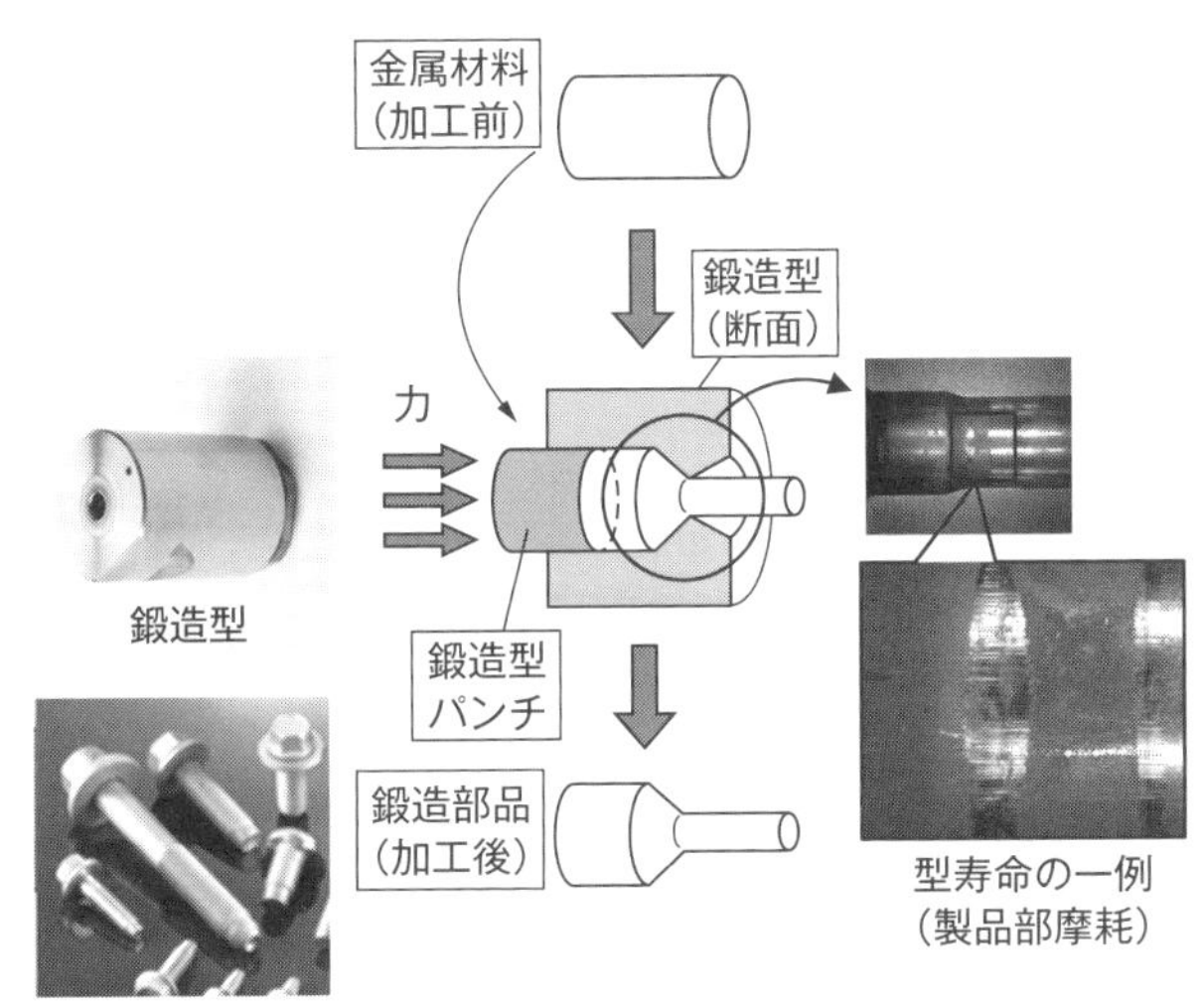

鍛造型の製造工程の一例

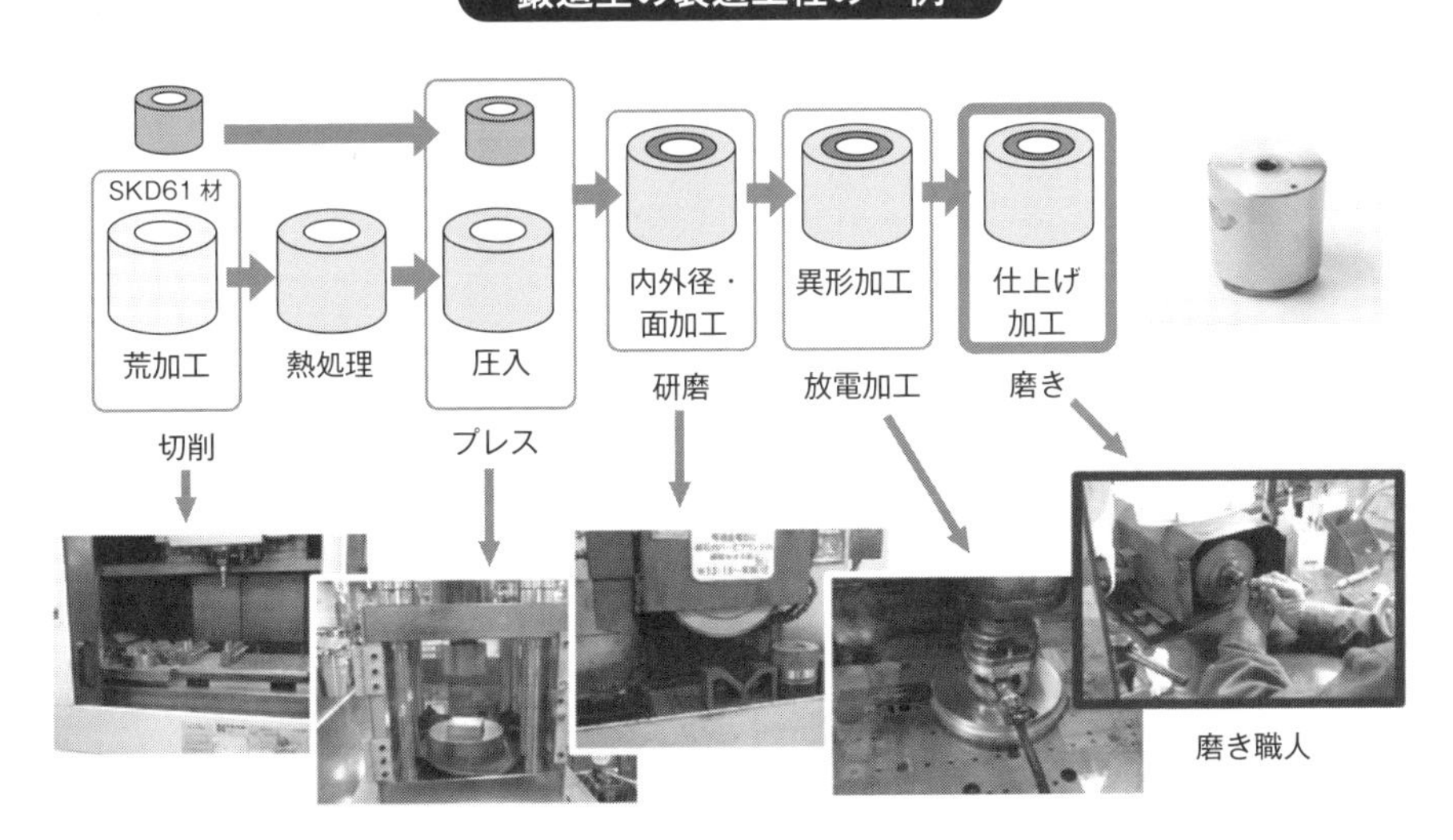

では、ダイヤモンドなどでできた細かな粒をペースト に混ぜ込んだ遊離砥粒を用います。また、目的や砥粒に適した種々の磨き工具を用いることから、これら道具の選定も含めた工程設計能力が求められます。磨き作業では、工程設計に従った品質と作業時間を何回でも実現、再現する技量を身に着ける必要があります。品質と時間が繰返し再現できることで、工業製品の生産で重要な計画性も確保できます。

熟練者と非熟練者による磨き作業の比較分析事例を紹介します。経験年数10年のベテラン男性、5年の中堅女性と1年未満の新人女性に同じ型を10回磨いてもらいました。

荒仕上げは400番砥粒とラッピングウッド、中仕上げでは600番と竹、最終仕上げでは2000番と綿を使います。砥粒の番号が大きいほど細かな粒になります。作業時間のバラツキは、ベテランに対し中堅が1.5倍、新人が4倍で、ベテランの繰返し精度の高さが際立っていました。

この結果から、個人の体格・体力差を除きたいと考えました。磨き作業中に型に負荷している力を測ると、荒・中仕上げでは顕著な差はありませんでしたが、最終仕上げではベテランの加工力は3倍から6倍でした。ところが、磨きで除去される単位体積に必要な力積、すなわち加工力に各々の作業時間を掛けた値を比較すると、最終仕上げで3名とも良い一致が見られました。

磨き作業は型に求められている0.01㎜という寸法精度の中で行われます。細かい砥粒を使う最終仕上げでは最大でも0.002㎜ほどの寸法変化となりますが、大きな砥粒を使う荒・中仕上げではちょっとした作業のバラツキが大きく寸法を狂わせる結果につながります。最終仕上げに向けた荒・中仕上げという準備作業の正確さが熟練者の特徴であることがわかってきました。

ベテランが長年の経験を通じて会得した作業にはムダやムリがありません。完成された作業を分析することで、一人前になるまでの近道を示せればと考えています。

鍛造型の磨き作業と使う工具

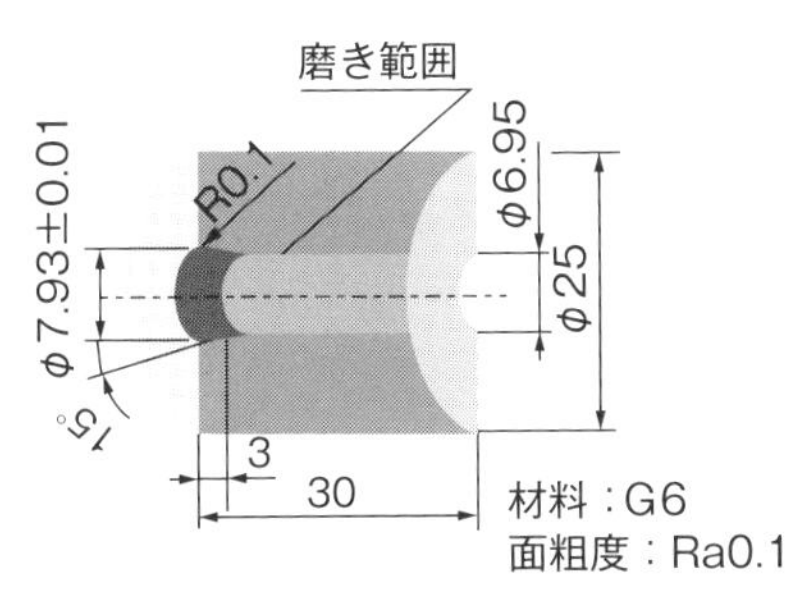

ラップモータ

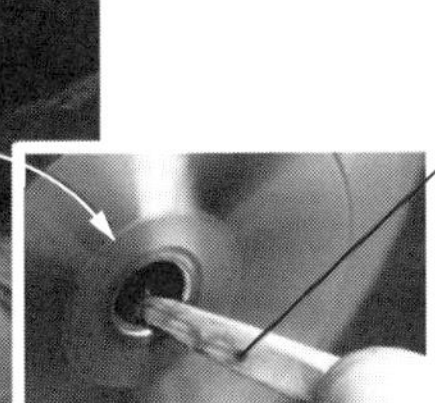

磨き工具

ラッピングウッド

竹串

綿

熟練者と非熟練者の磨き作業の分析例

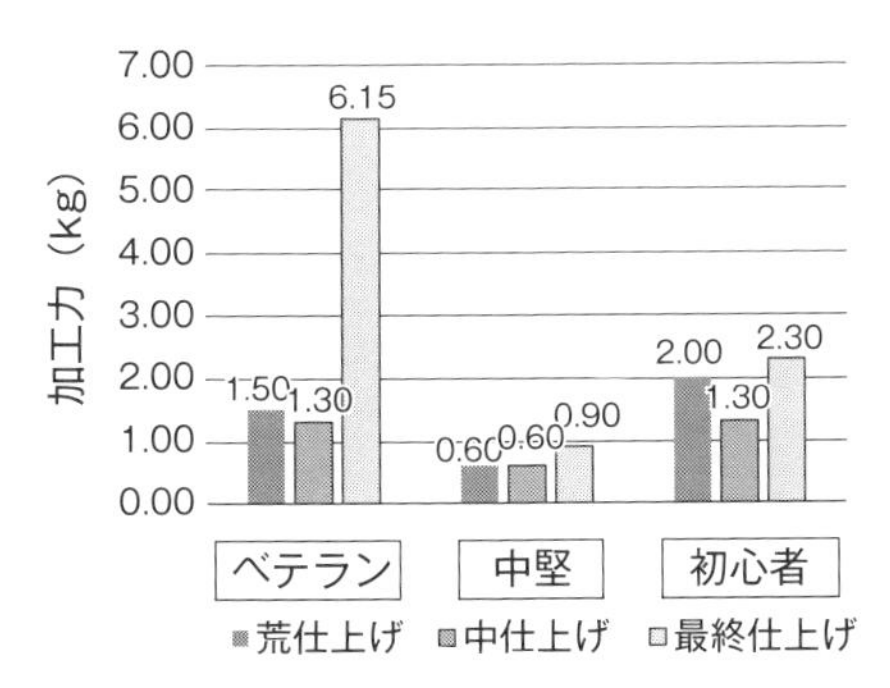

（a）磨き作業中に型に負荷している力の比較

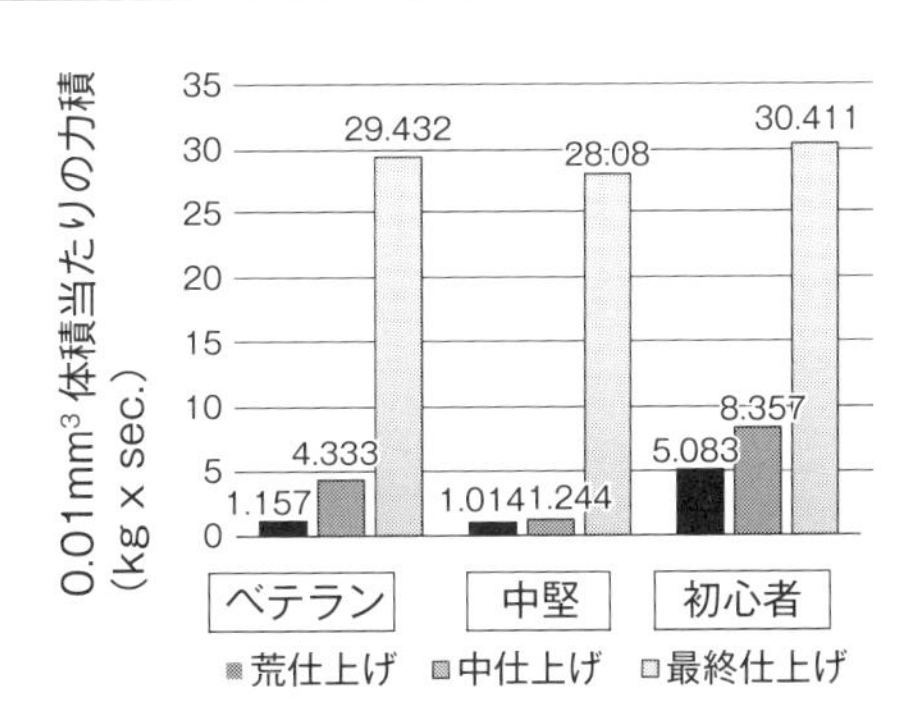

（b）単位除去体積当りの力積
（加工力と作業時間の積）の比較

28 金属試料の平坦な断面は指先に秘められた力加減から生まれる

金属熱処理とは、金属を加熱と冷却の組合せによって、製品の形を変えることなく材料の機械的性質を向上させることをいいます。金属熱処理は鉄・鋼の物理学・結晶学・冶金学的理論体系の充実とその工業製品への応用によって様々な機械部品から構造物での実用がなされてきました。

熱処理加工は原則として製品の形を変えないため、その出来具合は外観からは判断できません。そのため、金属部品が求める特性を備えることを証明するには顕微鏡で断面組織を確認することが必要となります。金属組織の状態を判断するためには、金属組織試料の準備から観察に至るまで熟練技能者の長年の経験で培った技や知見が必要となります。

内部の金属組織を的確に現出する際に最も高度な技能が要求される工程が「研磨」です。金属組織試料断面の研磨は、エポキシ樹脂に包埋した試料について、砥石で切断した断面が鏡面になるまで研磨剤を用いて仕上げる作業です。通常、炭化ケイ素の耐水研磨紙を用いて、砥粒の細かさを何段階にも変えながら平滑な断面を得る研磨工程の後、アルミナやダイヤモンド粉などによる琢磨を行い、微細な条痕を取り除いて鏡面状態に仕上げます。代表的な研磨粒度として、P120、P400、P800、P1200を用います。研磨粒度は番号が大きいほど研磨剤の粒が小さく、繊細な加工が可能となります。その後、5㎛、0.3㎛の順にアルミナやダイヤモンド粉の懸濁液を用います。㎛で示される数字は粉の粒径を示します。

試料研磨の最も一般的な方法が手研磨です。試料を指先で把持しながら耐水研磨紙が貼られた回転盤上で研磨するため、回転力に抵抗しながら平坦および平滑な仕上げ面を得る作業となり、特に熟練者と非熟練者の差が顕著となる工程です。包埋に使用されるエポキシ樹脂は、焼入れのマルテンサイト組織や窒化化合物組織よりも軟らかく、摩耗が早いのです。したがって、回転盤研磨面と試料の切断面が平行に保たれないと、たちまち切断面の平面性を失い、試料切断面の辺縁が淵ダレし、切断面の辺縁部、すなわち部品の表面付近の正確な顕微鏡検査が行えなくなります。一方、平坦および平滑に仕上げる技量さえあれば、一品一様の金属組織試料を顕微鏡検査に耐え得る鏡面に仕上げるた

金属組織試料準備と研磨手順

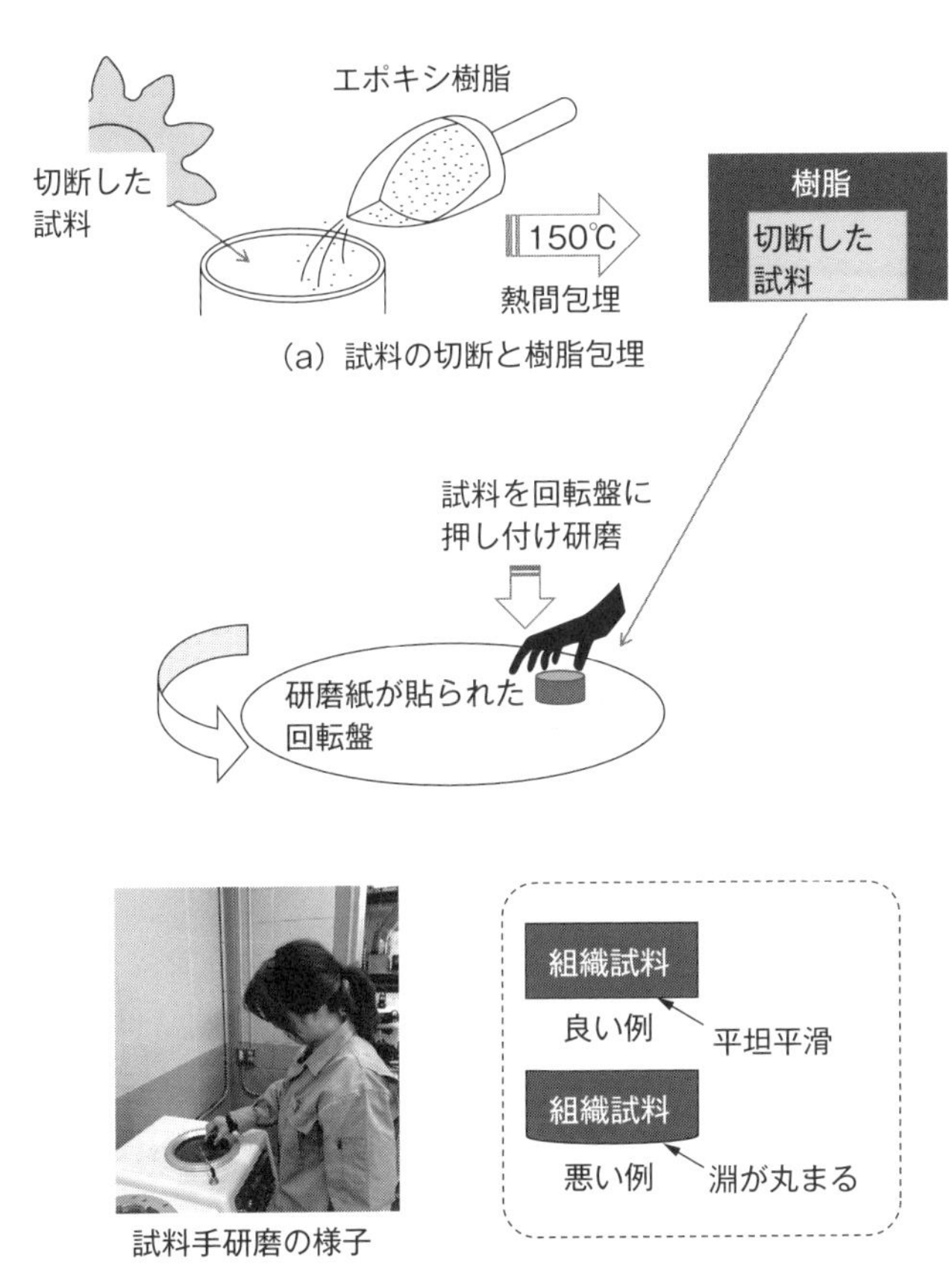

（a）試料の切断と樹脂包埋

試料手研磨の様子

（b）試料の手研磨と琢磨

金属組織試料の観察したい部位を切断、樹脂に包埋後、試料を把持した検査員が、耐水研磨紙が添付された回転台に試料を押し付けて研磨する。

めの時間は短くなります。

そこで熟練者と非熟練者の手研磨工程にどのような違いがあるか検証してみました。

まず、研磨試行中の回転盤の設定回転数の推移を比較してみました。熟練者は、研磨開始直後は研磨紙が新しいため研磨面が傾きやすいことから、研磨効率を低く維持するため回転数は低く設定していました。また研磨を進める過程で研磨効率を上げたいと判断したため、段階的に回転盤の回転数を上げました。一方、非熟練者の回転数は一定でした。回転数を変更しなかった理由を尋ねたところ、変更した経験がなく、回転数を上げると回転力の上昇により研磨による抵抗が大きくなり、研磨面と回転盤を平行に保つ自信がないとのことでした。

次に試料の押付け時間を比較しました。手研磨は金属組織試料を押し付ける動作を繰り返します。そこで、熟練者と非熟練者の平均押付け時間を比較しました。その結果、研磨紙粒度P400、0・3㎛においては、熟練者の平均押付け時間が非熟練者に比較して長かった一方、研磨紙粒度P120、P800、P1200、5㎛においてはそれほど大きな差は示されませんでした。また、熟練者の押付け時間の標準偏差は、非熟練者よりも大きい結果でした。熟練者は押し付けた時間や圧力、手応えに対応する研磨面を観察し、押付け時間や力の強弱を必要に応じて変更させていたとのことでした。

そして、熟練者と非熟練者の試料を押し付ける力にどのような違いがあるか調べるため、試料を把持する指先の力を測定しました。把持力は4人の被験者に対し、通常、研磨する際に使用する母指、示指、中指、環指に静電容量圧力センサを取り付けて測定しました。その結果、被験者の把持力合計は、非熟練者1では9・5㎏f、非熟練者2で3・2㎏f、熟練者では7・2㎏f、初心者では2・1㎏fで、熟練者の通常平均把持力合計は非熟練者に次いで2番目に高い値でした。一方、熟練者の把持力は他の被験者に比較し微調整を加えながら持続的で安定していました。また、熟練者の圧力の持続時間に関しても他の被験者とは異なりほぼ一定であり、持続的に試料を圧迫していることが示されました。

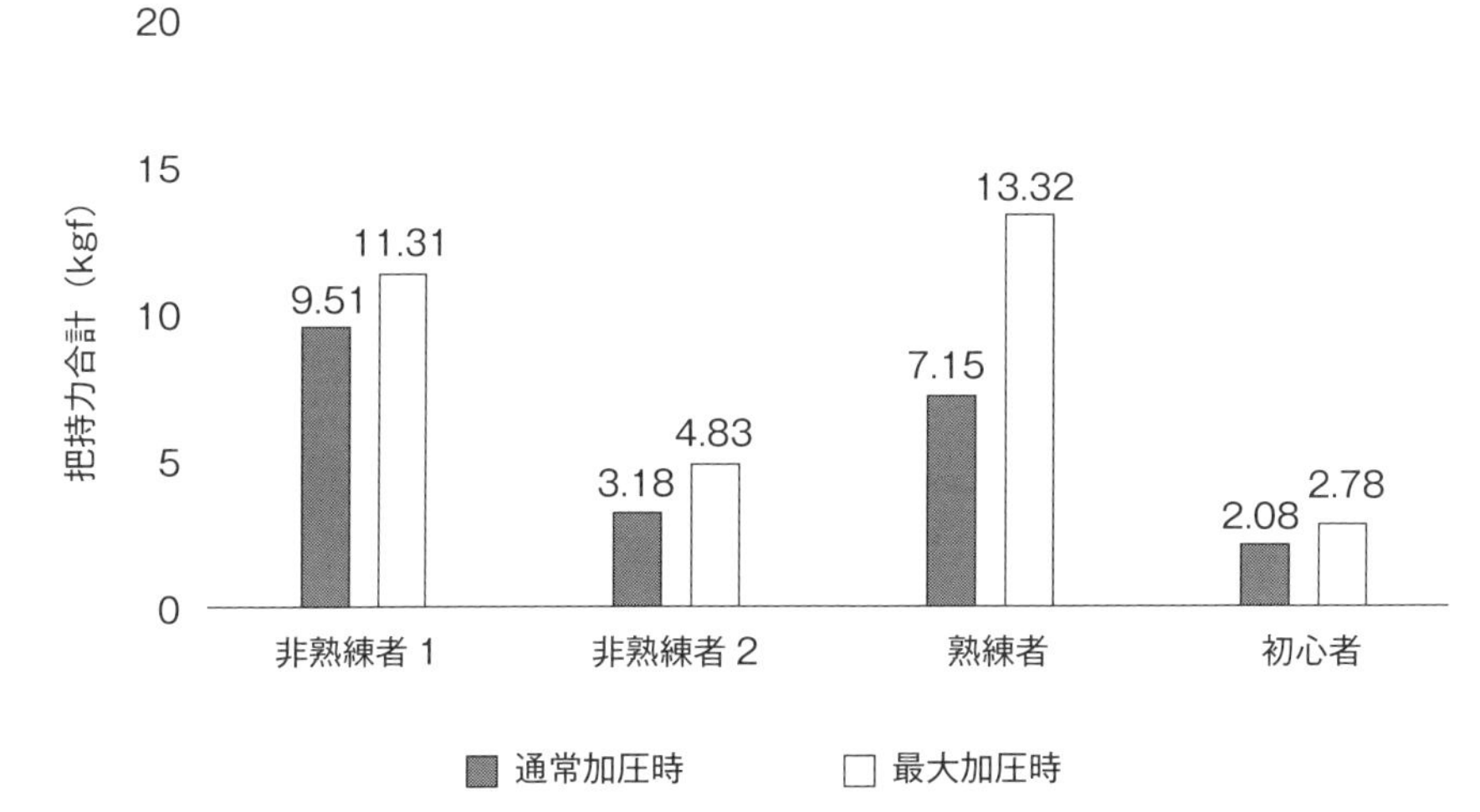

熟練度が異なる検査員による研磨中の４指の把持力を測定した。
把持力は、検査員の通常加圧時と最大加圧を比較した。

各被験者の最大加圧時の把持力合計を調べたところ、非熟練者1では11・3kgf、非熟練者2では4・8kgf、熟練者では13・3kgf、初心者では2・8kgfでした。

各被験者の平均把持力合計について、通常時を100％とする最大加圧時は、非熟練者1では119％、非熟練者2では152％、熟練者では186％、初心者では134％を示しました。熟練者の最大加圧時の増加率は86％と最も高く、非熟練者1は通常時に最も高い把持力を示したものの、最大加圧時との差は19％しかありませんでした。

また、各被験者の指ごとの把持力分布を調べたところ、熟練者の母指と中指は高値、示指と環指は低値を示し、また高値を示した二指の圧力分布が同程度でした。一方、他の被験者はいずれか一指のみの圧力が高い傾向を示していました。

これらの結果から、研磨の熟練者は、特に身体能力が高くないものの研磨圧力の調整能力にすぐれ、段階的に研磨効率を上げる工程設計能力に優れ、均一に試料を押し付ける手技に優れていると考えられます。

29 均一な塗装は姿勢から生まれる

自動車をキズつけた際、また事故などで損傷した場合、修理するには板金塗装業という専門の業者が存在します。自動車のボディを修理するにはいくつもの機械や設備を必要としますが、何よりも熟練した職人の技が不可欠です。自動車の損傷は二つとして同じものがなく、その都度、臨機応変の対応が求められます。

板金塗装業は板金作業と塗装作業の二つから成り立っています。板金作業とは、変形した鋼板を交換、もしくはハンマーなどを使って打刻することによって形を整え、手作業で元の形に復元する作業になります。そして塗装作業は、その復元された鋼板やボディパーツをきれいに塗り直し、変形する前の状態に戻す作業になります。

自動車の塗装作業は、刷毛やローラーといったものではなく、エアコンプレッサー（空気圧縮機）で加圧された空気がスプレーガンに送られ、塗料を霧状にして吹き付けるエアスプレー方式を用います。同じ条件下で同じ道具を使っても、スプレーガンの動かし方や塗料の出具合によって仕上がり具合は微妙に変化します。最終的に見た目で修理したことがわからないレベルにまで持っていくことが必要になります。

塗料はたくさん塗りすぎても、また塗り足りなくてもいけません。塗りすぎると「垂れ」と呼ばれる現象が発生します。「垂れ」とは垂直面や傾斜面に塗布しすぎた際に塗料が流れることで、膜厚の不均等な部分を作ってしまう現象です。また塗り込みが少ないと色自体を染めきることができなくなり、また塗膜の平滑性が悪くなることで一番の目的である再現性を得ることが困難になります。これらの問題を解決するためには、使用する塗料の特質を理解しておくことも重要で

自動車の板金塗装

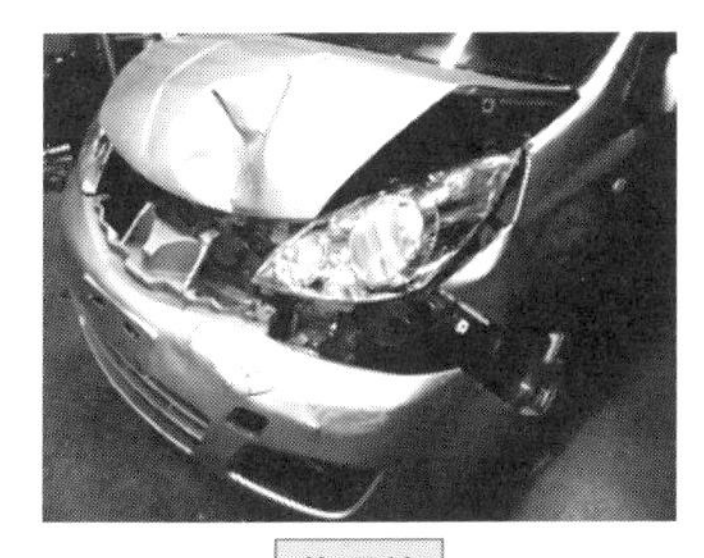
修理前

修理後

塗装作業

すが、できるだけ薄く数回に分けて全体を均一に塗ることができる技術が必要になります。

熟練塗装技術者に実際の国産自動車のドアパネルに塗装をしてもらい、その様子を動作解析装置を用いて解析しました。比較対象としてキャリアの浅い非熟練者にも同様の作業をしてもらい、熟練者5名、非熟練者5名の合計10名の被験者にデータ収集の協力をしてもらいました。

通常、スプレーガンの動かし方は塗装対象物の全幅を地面と平行に往復させます。全員同じパネルを塗っているにもかかわらず、往復回数は熟練者が多く、スプレーガンの平均運行速度も速いことがわかりました。しかし、熟練者の特徴として、ドアパネルの両サイドはスプレーガンを動かす速度が少し落ちることがわかり、このことを作業者に伝えたところ、両端はどうしても立ち位置から遠くなることから、速度を落としてていねいな作業を心がけているといったコメントがありました。塗られた塗料の膜厚をドアパネルの複数の箇所で測ってみると、速度変化をつけているにもかかわらず、熟練者の方がパネル全体を均一な厚みで仕上げていることがわかったのです。

スプレーガンの動かし方だけではなく、作業中の姿勢においても大きな違いが見られました。熟練者は作業中の体全体の傾きが少なく、また立ち位置を塗布するパネルに対して少し左側に取り、そこから作業中ほとんど動くことはありませんでした。塗装対象物であるパネルとの距離も立ち位置、スプレーガン共に熟練者の方が非熟練者より近い傾向が見られました。パネルとの距離が近いわけですから、スプレーガンを握る側の腕は脇、肘共に閉められている傾向も見られ、より姿勢が安定します。これらが塗りムラをなくしている原因と考えられます。

スプレーガンの塗料の出る量を調整するノズルを引く力も熟練者の方が終始強いことがわかりました。ノズルを引く力が強いということは、それだけたくさんの塗料が出ているといえます。姿勢や立ち位置に気をつけながら、往復回数を多めにとり、速めにスプレーガンを動かすことができればプロ並みの仕上がりを得ることも可能かもしれません。

作業中における姿勢の違い

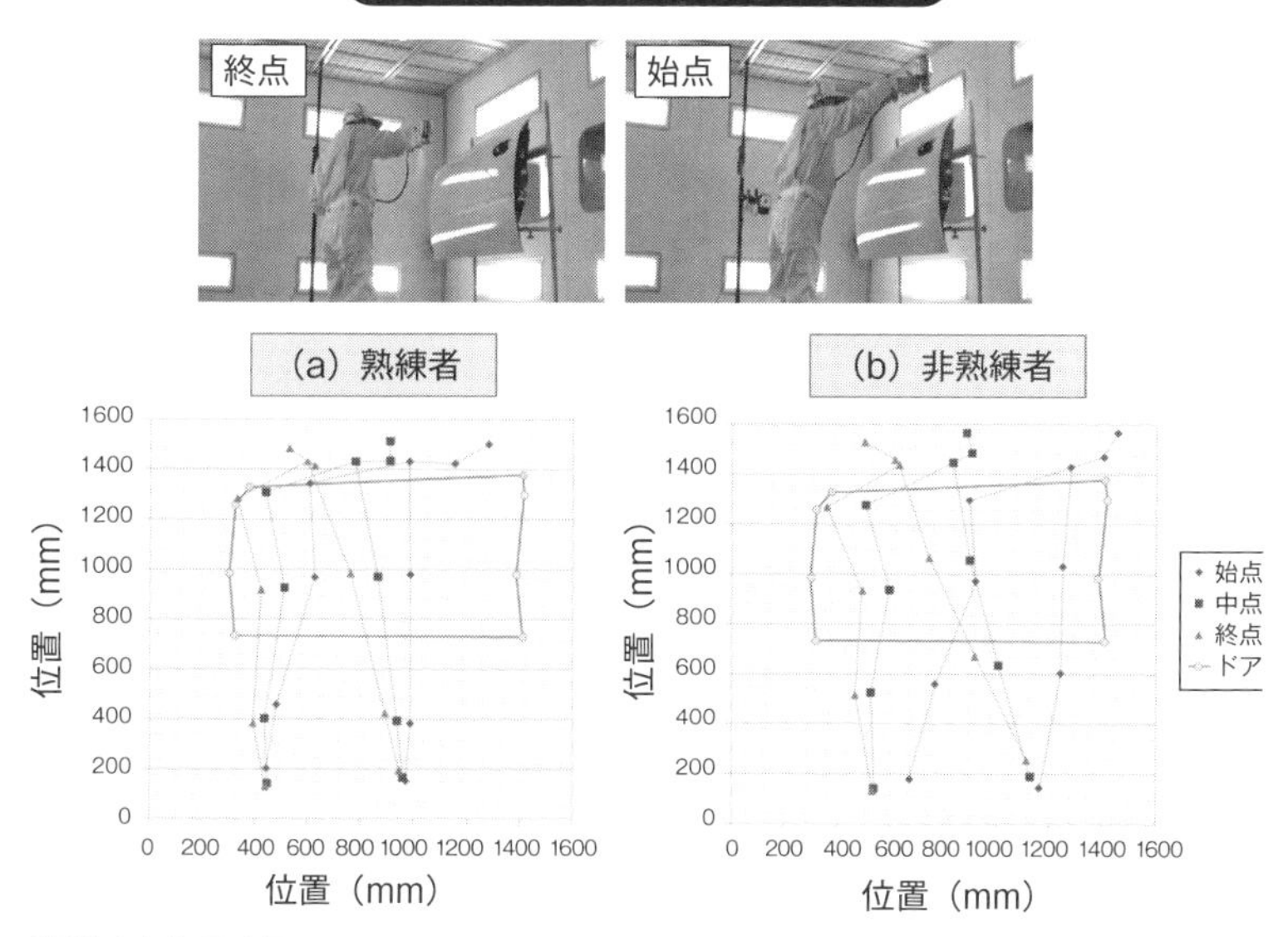

真後ろから見た図
熟練者は立ち位置を変えず、また体の傾きも少ない。

一方向に動く際のスプレーガンの運行速度とノズルを引く力の推移

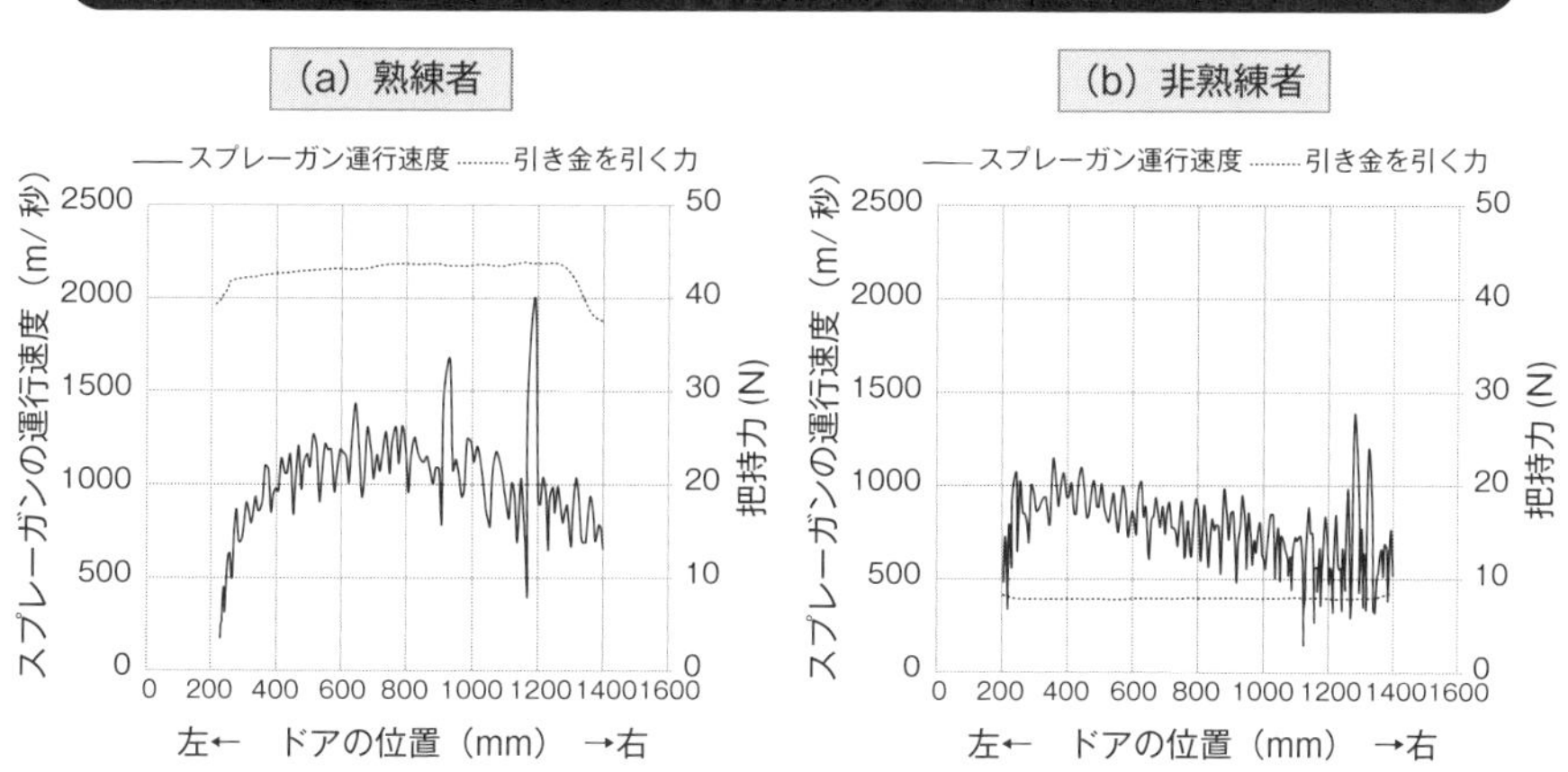

30 図面から板金加工でパーツをたたき出す

板金加工とは、薄い板状の金属材料に切断、穴あけ、曲げ、絞り、溶接などの加工を施して金属材料を目的の形状に変形させる技術のことです。特に薄い板に加工を施す場合は精密板金とも呼ばれます。

自動車を量産する前段階のプロトタイプ（試作品）は製造台数が数台であるためにボディの機械加工が困難であり、鉄板をハンマーで叩くなどの手作業によってボディの形状づくりが行われてきました。それを元に各自動車メーカーは車の欠点を探り、また量産するためのプレスの型枠として流用してきました。図面どおりの正確な形状を作るには、非常に高度な技術が要求されます。

昨今はコンピュータを用いたシミュレーションによる開発が主流となりつつありますが、試作の段階ではどうしても手作業による板金加工に頼らざるを得ない仕事も残っているのが現状です。

また、鋼板自体も大きく進化を遂げていて、自動車の軽量化に貢献している高張力鋼板（High Tensile Strength Steel：通称「ハイテン」）と呼ばれる鋼板が普及しています。手作業による板金加工においても高張力鋼板は従来の鋼板より難易度が高く、溶接や打刻作業が難しくなってきています。職人の経験や技によって対応しているのが現状です。

そこでプロトタイプのボディ作りを行う熟練板金加工職人の技の解明を図りました。実際に1枚の鉄板から1つの自動車のパーツを普段どおりの作業で製作してもらいました。その様子をビデオカメラで撮影し、後にその映像を職人にも見てもらいながらヒアリングを行う手法を取りました。

板金加工には様々な道具を必要とします。基本的に

板金作業

作業に使われた道具の一部

デンガク

キヅチ

カラカミキヅチ

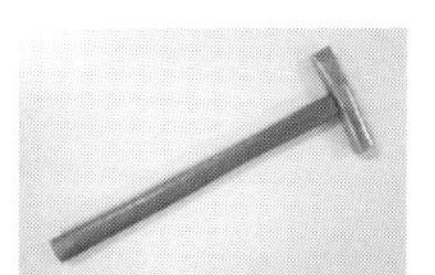

エボシ

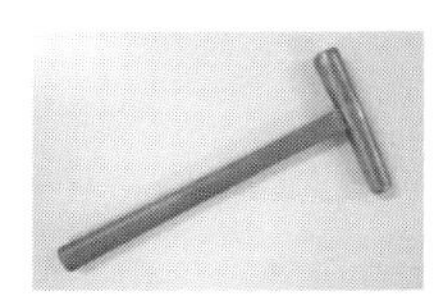

イモヅチ

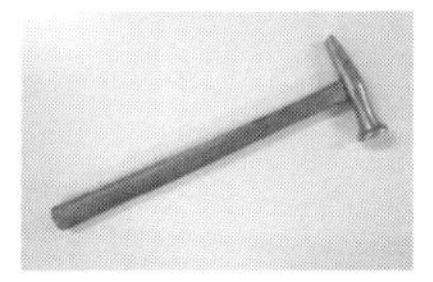

ナラシハンマー

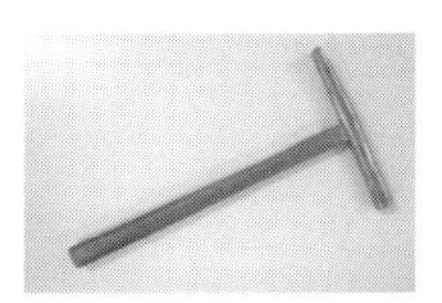

カラカミ

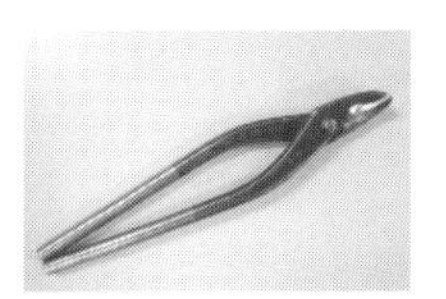

ハサミ

アテバン

タガネ

はハンマーを使って鉄板を打刻することで形成していきます。ハンマーの種類も様々で、木槌、金槌、またそれらの中にも様々な形状をしたものが数多く存在し、職人は用途に応じて使い分けていきます。その他にも、鉄板を支持する当て盤や鋭角な形状をつくるためのタガネ、鉄板を切るためのハサミや溶接時に使うガスバーナーなどがあります。

今回作製したパーツは、最終的に4つのパーツを溶接することでつなぎ合わせたものでした。形を作る4工程と溶接の工程、最後に仕上げの工程を入れた合計6工程に作業を分けることができました。時間の配分としては、最初の上部形状作り、溶接の作業に職人は多くの時間を割いていることがわかりました。形状作りの工程で最も多く使われたのがデンガクと呼ばれる木槌でした。特に最初の上部形状作りにおいてはデンガクの使用頻度が高く、形が4つのパネルの中で一番複雑な形をしていることから考えると、形状作りには非常に向いているハンマーであると考えられます。後に行ったヒアリングにおいてもデンガクについて職人は「曲面の形成に適した道具である」と語っており、比較的緩やかな曲面への打刻が多くみられました。

また溶接の作業は端から端まで一気に付けてしまうのではなく、少し付けては金槌でならすことを繰り返し行っていきます。これは溶接時に熱によって鉄板が変形してしまうことに注意を払っているからで、そのためにもバーナーの入れる角度を真っ直ぐ均一にできる技術が必要だと、後に職人は語っています。また、鋼板の変化やつなぎ合わせる双方のパネルの微妙な違いをその都度読み取り、それに合わせてバーナーの角度を変化させる技術が必要であるとも職人は語っています。そして、溶接時には「黒皮」と呼ばれる錆の発生にも注意を払っていることがわかってきました。理由として、黒皮を含んだ溶接は強度を落としてしまうからです。その都度、サンダーやヤスリを使用して除去していく作業を強いられます。

ヒアリングからは、職人は加工対象の状態から次に行うべき作業を判断し、適切な道具の選択をしていることが見えてきました。つまり、職人は加工対象のわずかな状態の変化を把握した上で道具の選択を行い、次の作業工程に移行していたのです。

作成されたパーツ（自動車後方部に装着するフェンダー）

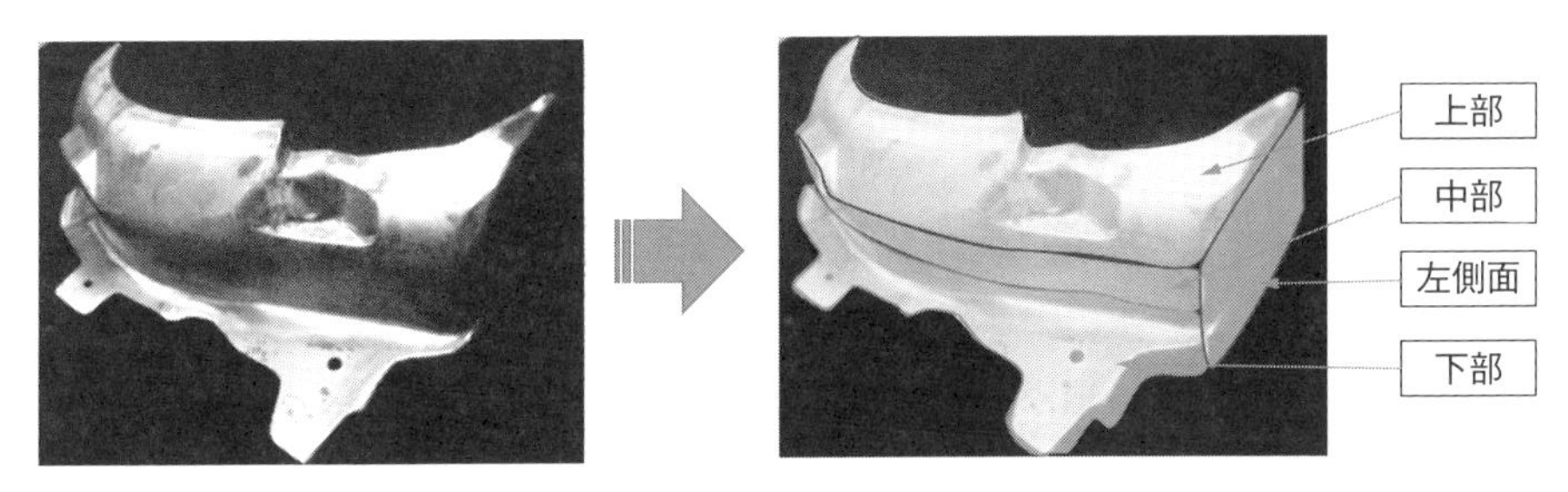

4つのパーツを溶接によってつなぎ合わせたもの

工程ごとの各道具の使用頻度

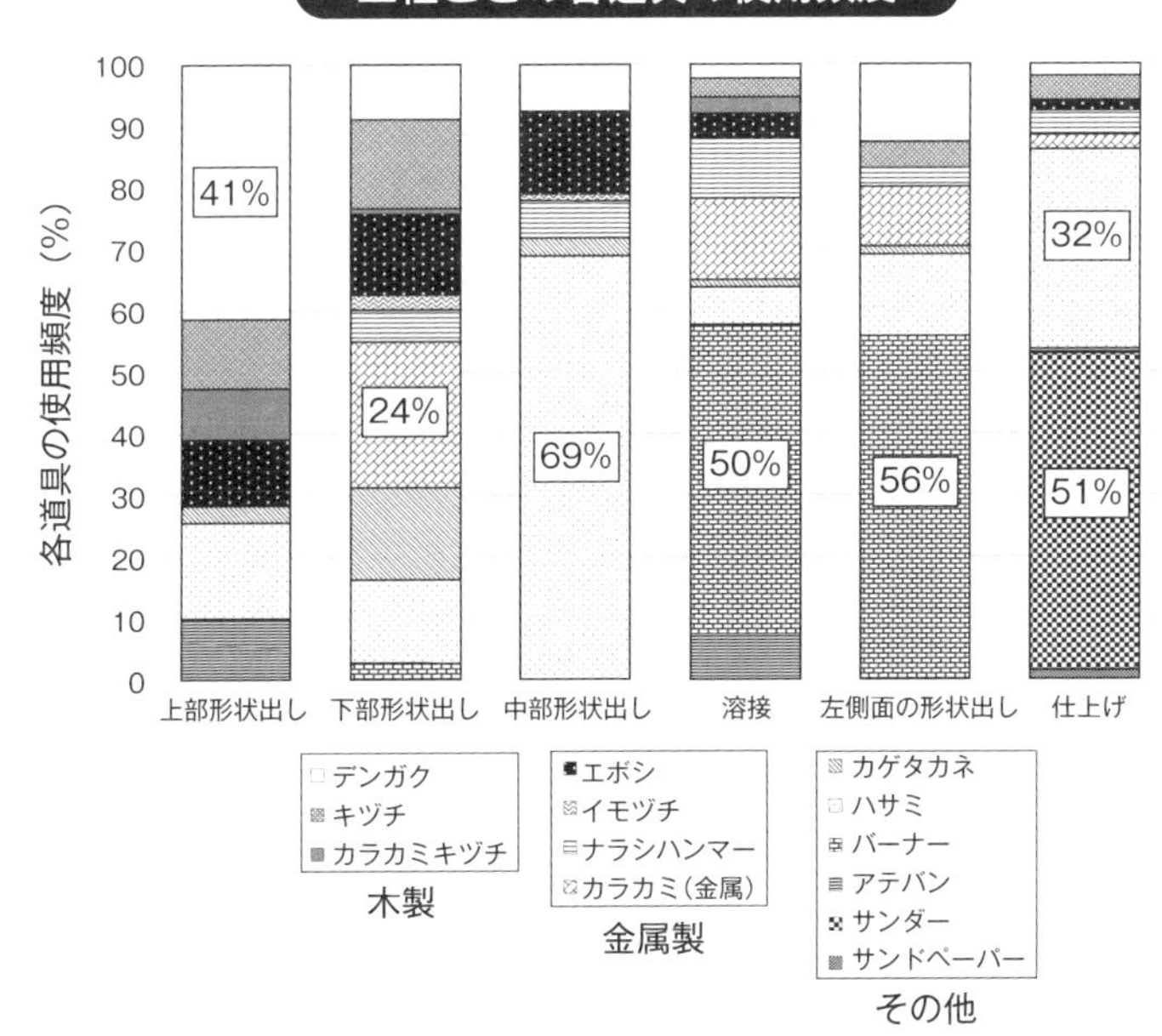

31 高品質な溶接に欠かせない鋼板端部の開先加工

鋼板とは、板状に加工された鋼のことをいいます。溶接で接合する、曲げる、機械加工を行うといった優れた加工性をもつことから、橋梁や船舶、鉄道車両、ボイラ、圧力容器などの材料として幅広い分野で使用されています。

鋼板の多岐にわたる加工方法の中でも溶接による接合は、複数の部材を溶融・一体化させる加工法として特に重要です。溶接が不良だと製造物はもろくて弱くなるからです。そのため、高品質な溶接技術が求められます。これを実現するためには、溶接の前工程である「開先加工」の精度が重要となってきます。

開先加工とは、溶接しやすくするために、溶接する対象物の縁を適当な形に切り開く工程のことをいいます。通常、鋼材の溶断加工は板形状の鋼板を加工するので、板厚方向と平行（鋼材の板面に対して垂直方向）に切断加工します。しかし、開先加工は通常の溶断加工とは異なり鋼板を斜めに切断するため、繊細かつ高い技術を必要とします。

開先加工における作業は、これまで熟練者から非熟練者に口伝などの方法で伝えられてきました。そのため、確立された作業マニュアルなどは存在せず、作業者により加工精度にばらつきが生じるという課題が残されていました。後継者育成や技術の継承のために、開先加工における熟練作業者のコツや勘を目に見える形で抽出することが急務となっています。

開先加工について熟練者と非熟練者の作業の様子を解析し、何がどういった点で異なるのか比較してみることにしましょう。比較する作業員は熟練者（経験歴28年）、非熟練者（経験歴10年）の2名です。それぞれ同じ材料（一般構造用圧延鋼材）、道具（ポータブ

開先加工の様子

開先加工の模式図

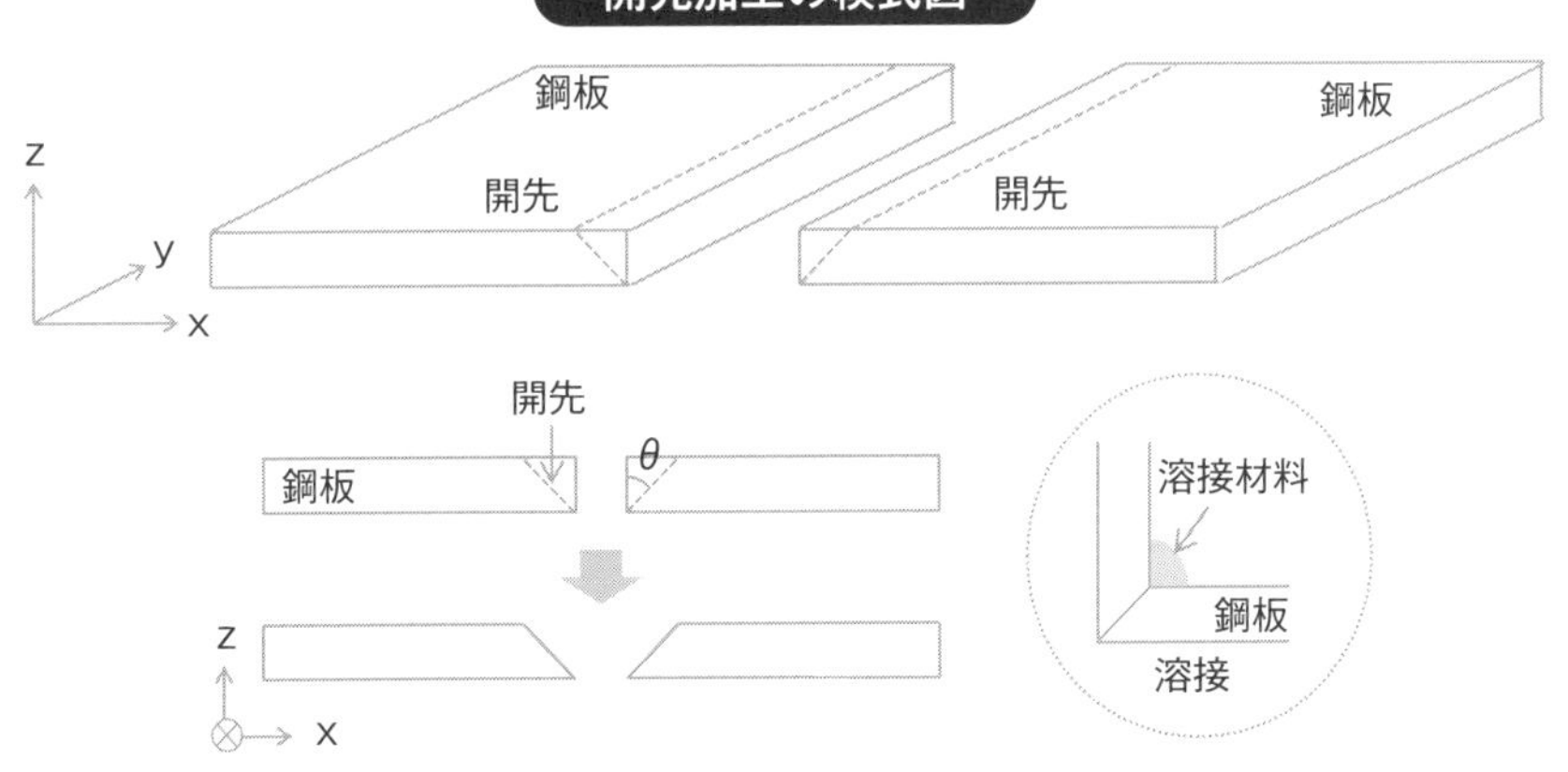

ル切断機）を用いて開先加工の作業を行いました。

開先加工後の鋼板の表面を見てみると、熟練者と非熟練者で出来上がりの形が異なることがわかります。熟練者による加工面は平滑である一方、非熟練者による加工面は、開先ノッチと呼ばれる凸凹とした筋状のものが出てしまっています。この開先ノッチが発生すると鋼板の接合不良の原因となります。その他にも、非熟練者による加工物には、鋼板自体に曲がりや反りといった現象も見られ、出荷できないレベルであることがわかりました。

また、熟練者と非熟練者の作業の様子を観察すると、10種類の工程に分類できることがわかりました。開先加工の工程内作業を次に示します。

①マーキング：切断個所のマーキング
②火力調整：火力調整のためのガス噴出量の調整
③マーク確認：マーク位置の再確認
④マーク追尾：マーク位置と火口位置の調整
⑤モニタリング：火口より１００㎝程度の位置からの動作確認
⑥レール清掃：専用レールの清掃
⑦火口位置調整：火口の角度調整
⑧全体観察：火口から２００㎝程度の位置からの全体観察
⑨ノロ除去：ノロを除去する仕上げ作業
⑩その他の作業：①～⑨以外の作業

なお、ノロとは、ガス溶断（鋼板を熱で溶かして切断）する場合に鋼板の下面に熱で溶けた酸化鉄が付着するものです。

工程を見通すと、熟練者と非熟練者は、同じ作業だけでなく、それぞれ特有の作業を行っていることがわかりました。熟練者は①～④、⑧～⑩の作業を行い、非熟練者は①～③、⑤～⑦、⑨⑩の作業を行っていました。すなわち、熟練者は④マーク追尾、⑧全体観察を行っているのに対して非熟練者は行っておらず、代わりに⑤モニタリング、⑥レール清掃、⑦火口位置調整という作業を行っていることがわかりました。また、開先加工を行う中で最も時間を割いている作業も異なることが分かりました。

以上のことから、開先加工における熟練者と非熟練者の技術力の差は注力すべき作業工程と作業時間の割合に隠されていると考えられます。熟練者の動作をさらに詳細に観察することで熟練者のコツや勘に当たる暗黙知を形式知化することができると考えられます。つまり、開先加工における匠の技を文章や図表・数式などによって説明したり表現することが可能になれば、だれでも理解できる作業マニュアルなどを作成することもでき、後継者の育成や技術の継承に役立つものとなることが期待されています。

開先加工後の表面の様子

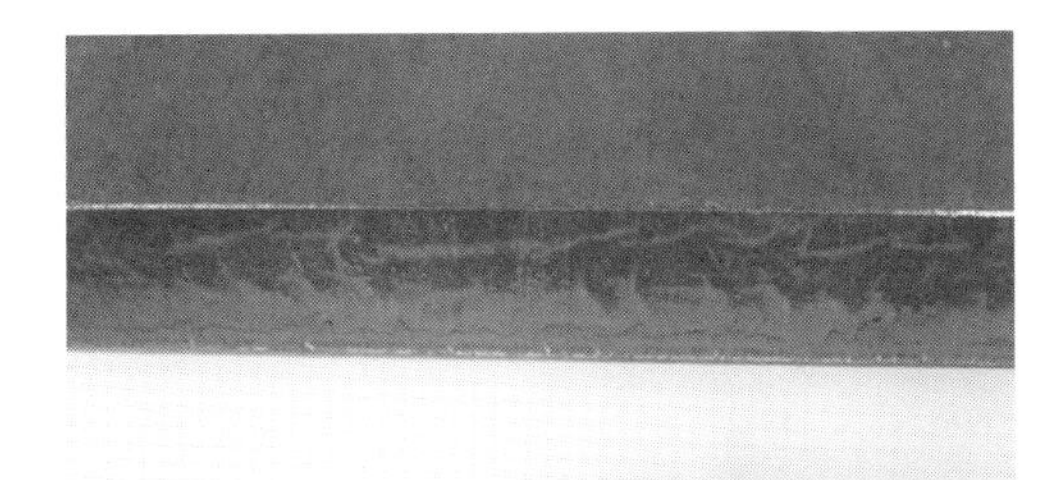

(a) 良品（開先ノッチのない平滑な加工面）

(b) 不良品（開先ノッチの生じた加工面）

熟練者と非熟練者の開先加工の作業工程

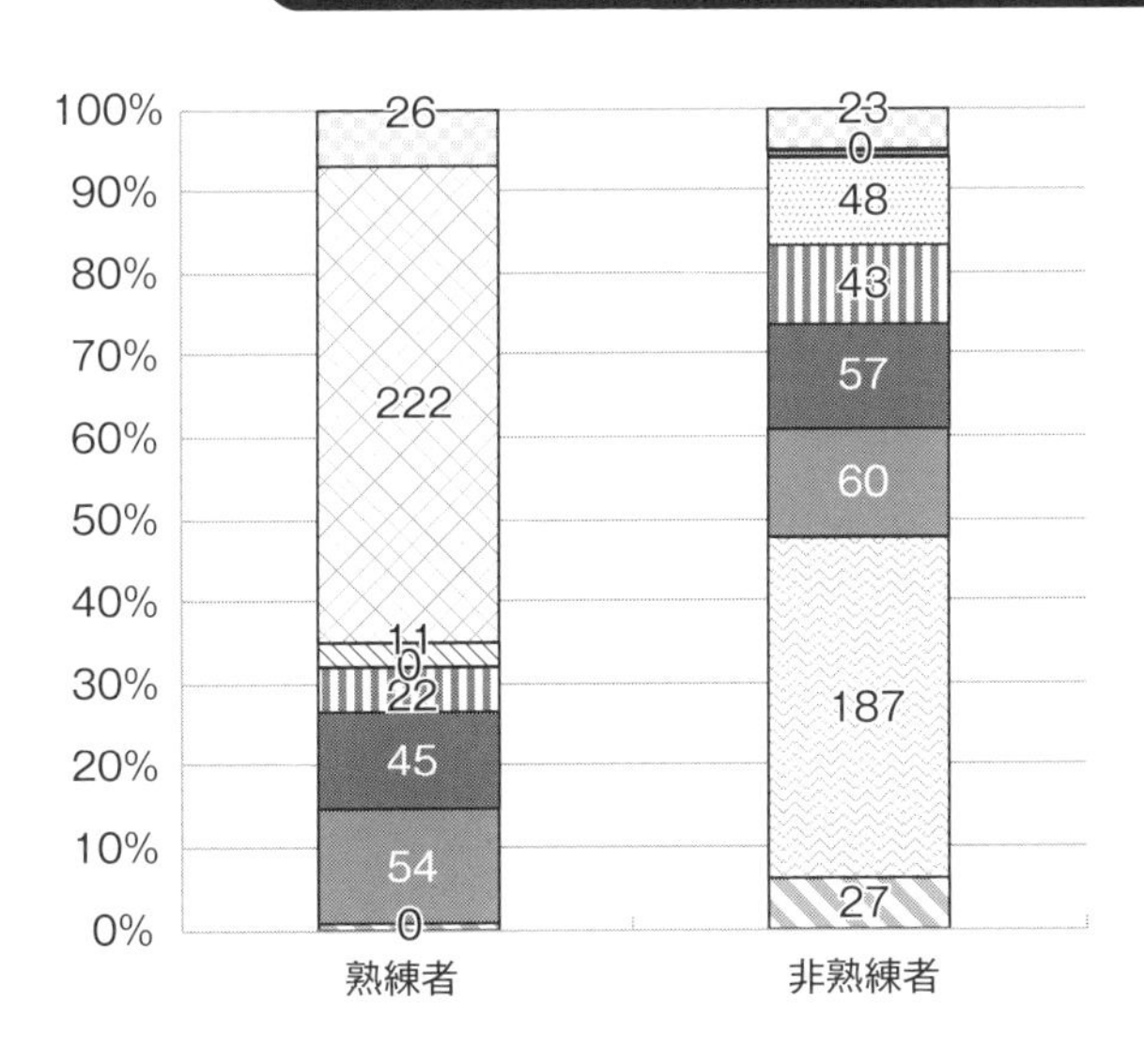

32 ガラス繊維と樹脂の同時吹付けのコツは膝にある

繊維強化プラスチック（Fiber Reinforced Plastics）は、ガラス繊維や炭素繊維、最近では天然繊維を用いてプラスチックを強くした材料です。英語の名前の頭文字をとってＦＲＰと呼ばれることが多いです。お風呂やスポーツ用品など私たちの身の周りにたくさんあります。

ＦＲＰの作り方の一つにスプレーアップ法があります。特殊なガンを持って繊維を切りながら同時にプラスチックと一緒に目的の製品の型の上に吹き付ける作り方です。下の写真で手に持っているのがガンで、この場合は板にガラス繊維とプラスチックを吹き付けています。体に白く見えるマーカーが付いていますが、これは動作解析のために用いたもので、普通の作業の時には使いません。

対象とした作業者は、経験年数19年の熟練者と1年

スプレーアップ作業の様子

厚さの比較

理論上の厚み：3.5mm

熟練者

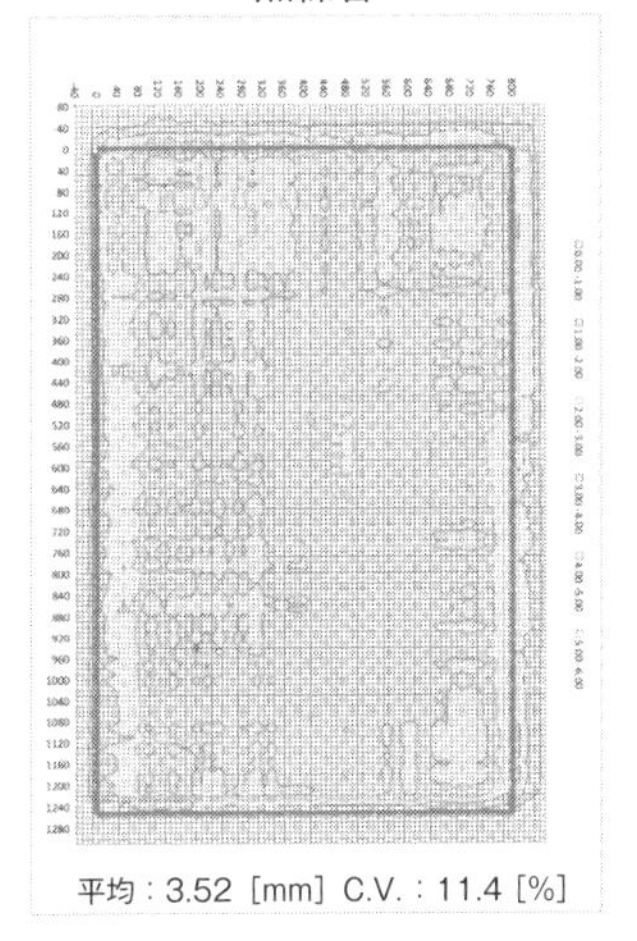

平均：3.52［mm］C.V.：11.4［%］

非熟練者

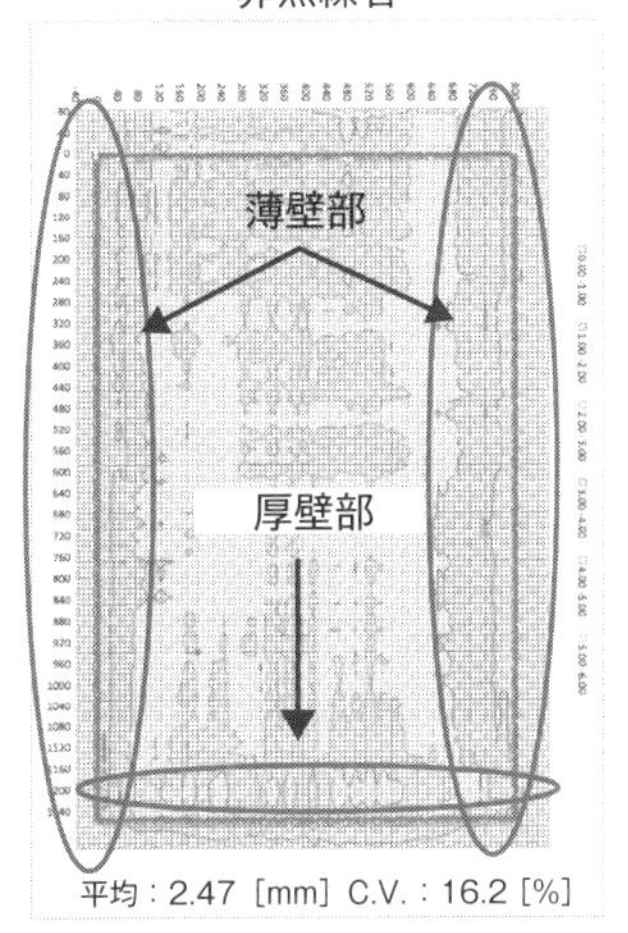

平均：2.47［mm］C.V.：16.2［%］

スプレーアップ作業の動作解析

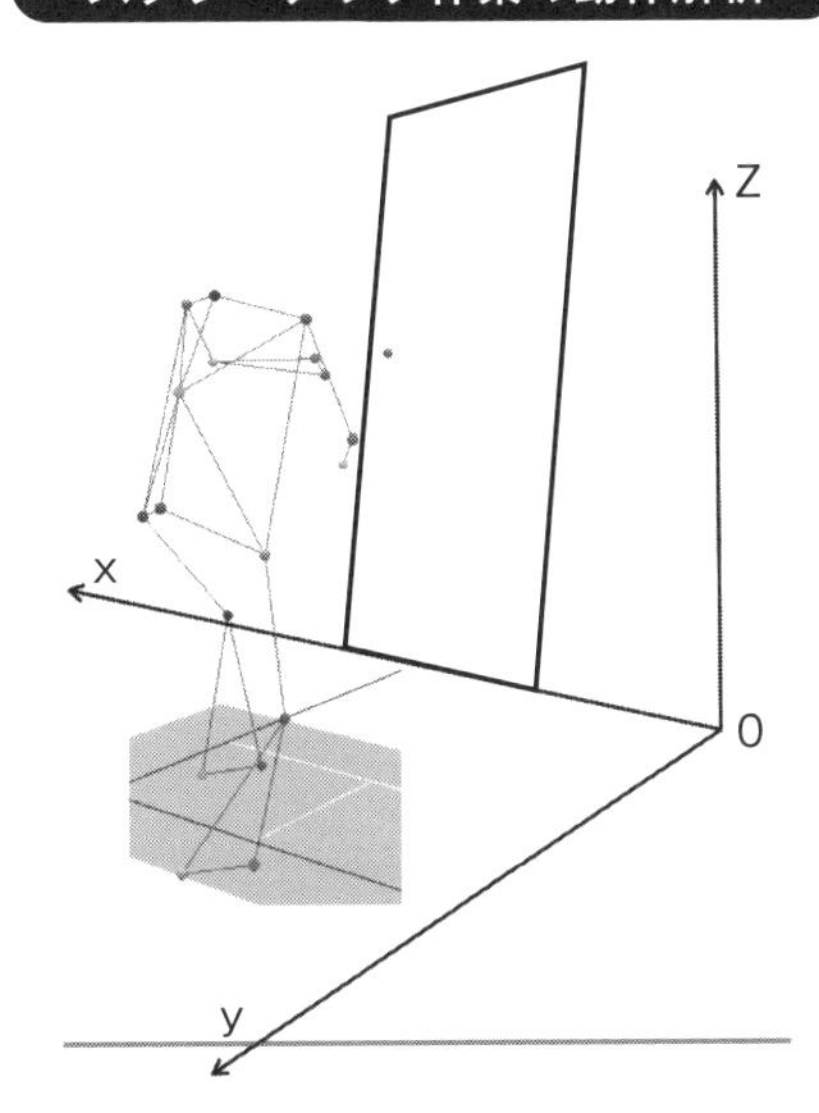

の非熟練者です。型となる板の大きさは１２８０㎜×９１０㎜です。その中に１２８０㎜×８００㎜の領域に吹き付けるように指示をしています。ここで吹き付けられた材料の厚みを計ると、熟練者はほぼ全面にわたって厚みが一定であるのに対して、非熟練者は板の下の部分が分厚くなっており、反対に幅方向エッジで薄い部分が発生しており、厚みも一定ではありませんでした。

そこで動作を調べてみましょう。体にマーカーを付けて赤外線カメラでその反応を記録し、マーカーのデータをつないでスティックピクチャーができあがります。すべてのマーカーの点の座標が保存されているので、その点の速度や加速度が計算できますし、３点のマーカーを使うと間の角度の変化を把握することができます。

爪先の動きを調べてみました。非熟練者の爪先は作業中に右や左に動いています。これに対して熟練者の爪先は、何と「点」として現れました。ということは、まったく動いていないということです。靴跡でもわかるように、左足を前に、右足を引いて、作業中はまったく動きません。

次に、膝の角度に熟練者と非熟練者の差が確認されました。非熟練者は立っている状態ですから膝は曲がっていません。それに対して熟練者は膝を曲げています。ガンを上下に移動させながら吹き付けていく作業においては、膝を曲げることが必要です。特に下の方に吹き付けるときはなおさらです。膝を曲げたり伸ばしたり、体全体を上下に動かして、熟練者はリズミカルに吹き付けていました。逆に、体を上下させずに立ったまま、手だけで吹き付ける動作は良くないことがわかりました。

何事もきっちりと体を使いましょう。手を抜かないで、ということですね。

爪先の跡

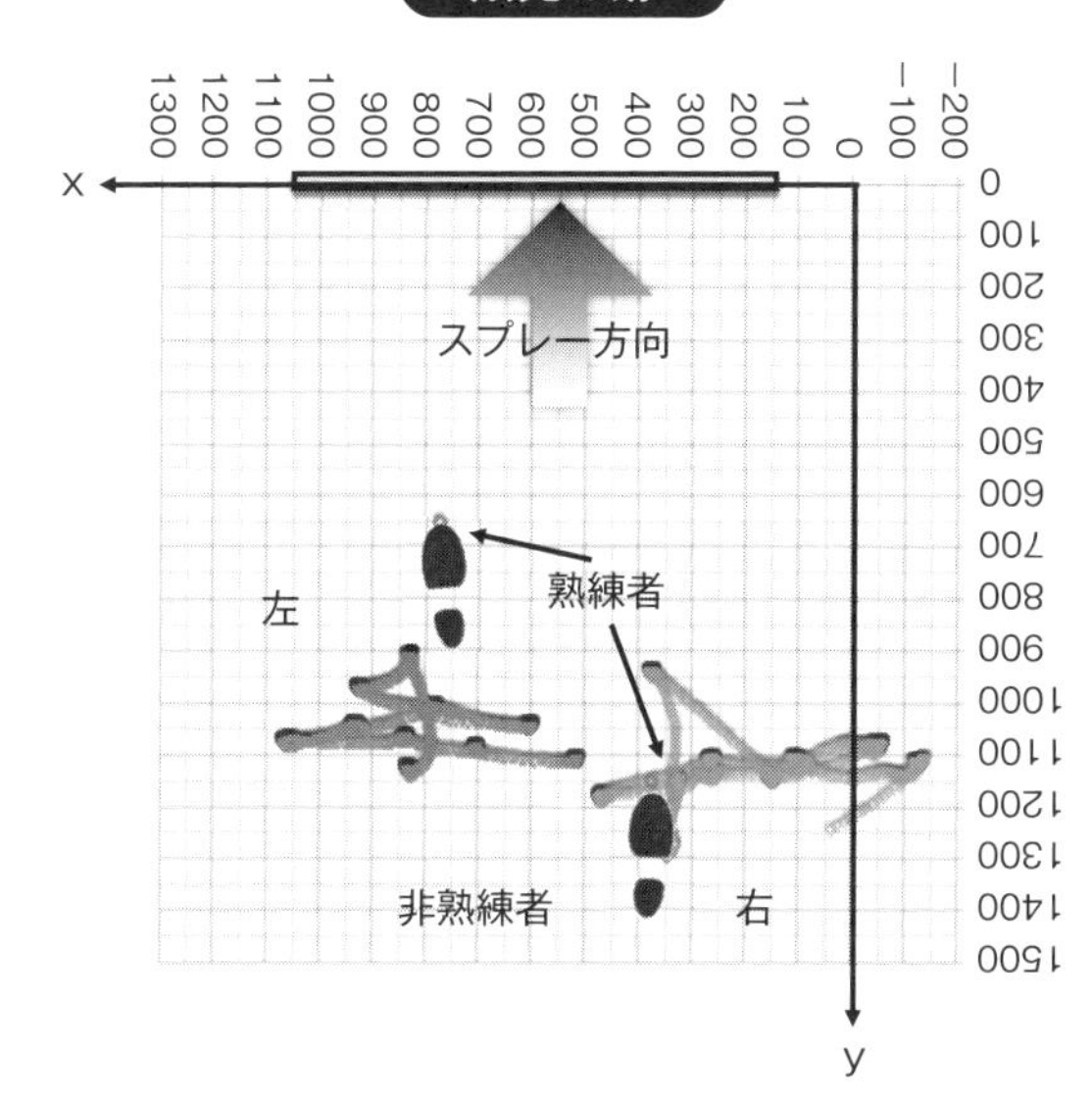

膝の角度

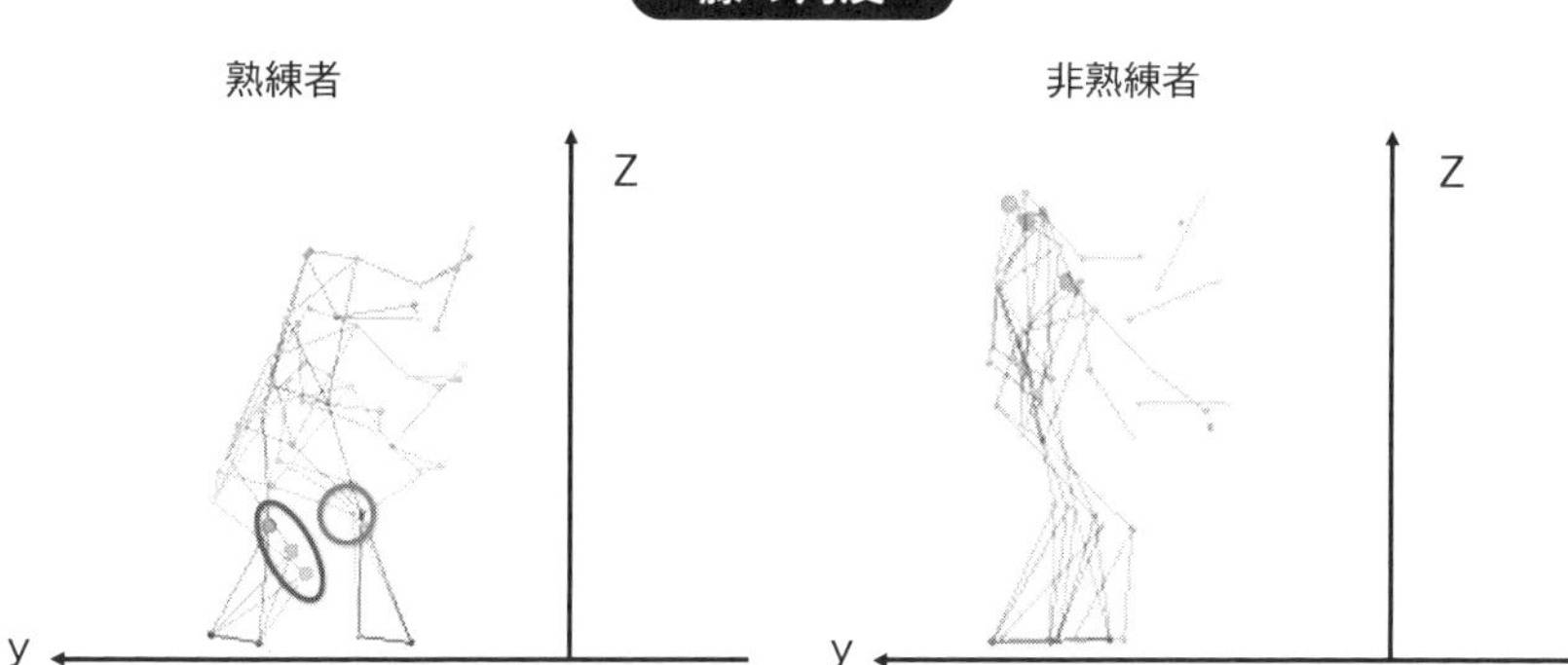

33 炭素繊維の積層は隅々までに神経をとがらせる

「軽くて、強く、腐食しない」21世紀の先端材料として期待の高い「炭素繊維強化プラスチック（CFRP）」は、髪の毛の約10分の1の太さの炭素繊維と化学化合物である樹脂による複合材料です。CFRPの成形は様々な手法が開発されていますが、航空・宇宙や自動車などの先端分野では高品質・高性能な製品が要求されるためオートクレーブ成形が多く用いられます。

オートクレーブ成形とは、「プリプレグ」と呼ばれる繊維に樹脂をあらかじめ含浸させたシート状の基材を成形型に何層も積み重ね、専用の袋の中に成形型を納めて真空状態にし、窯（オートクレーブ）で加熱・加圧して硬化させる成形方法です。シート状のプリプレグを平らに積み重ねていく作業は簡単に思えますが、これを凹凸のある成形型に積み重ねると、プリプレグが凹凸に馴染まず突っ張ったり、よれが生じたりします。そこで熟練の技が必要となります。

熟練者と非熟練者による動作解析の結果を通して熟練の技を説明します。

ここでは、左頁の図に示すようなトレイ形状の成形型を成形に用います。この成形型は、4辺それぞれ異なった丸みをもつ角部、その角部が重なり合うコーナー、底面の凸形状により、作業者の技能差が表れやすくなるように設計されています。この成形型に3枚のプリプレグを積層します。

まず、プリプレグ積層時の手の運びに着目します。コーナー部の積層では、熟練者は折り紙を折るようにあらかじめプリプレグをコーナーの大きさに合わせて折りたたんで積層していきます。一方、非熟練者はプリプレグを折りたたむことは行わず、プリプレグを指でコーナーの頂点に押し付けて積層していきます。

　次に、コーナーからはみ出た余分なプリプレグを鋏で裁断する作業を比較します。熟練者はコーナー積層時につけた折り線をガイドにしてプリプレグを鋏で裁断していきます。一方、非熟練者はプリプレグを何度もめくり、成形型のコーナーの頂点を確認しながら少

プリプレグ積層

成形型の各部名称

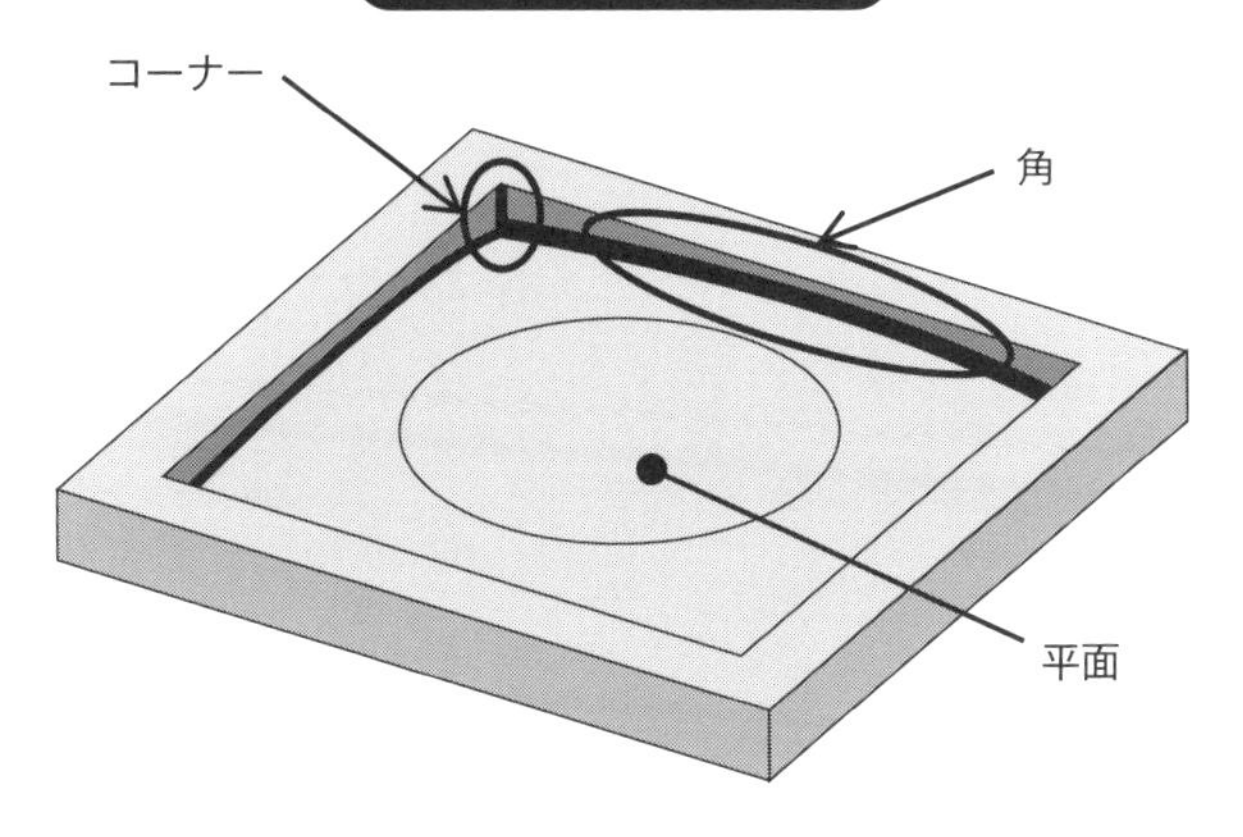

しずつプリプレグを鋏で裁断していきます。このことから、熟練者には的確にコーナーの頂点を捉えるための工夫がみられます。

次に、作業者が使用する道具の使い方に着目します。

プリプレグの積層作業に使用する道具には、余分なプリプレグを裁断する鋏、角やコーナーにプリプレグを沿わせるためのヘラ、プリプレグを温めて作業性を向上させるドライヤーがあります。

熟練者と非熟練者のドライヤーの使い方を比較すると、熟練者はドライヤーを細かく動かし、1箇所に熱を与えないようにしている様子が見られました。一方で、非熟練者は数秒間1箇所に熱を与えながら積層作業を行っていきます。ドライヤーの使用目的は、プリプレグに熱を与えて軟化させ成形型の形状に馴染ませやすくすることです。しかし、熱を与えすぎると、粘着性を増した樹脂が手や道具にまとわり付き、かえって作業性が悪化することになります。このことから、熟練者は最小限のドライヤー使用時間で最適な作業性をコントロールしていたことがわかります。

最後に、成形後の製品を比べてみます。成形後のトレイ角部を切断し、その断面の顕微鏡写真を比較すると、熟練者の製品は繊維を角の頂点まで型形状に近い状態で積層成形ができていますが、非熟練者の場合は型形状に馴染まず突っ張っています。

オートクレーブ成形の大きな特徴は、均等に加圧することで積層したプリプレグを成形型へ押し付け、不要な気泡や樹脂を押し出して高品質・高強度な成形ができることです。しかし、プリプレグを積層する最適な動作ができなければプリプレグ自体が突っ張り、十分に加圧されず、不良品の発生につながります。

オートクレーブ成形は小量・多品種生産が多く、プリプレグの扱い方や道具の使い方は成形物形状によって様々です。熟練者は、多くの経験の中から暗黙知とされる勘・コツを習得してきました。

CFRP製品は今後著しい需要拡大が見込まれ、生産性の向上が急務とされています。そのため、動作解析を行って技術者の育成に必要となる熟練者の暗黙知を解明していく必要があるのです。

コーナーの積層作業の違い

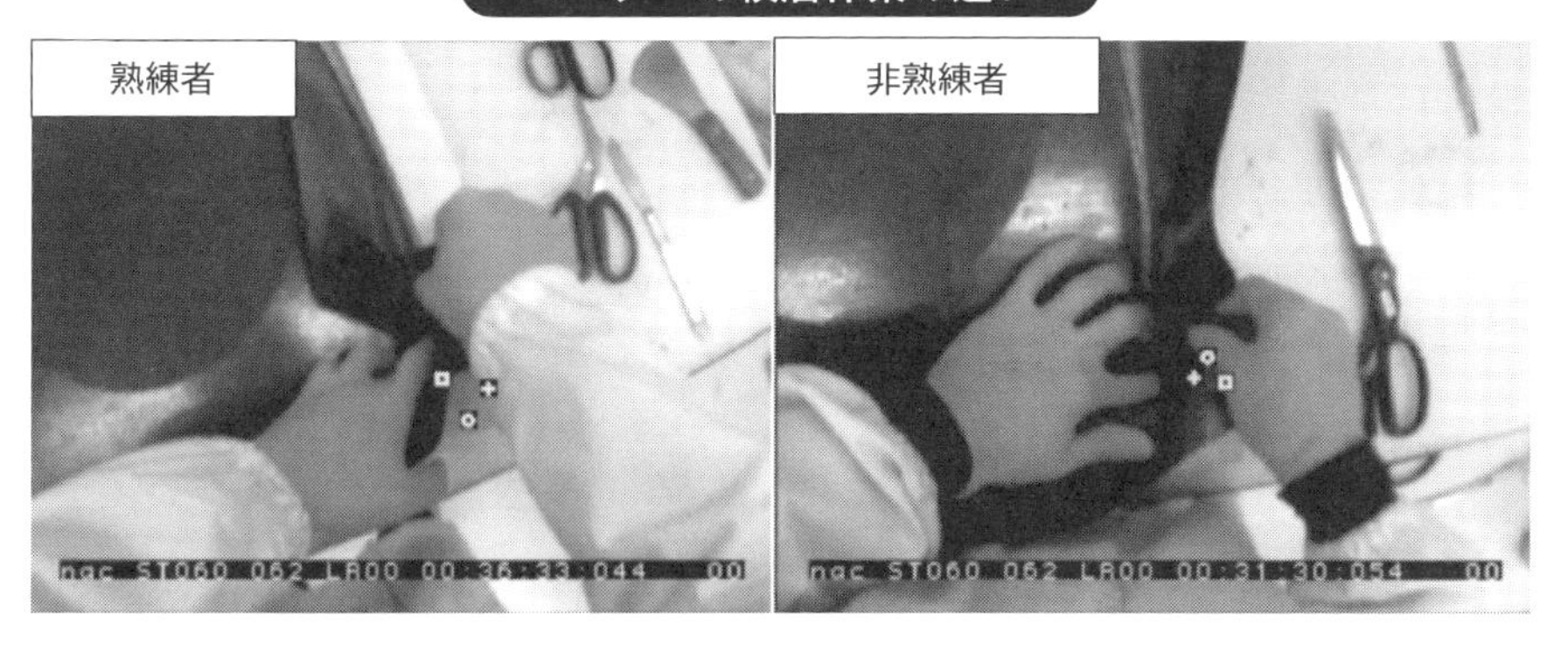

内田敏一、高井由佳、後藤彰彦、黒田孝二、濱田泰以：
「オートクレーブ成形の積層工程における熟練技術者の特徴」、
科学・技術研究（2016)、5,1,35-40

成形後の角部断面写真

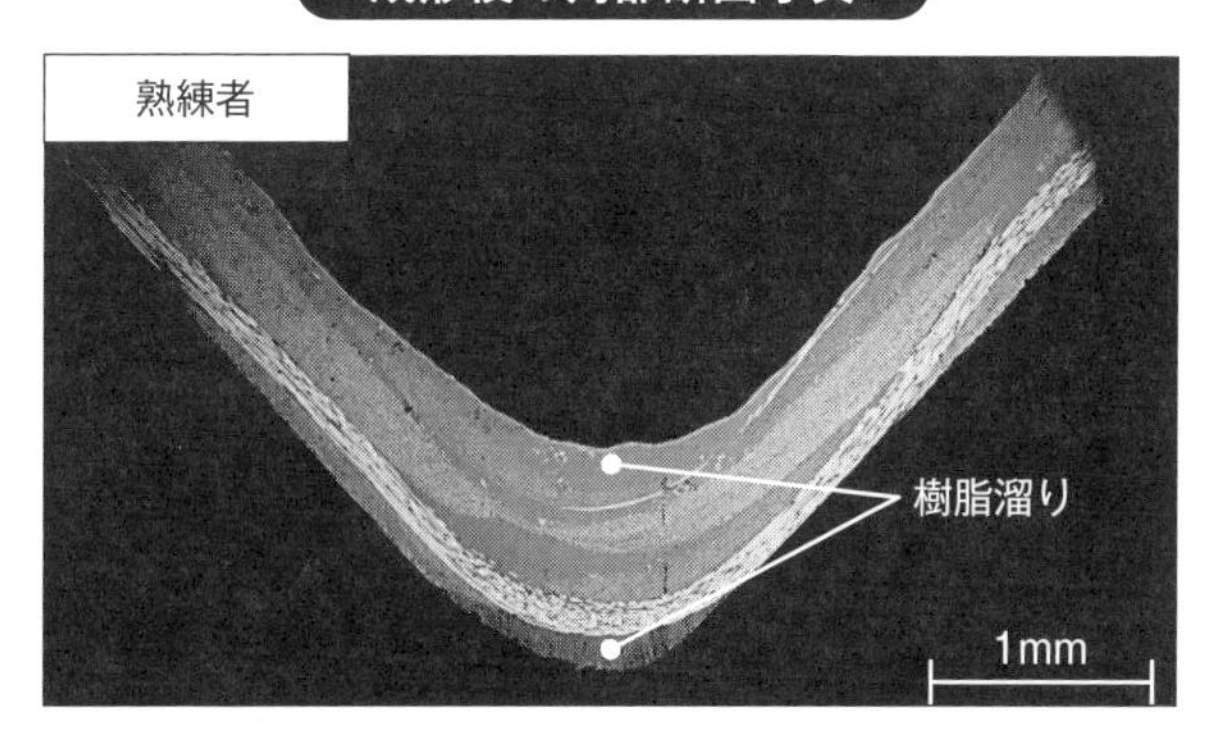

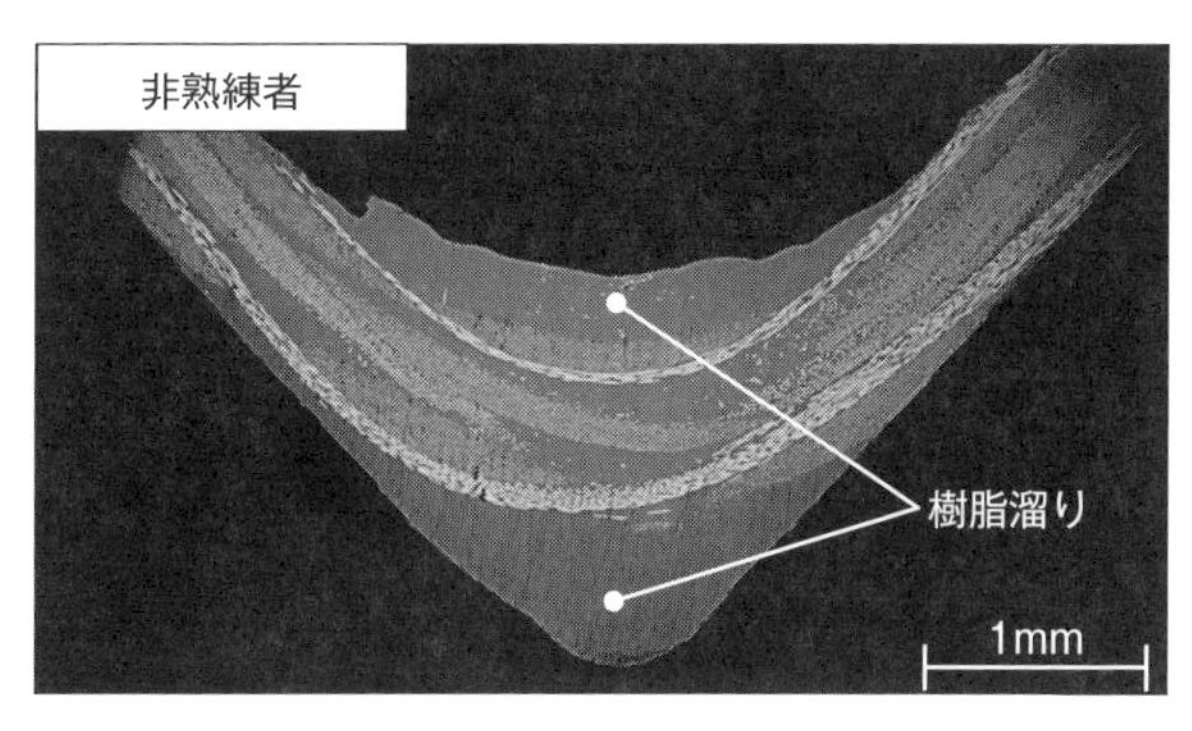

34 真っ赤な石英ガラス管を一気に曲げ加工

普段みなさんが目にする食器やコップ、窓などのガラス製品とまったく違うガラスの世界があるのをご存知でしょうか。みなさんには馴染みのない名前かも知れません。「石英ガラス」という名前の特殊なガラス素材とその加工品の世界です。様々なガラス素材の主成分はケイ素（Si：シリコン）と呼ばれる元素で作られていますが、石英ガラスはその純度がとてもとても高いのです。含まれる不純物の数は、多いものでも数十ｐｐｍ（10万分の1）、少ないものでは10ｐｐｂ（1億分の1）以下というとてもピュアなガラスで、「ガラスの王様」と呼ばれることもあります。

石英ガラスが使われる用途は、まさしく「先端」の現場です。大学や研究機関で日々行われている研究開発や分析計測、また企業の商品開発や技術開発の現場など、様々なところで重要な役割を果たしています。

また、ほとんどがオーダーメードで作られており、世界中でたった一つしかない形状の製品をつくることも珍しくありません。最先端の宇宙開発、精密電子部品の製造、微量な環境物質の分析調査、血液検査の機器開発、レーザー加工装置、高精度な測定機器など、利用されている分野は本当に幅広く広がっています。

そんなピュアな「ガラスの王様」の石英ガラスですが、実はとても気難しいのです。ちょっとやそっとの熱では溶けません。普通のガラスは数百℃でドロドロなのに、石英ガラスは１０００℃でもへっちゃら。薬品にも大変溶けにくく、また紫外線や赤外線はとてもよく通してしまいます。ガラスなのでもちろんさまざまな形に加工できるのですが、気難しい王様の扱いには細心の注意をする必要があります。

そんな石英ガラスを熟練者はその手技で難なく加工

石英ガラス管の回転加熱

石英ガラス管の曲げ終わり

していきます。そのような加工の中でも熟練した技術が必要なのが「曲げ加工」です。酸素と水素を混合させたガスをバーナーで燃焼させ、約３０００℃にもなる炎を使ってガラスを加熱していくと、一気にグネグネと変形しだすほど軟らかくなっていきます。熟練者は手指を使ってガラス管を回転させ、ガラスが軟化していくことを感触で確かめながら曲げるタイミングを見計らいます。そして、その瞬間を見極めて一気にガラス管を曲げるのです。

このとき、熟練者の頭部に装着したウェブカメラの映像から熟練者と非熟練者で差があることがわかりました。熟練者は曲げ動作時に石英管がつぶれて横に膨れてしまうことを注意しているので、縦方向に石英管を曲げていきます。非熟練者は曲げの角度に注意が向いているので、横方向に曲げていきます。この曲げ動作の違いが、曲げ終わった製品の品質に影響を与えていることもわかってきました。

また、熟練者は緩やかなカーブを描いて曲げることや曲げ部分の滑らかさにとても注意を払っていましたが、それにもちゃんと理由がありました。曲げ加工を使って作るガラス管の内部に特殊なガスなどの気体を澱みなくスムーズに通過させて分析する製品があります。そのために求められるガラス管の品質が、曲げ部分の滑らかさと緩やかなカーブだったのです。熟練者は、その製品や加工部分の用途や求められることを強くイメージして加工を行っていました。

実験後にインタビューを行った結果、浮かび上がってきたのは、熟練者は「４つか５つ先のこと」を考えて加工を行っているということです。熟練者はガラス管を加熱し始める前の段階で、曲げ終わった後の表面の状態や品質、満たすべき性能や加工後の美しさなどを先に考えているのです。曲げ加工以外の加工技術についても、熟練者は「４つか５つ先」にガラスがどのような状態になればよいのかを想定し、それを見極めながら加工に取り組んでいることが徐々に明らかにされてきました。

「気難しい」王様である石英ガラスの加工のコツが明らかになり、もっと難しい加工にチャレンジできるようになる日ももうすぐです。

熟練者の曲げ動作時の目線映像

非熟練者の曲げ動作時の目線映像

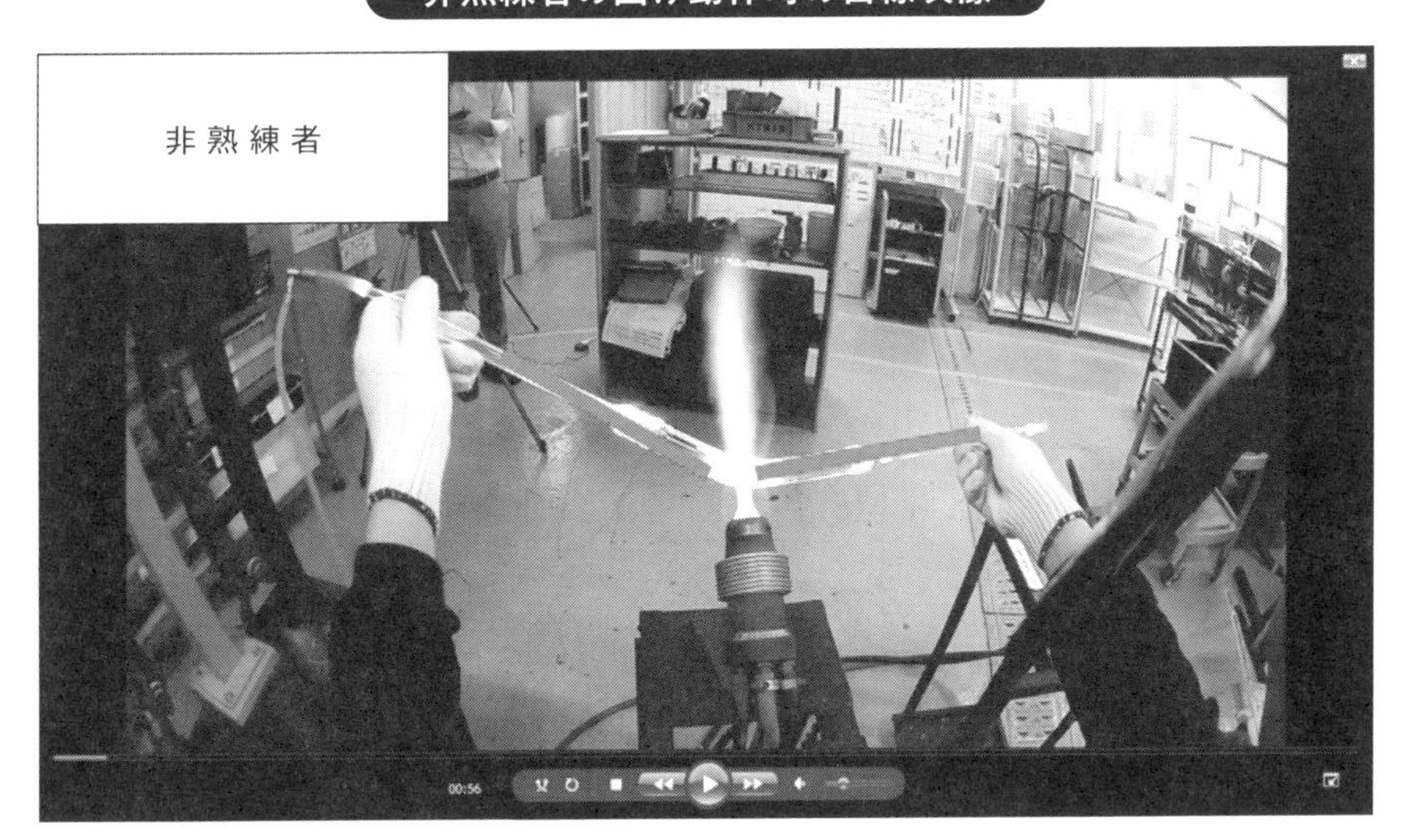

35 オートメーションの紙管作りを支える手作業

紙管はクラフトテープ、セロテープ、食品用のフィルムラップ、アルミホイルなどの巻芯やポテトチップなどのお菓子、卒業証書の容器など、日常的に目にすることがありますが、一番多いのは製紙会社やフィルムメーカー、印刷業界、紙の加工会社など産業界での巻芯としての利用です。また、建材や家具の部材にも使われることが多くなっています。

国内の紙管会社は210社（2014年現在）ありますが、ほとんどが中小企業の町工場的規模の会社です。製造方法は、設計された幅に輪切りされた紙に接着剤を塗り、固定された鉄芯に駆動されるゴム製ベルトで締め付けながら螺旋状に巻き付けていくという従来の手法です。つまり、基本的な機械的構造は昔ながらのままなのです。

顧客からの受注生産によって様々な規格（内径と肉厚、長さの組合せ）のものを作る場合が多く、材料の紙も反りや表面状況、水分の量などに微妙な違いがあったり、気温の高低により接着剤の接着力も変わったりします。このためモノづくりの現場では「対応力」が必要になってくるのです。紙管業界では一人前の熟練者になるには数年から10年は必要であるといわれています。作業者は日々の作業の中で仕事を覚え、技術を磨き、経験という「引き出し」を増やしながら、状況に応じた対応力を発揮していきます。

熟練の技術のいくつかを紹介しましょう。

接着剤の塗布量については目視で接着剤塗布ローラーの状況判断をしていますが、それ以外にも指先で紙の裏側についている接着剤の状況をその量やムラを手触りで判断ができるかどうかがの熟練の技の一つです。

紙管の製造工程

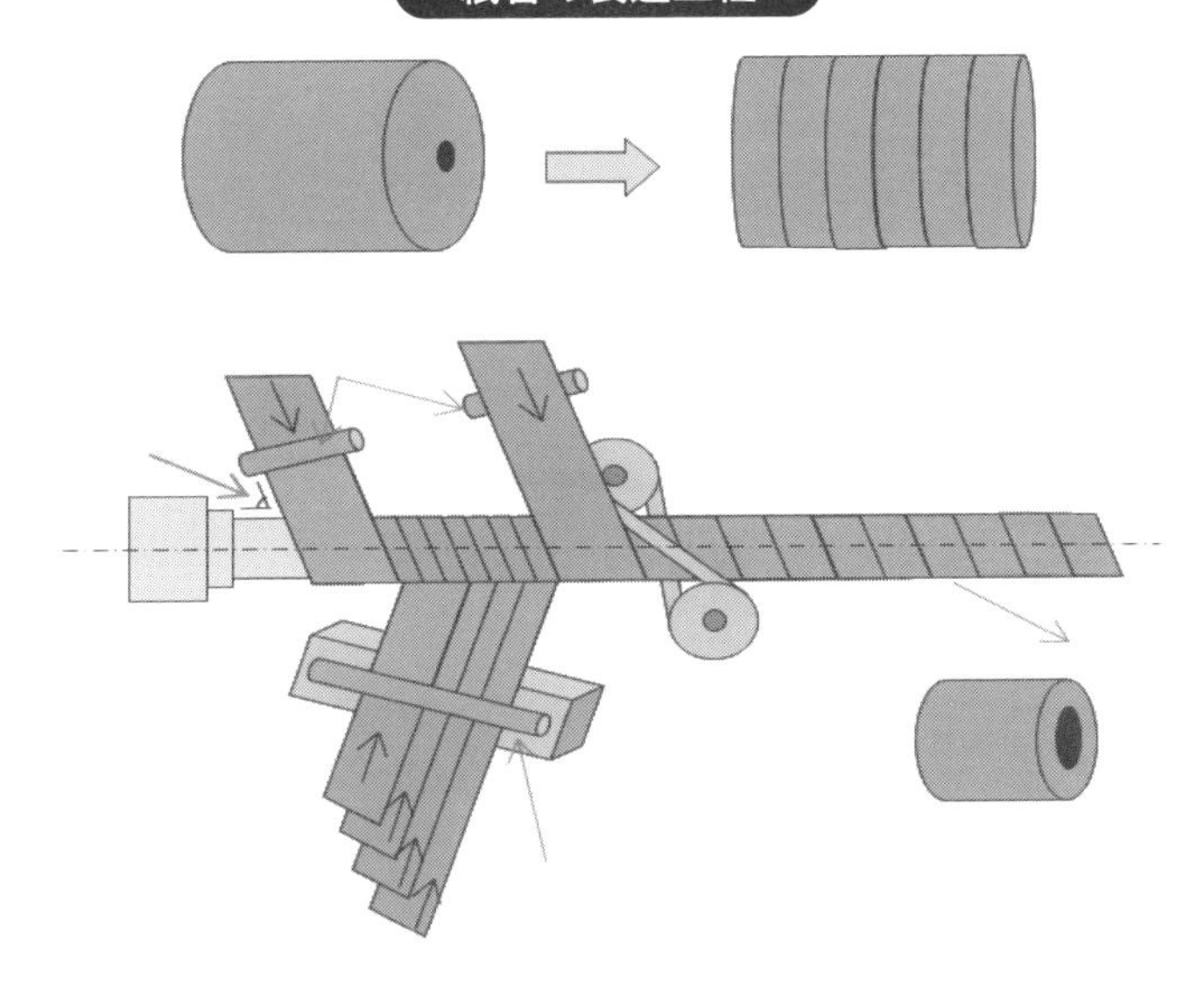

指先で紙の両サイドと中ほどの３点を指先で触れ接着剤量と状況を感じる

鉄製の巻き芯に最初に接触する紙には、その接触面に滑り剤を塗って巻芯と紙が滑りやすくします。その滑り剤の塗布量調整と、締付け送出しベルトの締付けテンション調整に経験と技術が必要です。量が多すぎると紙が横ずれし、また紙管の内面の汚れがついて不良になる一方、少なすぎると滑らず巻きついていきません。

紙を積層する作業では、紙が少ない時は摩擦抵抗が少なく、紙を積層させると抵抗が大きくなり滑りにくくなってきますが、積層を増やすと同時にベルトの締付けテンションも強くすることで紙の送り出しをスムースにできます。つまり、紙の滑りを判断しながらベルトの締付けと塗布量を調整することが必要になってきます。

紙の進行のぶれや「紙ぐせ」などで、積層の紙の「浮き」や紙の横ずれによる「目隙」などのトラブルが発生します。「浮き」は、接着不良部が発生したことを示し、表面の平滑を失わせ、強度も不足させます。また、目隙が起これば強度不足は言うに及ばず、表面に紙の溝による段差が出てしまいます。紙やテープ、フィルムなど紙管の上に巻き付けられるものの変形などを誘発し、不良になってしまいます。

一番ベルトに近い最上部の紙と斜めに巻き付けるベルトが平行にならなければ、うまく紙管が巻き付けられないのですが、紙のテンションや巻芯と一番紙の滑りの変化などで微妙に角度がずれてきたりします。一番手っ取り早い方法は、そのずれを気筒の位置で調整することです。しかし、ベルトのテンションや紙の挿入角度、紙の進行の横ぶれなどに振り回されることも多々あり、結局、状況判断の上で対応力を発揮してほかの手段や要因を調整して解決します。

また、乾燥を早めたり、「擦れ」による表面紙の傷を防ぐよう工夫したり、切断作業の鋸切断機の設定などにも細々と経験が必要な部分が多くあります。

熟練者と非熟練者の作業行動の違いを3台の定点カメラと作業者の頭部に着けた視野カメラで実験を行い分析しました。その結果、非熟練者は不必要な調整などが多く、同じ作業において所要時間が2倍、移動距離は3倍もあり、「無駄な仕事」をたくさんしていることがわかりました。

挿入されてくる紙の浮きと目隙トラブルを調整

ベルトと紙を平行にしているが「ずれ」が生じる

36 機械で編むのに、なぜセーターの出来上がりが違うの？

テキスタイル加工品は、織物、編物、組物の3つに大別することができます。その中で編物は、セーターに代表されるように繊維がループを連結して形成されます。ループ状は伸縮性、柔軟性、フィット性に富んでおり、従来の用途である肌着、下着、靴下ばかりではなく衣服、インテリア資材分野にも用いられています。

編物は横編みと縦編みの2つに分けることができます。ループが横方向につながる横編みと、縦方向につながる縦編みです。家庭で見ることができるのは横編みでしょう。糸を編み機にかけ、ジャージャーとキャリッジを手で左右に動かして編地ができていきます。そのような光景が記憶にある方も多いと思います。セーターにこだわりますと、ジャージャーという音につれてセーターが出来上がっていき、何とも暖かい気分

編物の構造

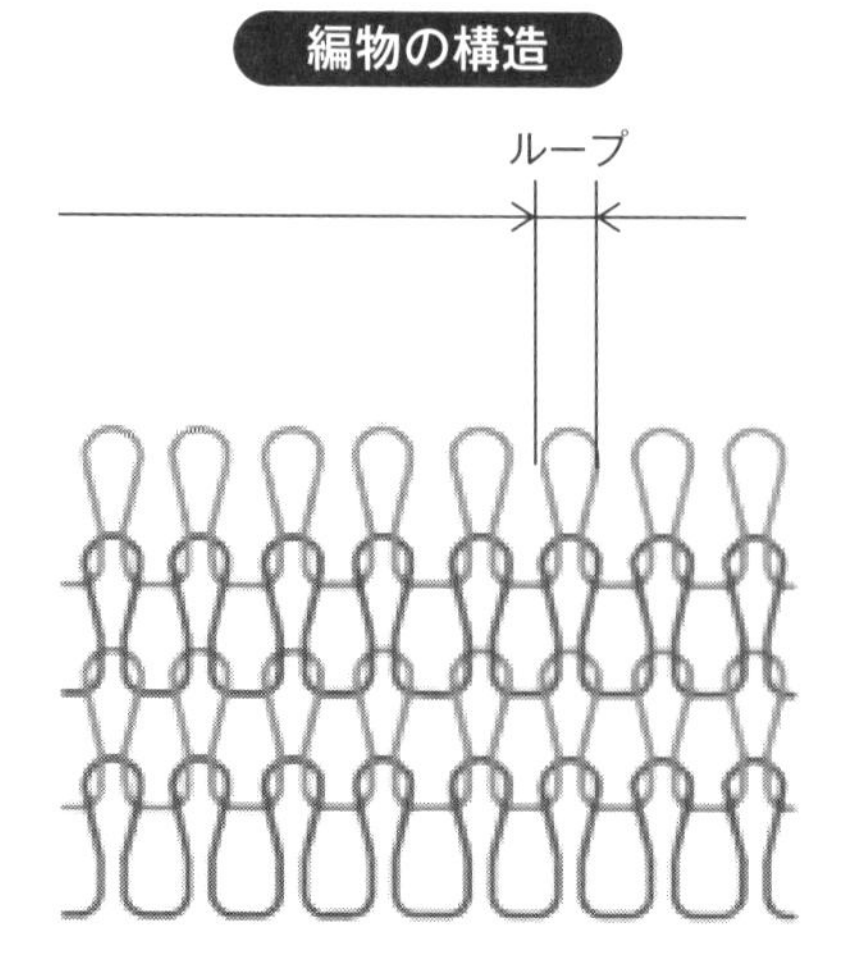

横編機（Silver reed SK280）

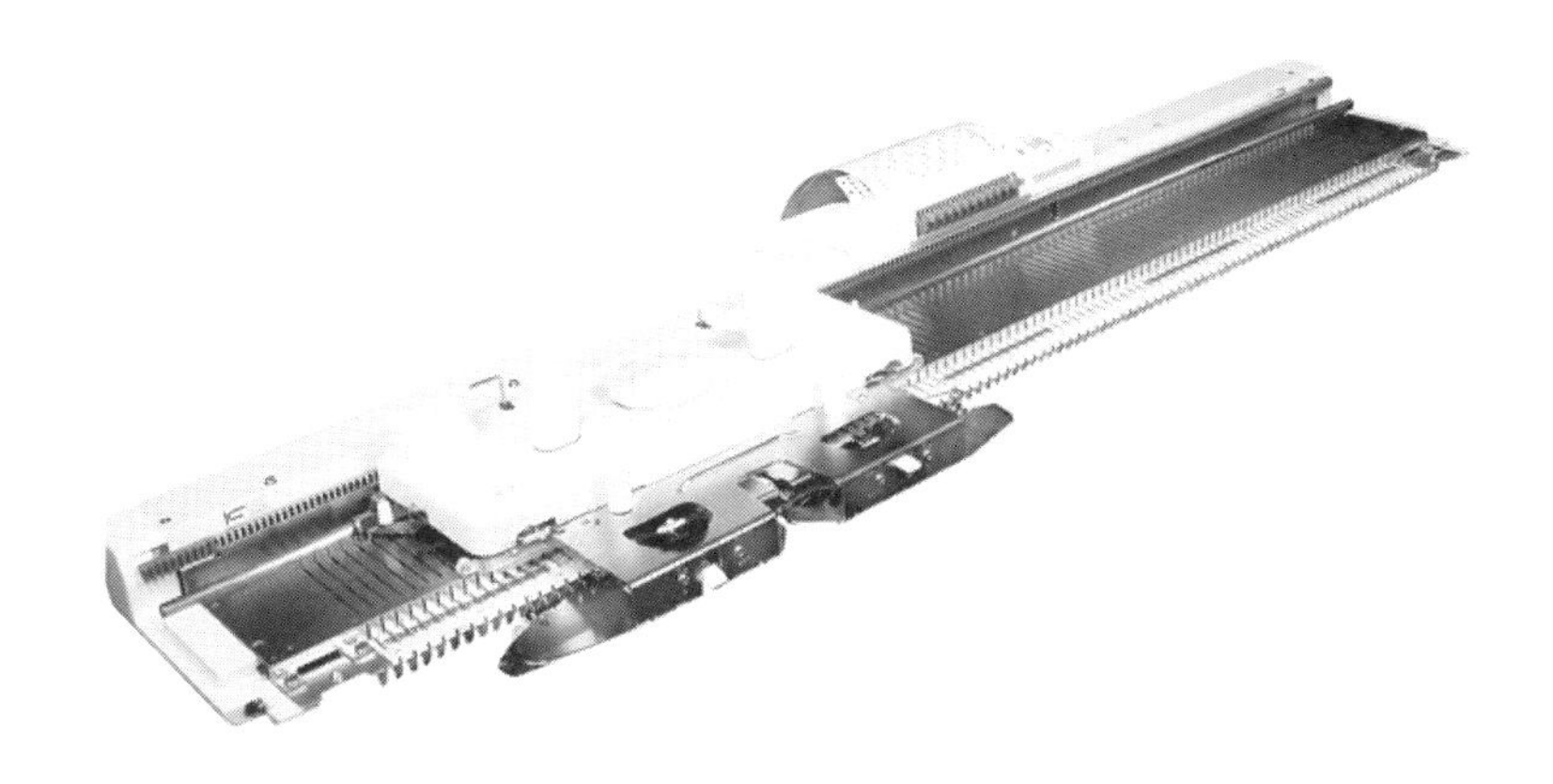

編物づくりの工程

ステップ1

ステップ2

ステップ3

ステップ4

になります。

　横編み機を使って作る編物なので、誰が作っても同じ編物ができると思われがちです。でも、そうではないのではないかという疑問をもち、いくつか実験してみました。

　横編み物のものづくりの工程は4つに分けることができます。ステップ1は、「編糸をキャリッジの糸口につける」。ステップ2は、「スタート」であり、ステップ3は「選針した針を通り越す」。そしてステップ4は「バック」です。

　被験者は編物教室を主宰する熟練者と編物経験のほとんどない女子学生6名です。キャリッジの動きを計測しました。熟練者は0・8秒程度で移動が終了しているのに対して、非熟練者はすべて1秒以上2秒まで要しています。非熟練者の1人は3秒もかかっています。つまり、移動速度が非熟練者は遅いことがわかります。

　移動速度と時間との相関関係をグラフで見てみると、熟練者は速度が増していきピークを迎え、速度が落ちます。この速度が落ちていく段階が編物を編んでいるところです。勢いをつけて編んでいくということがわかります。非熟練者は、鋭く尖ったピークがいくつも見られます。このピークは速度が急激に上がって、そして下がることを意味しています。つまり、ガタン、ガタンとなっているのでしょうね。速度の低い部分は、編物を編んでいる部分です。鋭いピークはここでも見られます。かなり低い値となっています。熟練者の速度変化はスムーズな動きを示していました。

　このような違いはどのようにして生まれてくるかは、キャリッジの持ち方にあったことがわかりました。熟練者は片手（右手）でキャリッジを動かしていました。一方、非熟練者は両手でキャリッジを掴んでいました。そのほかにスムーズにキャリッジを動かすコツはあるようです。

　このように、機械の操作でも熟練者と非熟練者に差があります。もちろんスムーズに動かしていた熟練者の編物はきれいでした。

ハンドルの移動距離と時間

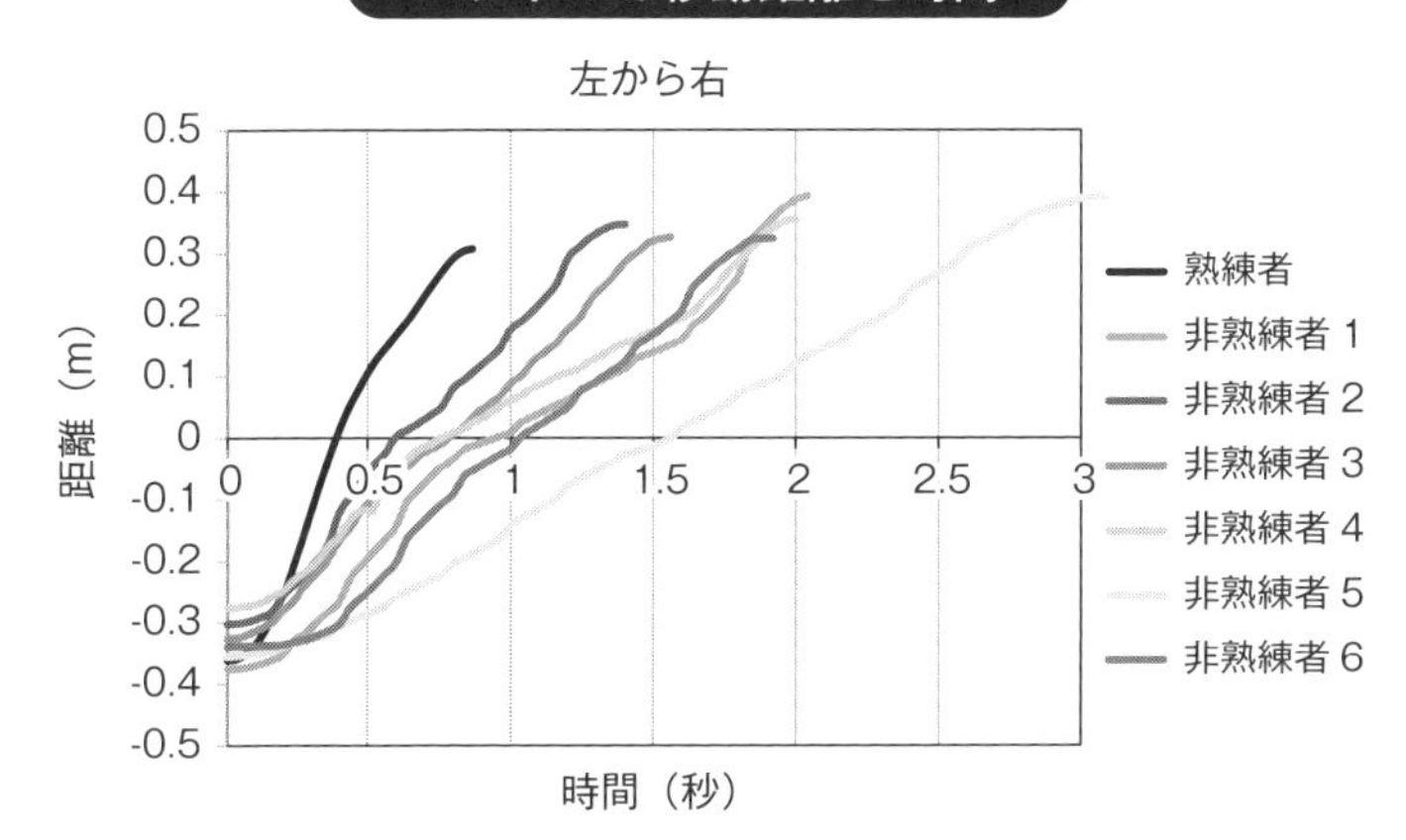

熟練者の速度と時間との相関

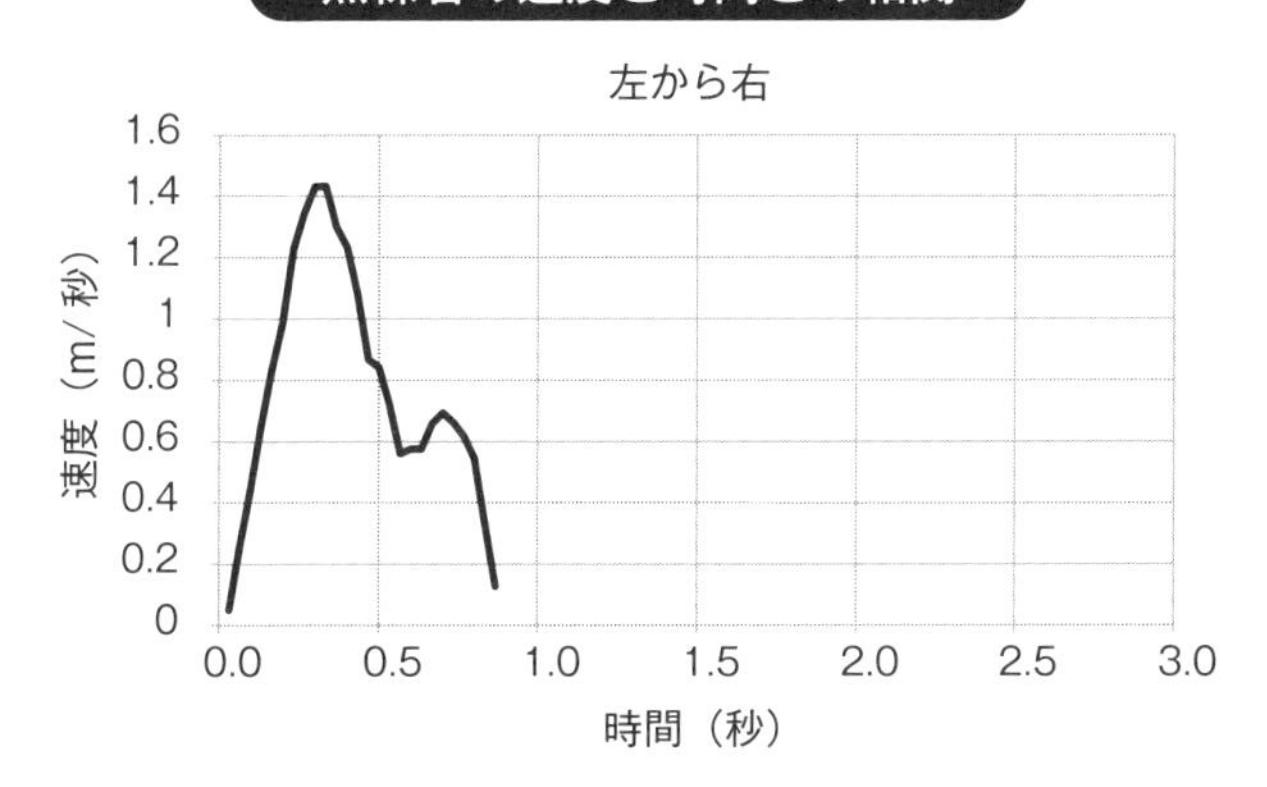

非熟練者の速度と時間との相関

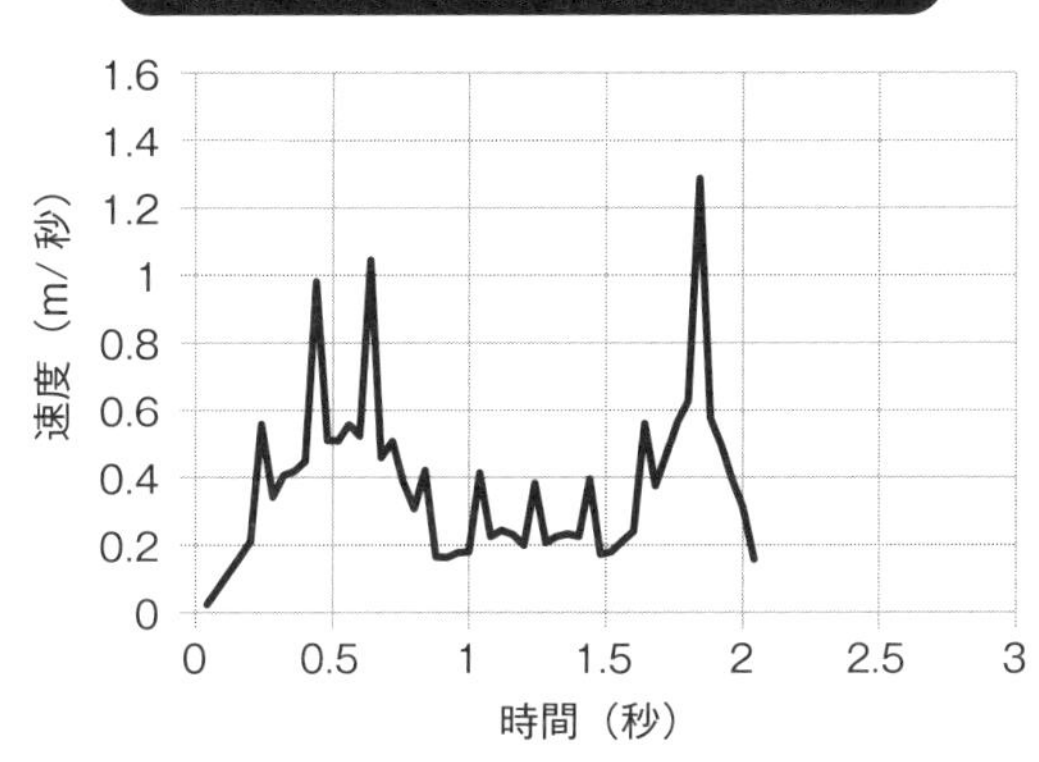

NDC509.64

おもしろサイエンス**匠の技の科学** —**動作編**—

2017年3月28日　初版第1刷発行　　定価はカバーに表示してあります。

ⓒ編者　京都工芸繊維大学　伝統みらい教育研究センター
発行者　井水治博
発行所　日刊工業新聞社　〒103-8548 東京都中央区日本橋小網町14番1号
書籍編集部　電話 03-5644-7490
販売・管理部　電話 03-5644-7410　FAX 03-5644-7400
URL　http://pub.nikkan.co.jp/
e-mail　info@media.nikkan.co.jp
振替口座　00190-2-186076

印刷・製本　新日本印刷㈱

2017 Printed in Japan　落丁・乱丁本はお取り替えいたします。
ISBN　978-4-526-07693-0